21世纪电视文艺编导专业系列教材

电视策划教程

游洁◎著

中国传媒大学出版社
·北京·

总　序

教材不仅仅是教学可以遵循的文本，也是一个专业教学思想的外化。教材的内涵和外延，是专业教学水平和专业建设成熟度的标志。

作为中国传媒大学的本科始创专业之一，广播电视编导专业（文艺编导方向）的教学已经有半个世纪的历史了。它从建立之初就定位于培养具有较高综合素质、具备广播电视节目编导、策划、创作、制作等方面的专业知识与技能，具有宽广的文化艺术知识，具备较高的政治水平、理论修养和艺术鉴赏等方面的能力，熟悉党和国家宣传政策法规，能在全国广播电影电视系统和文化部门从事艺术类广播、电视栏目、频道策划、节目编导制作、文字撰稿、音响设计制作以及文艺类节目主持人等方面工作的广播电视艺术学科的高级专门人才。

广播电视编导专业（文艺编辑方向），在五十年的办学中逐渐形成了独特的、鲜明的办学特色。目前它是全国唯一一个要在本科四年学习戏剧、戏曲、音乐、舞蹈、电影、文学等艺术门类知识，同时还要完成广播电视专业训练的本科专业。四年的学习，不仅能使学生具有教高的艺术修养和艺术作品鉴赏能力。更重要的是，通过各个艺术门类知识的学习和作品赏析，打开了他们人生和心灵中的多扇窗口，使他们具有了多样化的思维方式，具有了较好的人文素养和广播电视思维。

广播电视编导专业（文艺编导方向）的教学既覆盖广播节目创作，也涵盖电视节目创作，是全国第一家，也是唯一一个有博士授权资格的国家级重点学科——广播电视艺术学的本科支撑专业。

广播电视编导专业（文艺编导方向）的毕业生有很多已成为中国广播电视文艺界的骨干。学生的整体特征是：基础理论和操作实践的深度结合，即宽基础，又厚底蕴，在人文思想教育和广播电视技能训练之间找到融合点和交叉点。

广播电视编导专业（文艺编导方向）的办学视野和手段正伴随着中国传媒大学的变化而变化，正伴随着文化和传媒的发展而发展。国际化的学术舞台，为本专业的教学带来了生机勃勃的局面。培养中国乃至世界一流的广播电视编导人才，是目前广播电视编导专业（文艺编导方向）的教学目标与追求。

为此，文艺系的本科教材建设加紧了步伐。

文艺系第一套教材是在1996年由原系主任张凤铸教授负责，现系主任关玲教授主持实施的。在中国广播电视出版社的大力支持下，从1996－2002年，陆续出版了《电视文艺编导艺术》（朱宝贺1996年7月）、《台湾电视文艺纵览》（李献文1997年5月）、《音响美学》（张凤铸1997年7月）、《电视文艺节目的创作》（游洁1999年5月）、《世界经典影片分析与读解》（潘桦1999年7月）、《电影电视艺术导论》（张凤铸1997年9月）、《西方电影艺术史略》（张专1999年1月）、《艺术录音基础》（伍建阳1999年5月）、《影视剧作元素与技巧》（周涌1999年6月）、《电视戏曲论纲》（杨燕2000年8月）、《现代传播与电视文艺》（许行明2000年8月）、《广播音乐论集》（杨玲2001年1月）、《广播剧导演艺术》（朱宝贺林长风2001年5月）、《音乐电视导论》（何晓兵、郭振元2001年5月）、《广播剧编剧艺术》（朱宝贺2001年9月）、《网络艺术》（许行明、杜桦、张菁2001

年11月)、《艺术创造动力论》（施旭升2002年1月)。共17本。

在第一套教材的基础上，2006年文艺系与中国传媒大学出版社签约，以广播电视编导专业（文艺编导方向）的教学培养计划为线索，出版专业课和部分专业基础课教材。《广播节目编导》、《广播剧编导》、《电视节目导播》、《电视文艺编导》、《电视纪录片编导教程》、《电视画面编辑》、《影视声音艺术教程》、《电视文案写作》、《电视文艺采访》、《广播电视节目策划》、《广播电视艺术论》、《视听语言》、《电视作品分析》、《电视音乐》、《戏曲音乐》《音乐作品分析》等教材。这套系列教材构建起了广播电视编导专业（文艺编导方向）专业课程的框架。

第二套系列教材不仅仅是对第一套教材的补充，也是将最新科研成果融入其中的，具有前沿性和指导性的专业课教材。这套教材主要由中青年教师完成，其中，《电视节目导播》是全国第一次出版的本科相关课程的第一本教材，为全国相关专业的课程建设提供了参照。

从2006年签约至今，第二套教材在每一位教师的努力下，正朝着科学和完善的道路继续前进。或许，这套书的很多书名你都熟悉，但我们的老师在每一本已有教材的基础上又做了进一步的修改与完善，新教材更加凸现了符合广播电视编导专业（文艺编导方向）的特色和教学要求的内容。

这套教材即将陆续出版，在教材中体现新的教学思想和教学思路的想法，很快将会变为现实。

关玲

2007年10月

目　录

上　编

中 编

下　编

上　编

上编包括的三章是：电视媒体策划概述、电视媒体策划的原则、电视媒体策划的运作，力求使读者懂得策划在当今社会和媒体运作中的重要性，同时较为系统地建立起电视媒体策划的基本概念，并论述最基础而正规的策划途径。

在此笔者还要强调的是，采用策划的角度看问题，就是用更加全面、系统、历史和可持续发展的眼光来看待每一个项目，这与我们以往研究电视采用的切入点是不一样的。于是若从策划的角度评价一个项目，那往往就与从导演、从观众的角度的评价结果有较大差异。

第一章　电视媒体策划概述

【本章提要】

在电视领域，随着实践和理论的发展，对节目的策划逐渐成为节目创作的重要环节，同时也作为一个职位而逐渐独立出来。为了让读者更深入地了解电视策划的本质与内涵，本章从策划的词源、词义谈起，并对电视媒体策划的现状进行介绍。而电视策划人作为电视策划的实际操作者与运行者，在当今的电视业界发挥着越来越重要的作用，因此本章把“电视策划人”单列一节，着重阐述电视策划人的从业素质。

第一节　策划的来源（电视策划时代的划分）

一、策划的起源

策划的“策”字有多个解释：

①古时赶马的用具，据说一段有尖刺，于是有“鞭策”、“策马”之说。

②通“册”，帝王对臣下封士、授爵或免官时，记其语于简册。

③我国古代用竹木或木片记事著书，成编的叫策。

④古代考试把问题写于策，让应举者作答，称为策问、对策，后来成为一种文体。

⑤古时一种计算工具，类似“筹”。

⑥计谋；策划，如献策。

……

“划”字也有多个解释：

①划分，如“划界”。

②计划；筹计。

③划拨；转移。

④同“画”。策划亦通“策画”。

……

由此可以看到，在汉语里，“策划”与计划、设计、设想、谋略、策略、划策等词的意义非常接近，包含着高度的理性与智慧。

《孙子兵法》中有这样的文字：“夫未战而庙算胜者，得算多也；未战而庙算不胜者，得算少也。多算胜，少算不胜，而况于无算乎？”这段文字非常明确地指出了周密策划在战争中的重要意义，而其中的“算”字就是预先的谋划，即“策划”。不过，最早出现“策划”一词的当数《后汉书》，《后汉书·隗嚣传》中有“是以功名终申，策画复得”之句，句中“画”与“划”相通互代，“策画”即“策划”，意为计划、打算。至于策划人成为一个专门职位的历史也非常悠久，我国古时的谋士、幕僚、军师、参谋等都属于现代意义上的策划人。那些靠智慧与胆识化险为夷、安邦定国、臣服万众、名垂青史的人物，如垂钓等待明君的姜太公、三鼓后率军迎战的曹刿、士不可辱的蔺相如等，他们都是千百年来世人最为敬仰的智者。我国古代历史中许多著名的战事和政治斗争也都显示出策划的重大意义，还有许多成功的策划被演绎并以文学作品的形式广为流传，如诸葛亮联吴抗曹，随后又火烧赤壁、六出祁山、七擒孟获、布阵唱空城计等，诸多行动无不经过精心的安排。可见，从古至今，策划都是政治、军事、外交中必然的环节。

今天说起的策划，已不仅是一个时尚的词汇，而是作为一个基本的行为环节渗透到人类生活的各个领域。在商品经济成为发展核心的时代，我们常说的现代策划概念更多地应用于商业的公共关系领域。早在20世纪初，美国著名公共关系专家艾维·莱特贝特·李就通过他创办的美国第一家专门从事公共关系业务的企业——宣传顾问事务所开展了一系列公共关系活动。而在1955年出版的一本题为《同意的工程》（《The Engineering of Consent》）的著作中，作者爱德华·伯纳斯就对“策划”活动进行了深入的分析。我们还可以发现英文中的“plot”，“plan”，“scheme”都与汉语的策划概念相似，而最接近“策划”之意的是“plot”。

在现代社会，策划与当今最具影响力的媒体——电视的结合，更是产生了巨大的威力。1960年的美国总统大选，至今人们仍不能判断肯尼迪的最终胜出是否源于电视策划的“阴谋”。民主党候选人肯尼迪在竞选之初并不占优势，而共和党候选人尼克松则以头脑冷静、思维敏捷、口齿伶俐、具有广泛的竞选经验和丰富的电视演说技巧而被看好，尼克松同时还拥有德高望重的艾森豪威尔将军的有力支持。民意测验也显示，尼克松担任过全国性的职务并参加过四次全国性的竞选，所以远比肯尼迪知名。而肯尼迪在人们的心目中只是一个富有的、缺少经验的年轻政治家。然而在竞选后期，全国性的无线电视网——电视联播网提出免费让两大政党的候选人一起到台上去进行辩论，正是这场史无前例的电视辩论使竞选局势发生了逆转。肯尼迪充分抓住了这次面向公众的机会，其班底提出让两位辩论人在电视中站着辩论，而尼克松当时身体状况欠佳，正处于退烧阶段，腿脚不好，又不能久站。于是辩论时，只见肯尼迪英俊潇洒，尼克松晃来晃去，还在不停地擦汗……最后，听广播的民众多数投了尼克松的票，而看电视的人则倾心于肯尼迪。肯尼迪在当选后，由于能够充分利用电视的优势为自己的仕途服务——他是美国历史上第一个允许电视记者进入白宫拍摄总统生活的元首，因此又被称为划时代的“电视总统”。

随着电视日益成为现代社会最重要的媒介，其与政治关联的策划在所难免。再如 1984 年，当年逾 70 的里根竞选美国总统时，策划班子建议把讲台的台阶由三级变为六级——实际上总体高度不变，但每级台阶的高度减半，观众在电视中只看得到台阶的级数，而看不到台阶的高度。于是当里根出场时，不是一步一个台阶，而是一步两级台阶小跑而上……事后经某调查咨询公司问卷调查得知，此次演讲中里根一路小跑、一步两级台阶的细节，给那些曾经对里根的身体状况心存怀疑的电视观众留下了深刻的印象，为其赢得了不少游移不定的选票。

在当今世界，电视发达的国家往往同时也是经济发达的国家。在这样的社会形态中，电视与民众的生活紧密联系，也与社会经济活动紧密联系，而且更早步入产业化阶段。因此电视的节目创作绝不是空穴来风，而是紧紧围绕受众的需求，围绕获取尽可能多的社会效益和经济效益这个目标来进行调研、设计、制作和营销，所以电视节目的策划是必然的创作环节，即策划工作已经成为电视创作的自然属性，每一个从事媒体工作的人都应该具备一定的策划意识与能力。

二、策划与中国电视

早在我国电视事业起步之时，策划就开始发挥作用了，只不过那时没有明确地提出“策划”这一概念。总体上看，电视策划是伴随着电视业的发展而逐步完善的。1958 年，北京电视台在开播之初就推出了一系列的电视节目，其实从单个节目的内容、形式、设计、编播到所有节目的构架等，任何一个环节都是经过认真思考后付诸实际的。改革开放后，电视事业迎来了蓬勃发展时期，其总体繁荣和个体节目的特色表达都更需要符合电视特性的深入策划。例如在中央电视台1983年的春节联欢晚会中，黄一鹤导演率领导演组开创性地进行了四项大胆尝试：现场直播、设立主持人、观众电话点播参与节目和请国家领导人出席。尽管由于各种原因，第四条设想没能在当年实现，但一系列符合传统年节文化、探索电视文艺直播特性、密切与观众交流的举措的确让晚会取得了巨大成功。

电视策划工作开始真正引人瞩目，是在20世纪90年代大型杂志型早间栏目《东方时空》问世之后。该栏目在运作中极力推出策划概念，在节目选题、内容样式、宣传推广等方面都进行了认真的酝酿和探索，还在节目制作人员中明确设立了“策划人”一职。随后，电视策划的概念在电视业界日益明确。而在1996年中央电视台二套《生活》《中国财经报道》《经济半小时》《企业家》等一大批栏目的推出和改版中，相关的策划部门就起到了极大的作用——当时主要在二套播出节目的中央电视台经济部设立了策划组，其职能就是统一协调各个栏目的创建、改版和宣传推广。随后，伴随着中国电视业高速发展的态势，电视人进一步建立和强化了规划、协调发展的意识，更加明确了策划人的功用和地位。例如几乎所有的节目机构都建立了策划部门，策划成为创作的日常工作环节，而且在节目职员表中也设立了“策划人”一职。

其实在我国不同的电视发展时期，影响节目水准的核心力量一直在变化：

电视初创期至改革开放前，电视处于很不稳定的发展阶段，如果拥有先进的电子摄录设备和制作设备，就很容易在节目创作中创新。例如当拥有直播技术，电视节目的时效性便成为电视传媒的立足之本；当拥有可以外出采访的ENG时，节目内容形态便立刻在时空上得到拓展……此时可以称为“技术工程师年代”。

20 世纪 90 年代，随着电视的普及，观众能够对某个个体节目产生很深的印象，如观众往往能记住某一个电视剧和某一期栏目，记得某个导演的风格和作品。我们能看到编导的个人素质与节目创作能力往往决定了节目的质量。此时的电视效益不是台也不是频道，而是单个优秀节目的效益非常突出，电视节目中能体现出编导的鲜明个性，这一时期可以被看作是“电视编导主导电视创作”的时代。

到了约 90 年代末，随着电视节目播出量的增加和竞争的逐渐激烈，制片人的素质与协调能力、运作资金的能力日益成为节目成败的关键，观众难以记清某一期节目，而编导的个人风格也逐渐因制片人对栏目的掌控而被“栏目风格”所取代，此时可以被看作是“制片人主导电视发展”的时代。

电视发展进入新世纪后，节目制作和创作能力普遍提高，优秀节目很快被克隆并传播，电视媒体不再是靠技术和个人贡献就能抢占先机，而是要靠与时俱进、靠调动和整合各种社会资源不断创新。换句话说，在节目极大丰富、受众稀缺、媒体竞争激烈的时代。电视的进步不能只依靠某些个人的创造力和单个节目的杰出，此时电视已经步入“策划人时代”。这不是策划人的自说自话，而是电视发展的现实需要一批或一系列节目打造台或频道的整体形象。观众不是在看某个单本剧、某期栏目，而是需要几十集的剧，是一系列的节目支撑一个品牌节目、多个品牌支撑一个频道、多个频道支撑一个台。最终观众是依据某个台、某个频道的整体表现来选择收看。这样的大工程，必然需要借助策划人丰富而专业的经验，需要他们调动各种社会资源，与时俱进，对节目的深度和影响力进行拓展。无论台、频道还是栏目，全面、系统、持续地构建节目体系都成为其提高节目影响力和质量的重要因素。2005 年的《超级女声》就是一个在很大程度上依靠策划而获得成功的案例。“超女”的成功带动了频道的成功，频道的成功又带动了台的成功，而台的成功还将带动未来该台内节目的成功——策划使台、频道、节目之间形成了良性互动。

可以说，现代电视策划已成为提高节目质量和收视效应的重要因素，而且已经不知不觉地渗透到电视行业的每一个角落：大到台、频道的策划，小到一个栏目、一个板块的策划，可谓无处不在，无时不在。同时，电视节目的极大丰富，电视格局的逐步完善，竞争的日益加剧……所有这些都为策划和策划人提供了发展的空间和施展平台。特别是在频道化格局下，节目播出量的增加更需要电视进入大工业化流水线生产模式，各工种的创作趋向于组装方式，策划就显得尤为重要。当今的电视无不要求其从业人员具有策划意识，策划人的位置因而日益稳固。我们也可以这样理解，就当今的电视运作来说，电视台、频道以及节目的竞争已越来越多地表现为策划的竞争，它直接决定着电视节目的质量乃至成败，是一切电视创作活动的第一步——策划就像一栋高楼的地基，这个地基夯实了，大厦才能顺利地拔地而起。

电视策划是在台、频道或节目的设计与建设过程中运用的具有统筹全局、设计具体内容形式、预测未来并监督实施的理性行为，它要求总体、全面、市场化地对待一个项目，使其有计划地获得实施并得以持续发展，而策划人正是具有这种能力的人。当然，策划人自身的能力与水平必定会制约策划对象的未来发展。

在此需要说明的是，本书不仅是在为“策划人”这个职位提供工作内容和方法，更重要的是要为电视媒体行业的全体从业人员树立起策划意识。事实上，在现今电视创作实践中，策划人往往与制片人、导演、编导等工种相重合，不是一个独立的岗位。从这个意义上讲，本书论及策划，也并不仅仅在于促进一个电视新工种的确立，而更是对其作为一种电视创作活动的重要性在观念和意识上的强调。本书的意义也不仅在于为培养策划人提供一本教材，更注重与业内人士就策划的理念及其实施进行探讨。所以读者不仅仅是想成为“策划人”的人，电视工作的各个环节和工种都应该懂得策划，都应该具备策划人所应具有的计划性、预见性、分析性、创新性、综合性等意识，以便更有效地配置电视资源，提高节目的整体实力，从而使节目赢得更高的社会效益和经济效益。

至于目前诸多策划部门或位居“策划人”职位的人，其工作内涵有时是不一样的：有的是在真正履行策划的职能，有的是在监督策划的过程，有的只承担策划任务的组织工作，还有的只是进行策划方案的执笔……

今后，随着我国电视制作环节的细分化，策划也许将从各电视工种中真正独立出来，成为一个重要而不可或缺的职位。在策划观念越来越受到电视业界重视的同时，电视节目策划行业也将逐步形成并完善，专业化的电视节目策划机构与节目策划人员将作为电视界的一个个“智囊团”，带动我国电视业获得更新的发展。

第二节　电视策划人的从业素质

从整体事业发展的角度来说，所有的电视从业人员都应该懂得策划的意义，并能正确运用策划的具体方法。

我国早期的电视节目整体创作相对简单，节目量很小，所以不需要专职的策划，即使策划，工作内容也不太复杂。一般来讲，在传统工作程序中，媒体的总体策划工作由该媒体的领导、总编室来完成，各个节目的具体策划工作由组长、编导等人完成。从创作人员的总体分工来看，职业化现象并不明显。如“文革”期间强调集体智慧，大家不分高低贵贱，全力以赴，所有职位的人员都可以献计献策。“文革”后期，在节目的片尾逐渐有了监制、编导、摄像、录像、美工、道具、演员等名称。20

世纪80年代以来，还出现了主持人、制片人等职位，此时，策划的工作就由制片人和编导来共同完成。进入20世纪90年代，电视大工业化生产的趋势导致创作队伍的职业化程度越来越高，策划作为一个新的职位明确地出现在电视领域，同时出现的新职位还有制作人、艺术指导、舞美、形象设计、导播、现场导演等等。在职员表上，策划往往紧随制片人之后，这也符合人们心目中给策划的定位。

电视策划人作为策划的行为主体，从大的方面讲，可以是一个媒体、频道、节目的总体设计人员，他们能使所在单位或部门获得社会效益与经济效益。这里所说的策划人可能是单个的个体，也可能是群体、部门。策划人个体还可分出不同的层次，如总策划人、执笔策划人等，他们的岗位一般分别设在总编室、部策划室、栏目策划组。无论是哪一级别的策划人，定位在哪里，他们都像是一场战役的参谋长，必须把握全局，针对行动目标和未来趋势设计行动步骤。

策划本应当是一个有实质内涵的职位，不过，由于目前对电视媒体整体策划的认识还不够到位，策划人队伍自身发展不够完善，策划的工作机制普遍不健全。因此，策划人的作用虽大，但还仅仅是参谋长，而非司令员，往往没有决策权。所以在实践中，不少电视项目仍然把领导列为策划人，甚至把策划当作一个“面子”工程，在节目中象征性地设立策划人的职位。而且，就操作性来看，目前策划人的构成也还不能像理论上设想的那样落实为个体。

一个策划人若要想实现对全局的把握，就必须参与整个节目的运作进程，这样才能对项目有与所有环节的工作人员一致的认识，而且也只有这样才能在项目的进程中随时调整策略，最终达成目标。从现实的创作情况来看，电视策划人的设计与节目制作人、编导的创作设计往往融合在一起——很多制片人同时又是资深策划人，一些较大节目的导演也具备策划能力。正是由于他们通晓各个环节，才保证了具有对节目进行长远规划和高瞻远瞩的能力；同时，他们还具有化险为夷的能力，并在实施过程中灵活应变，使策划能够落到实处。因此，作为策划人——无论是电影、电视、广播的策划人，还是戏剧的策划人，都需要多方面的综合能力：策划人应该是懂社会、懂环境、懂节目、懂受众、懂制作、懂市场、懂沟通、懂传播及其技巧的全才。因而要想成为一个优秀的策划人，就需要具备相当的素质与能力。

素质是对人内化为潜质、外化为能力的综合评估，而人的潜质或能力在一定程度上又是与生俱来的。曾有古希腊著名医生希波克拉底（Hippocrates，公元前460—公元前377年）提出“气质体液说”，他认为人体内有四种液体：粘液、黄胆汁、黑胆汁、血液，这四种体液的配合比率不同，形成了四种不同类型的人。经过多年的观察和研究，现代气质学说仍将人的气质分为四种典型的类型：一是胆汁质（choleric temperament），这种人情绪体验强烈，爆发迅猛，平息快捷，思维灵活，但粗枝大叶，争强好斗，遇事常欠思量，易感情用事，刚愎自用；二是多血质（sanguine temperament），这种人情感丰富、外露但不稳定，思维敏捷但不求甚解，活泼好动，行动敏捷，善于交往但交情浅薄，稳定性差，见异思迁；三是粘液质（phlegmatic temperament），这种人情绪平稳，表情平淡，思维灵活性略差但考虑问题细致而周到，安静稳重，踏踏实实，沉默寡言，自制力强，交往适度，交情深厚，但这种人的行为主动性较差，缺乏生气；四是抑郁质（melancholic temperament），这种人情绪体验深刻，细腻持久，情绪抑郁，多愁善感，思维敏锐，想象丰富，不善交际，自制力强，但他们的行为举止缓慢，软弱胆小，优柔寡断。[①] 这样看

① 彭聃龄主编：《普通心理学》，北京师范大学出版社2001年版，第436页。

来，胆汁质和多血质的人容易产生新颖的创意，对工作有明显的创作激情，但耐力持久性和谨慎稳重方面却不及粘液质和抑郁质类人群。尽管至今可能还没有一个广泛认同的科学的研究结果可以佐证，但诸如此类的气质说在现实社会中仍有一定的市场，并不同程度地指引着人才的发展取向。

在现实生活中，明显体现出单一气质的人并不多，绝大多数的人是多种气质互相混合、渗透，兼而有之。无论怎样，电视策划人既需要敏感和热情，也需要稳重和细腻。他们在具备从业人员必备素质的同时，还必须具有自身独特的个性。

一、相当的政治思想觉悟与政策把握能力

任何一个广播电视从业者首先应该是一个政治立场坚定和道德品质优良的人。电视是党和国家政策方针的舆论宣传工具，也是国家利益、人民利益的体现者，所以广播电视从业者应该具备一定的政治思想觉悟，要坚定不移地与党中央保持一致，用建设有中国特色的社会主义理论和党的基本路线来统一自己的思想和行动。作为策划人员，更要充分了解党的方针政策，了解业内行情，及时掌握相关政策。

不同时代具有不同的舆论环境，建国初期、改革开放……每个时期都有属于那个阶段的特殊的表达方式，所有节目在带给观众娱乐和艺术享受的同时，也广泛包含着自身独特的思想、立场、方针和政策。从不同的立场、不同的目的出发，就会有不同的策划结果，这就要求策划人员必须具备与众不同的政治敏感与洞察力。

随着电视事业的发展，我国的电视体制也在不断发生变化：自改革开放以来，先是中央、省、地区、市县四级办电视，然后是台与台之间的合并，随后针对中国加入 WTO，又组建了集团，而后市场化的运作又将会促进制播分离……电视的职能也正从宣

传教育逐步走向兼有服务、娱乐、赢利等功能于一体。所有这些变化都左右着电视的发展方向，决定着媒体的性质，同时也要求策划人员在把握政策的前提下，具有一定的前瞻性。

就具体项目来说，毋庸讳言，如果策划不当，就可能会使之演变为“阴谋”、“欺骗”和造假。由此可见，政治思想觉悟与政策把握能力将帮助我们把握策划的度，树立职业道德规范。

二、由丰富的社会经验带来的决策能力

针对当今的人才培养，联合国科教文组织曾提出过“学会生活”、“学会关心”的教育导向，著名的哈佛大学也明确提出了“情商”的教育观念。情商与“智商”相对，指对自我认识、自我控制、自我激励以及认识他人、认同他人、管理他人的能力。“情商”与“智商”有着内在的联系，但更有其独立特质——与“智商”相比，“情商”对成功与否的影响更大。而情商的获得，绝不仅仅是专业知识的积累，而更多地依赖于社会阅历与人生经验。

我们必须认清这样的现实——在错综复杂的社会活动中，一名优秀传播人才的出色业绩与他丰富的社会经验和出色的社会活动能力是分不开的。策划不能仅依靠想象，而是既要具有战略性，又要具有可操作性，这些都必须建立在丰富实践经验的基础上。因此需要指出的是：策划工作不是一个年轻的大学本科毕业生或研究生就可以胜任的，一个策划人的真正成熟要靠对实践一线的深入了解，要靠大量的媒体从业经验作基础，不能纸上谈兵，也不能尽情想象，必须落实为实实在在的具体形象，需要时间的磨砺，因而策划难以成为年轻人的职业。所以，尽管传媒业急需策划人才，但各大专院校却极少设立相关专业，因为学校教育只能提供策划的途径和角度。

三、勇于创新、善于发现、细致严谨

从性格来看，策划人应该说相对是个好事者或热心人。首先是有强烈的做事愿望，策划人需要对任何新生事物抱有极大的热情，有敏锐的洞察力。策划的预见性就是善于挖掘和捕捉任何富有创意的线索，但也不能被热情冲昏头脑，要时刻保持清醒，才能做出明智的选择与判断，使策划方案在执行阶段得到完美的落实。另外，策划人带领团队执行一个创意，不仅要具备良好的身体和心理素质，更要用人格魅力征服合作伙伴，这样策划才能得以顺利贯彻执行。对具体的项目来说，策划人有如战略家——制定战略，也是实践家——策划具备可操作性。策划人还应善于笔头与口头表达，尤其是要具备突出的文字表达能力，比如在电视台内部新节目之间的竞争中，文案的优劣就是至关重要的一环。

这样看来，似乎我们对策划人的要求过于完美，用前面提到过的“气质类型说”来要求策划人，那他应该具备每一种类型的优点；如果要用今天生活中常用的血型说法来看，那么策划人则需要 O 型的外向开放、A 型的热情执著和 B 型的富于技巧。的确，优秀的策划人需要以这些特质来支撑，况且人是可以不断完善自己的。当策划工作由一个团队来承担时，显然其中集聚的多个优秀的队员是可以具备上述多种品质的。同时，在电视从业人员“职业化”程度日益加深的趋势下，电视策划人是否能一人身兼数职，也是因人而异的。实践中狭义地理解策划时，经常把它划定在初步制定节目形态和提供节目文案的范畴内。

四、具有一定的文化底蕴和美学修养

我们常常听到观众说“某某节目没有文化”，“某某节目文化品位不高”等等。这些说法看上去没有直接指责策划人的不是，但实际上节目的表达内容、风格样式是由策划人负责制定的，尤其是非直播性的节目，策划起到决定性的作用，而且节目水平和策划人的水平有着直接的关系。目前一般电视台都要求策划人具有大学本科以上的学历，并且要求在高等院校经过一定的文学艺术基础训练和相关专业的学习。中国传媒大学、北京电影学院、中央戏剧学院等专业院校都较为系统地开设了相关课程。

五、懂专业

1. 懂电视

电视策划人首先一定是电视人，应当了解电视媒体的功能与作用，了解电视的纪实特长，了解业内动态和收视环境。其次，电视策划人也要了解视听语言的特性，熟悉声音与画面的语言表达方式和创作流程：如摄像机、切换台、编辑机的功能，制作的各种手段所带来的节目性质变化，相关工种在创作中的重要性和作为创作元素的意义——摄像、音响、照明、美术、化妆的工作特性等等。电视策划人的知识层面要高于各个环节的创作人员，才能对节目的发展起到指导性作用。

策划人还应当了解不同类别的电视节目的个性：新闻节目严谨、冷峻；生活类节目活泼、亲切；文艺类节目优美、浪漫。其创作者的思维方式、表达方式自然应该与之相适宜。于是在节目与策划之间存在着一个“双向选择”的问题，如果自己所掌握的知识与节目内容有差距，唯一的选择就是赶快向节目靠拢。

2. 懂策划方式与技巧

电视已经进入品牌竞争的时代，策划就是要争取市场空间，使项目获得良好的社会效益和经济效益，因此策划人必须熟悉电视市场状况并能正确地运用调研的手段与策略，懂得如何找到策划的突破点，洞悉宣传推广与发行的方法和途径。

如果我们具有举一反三的能力，就会发现中国早有教材，如《孙子兵法》、历代智者的成功法则，以及毛泽东的军事思想。

第三节　策划人的人际环境

实际上，电视是“集体创作的艺术”，各工种分工合作，各司其职。至于策划人，在工作中要沟通各个层面，如领导、制片人、创作者、演职员、观众乃至投资者等方方面面，最后落实到具体的创作环节。换句话说，策划人对各工种的充分了解，就是策划工作的具体内容构成。对于策划人来说，立场、目的、所处环境的不同，策划的结果也就不同。站在领导的立场，应该注重全局导向性的把握；站在观众的立场，就应该考虑怎样使节目更好看、更吸引人；站在编导的立场，应该注重个人品位的追求与艺术性的展示；站在演员的立场，要充分发挥明星的光彩；站在广告客户的立场，则要更多地追求知名度……策划需要从多个角度进行把握，为方便各工种各环节的落实着想。当然，策划的最后落实往往也是向多方进行争取、让步甚至妥协的结果。

一、策划与领导

理想状况中的策划人的工作应该是将电视台或节目视为一个主体，对其理念、形象、风格、运营、收视等一切方面进行全方位的设计。但在现实的工作中，大多数电视策划往往局限在办什么栏目、找什么选题等具体问题上。而且，为了保障其可行性，策划人往往要与具有最后决断权的领导坐到一起商议，这在过去的媒体工作中更是如此。如果二者的职能不是融合为一体，那么策划人就必须要有领导的眼光。一般来说，专职策划人会直接对所在栏目的制片人或者部门领导负责。

对于一个具体栏目来说，制片人往往是节目的直接责任者，拥有对节目的肯定权和否决权，他们的意图能够直接体现在策划中。因此，策划人与制片人的关系必须非常融洽，并且相互依靠、相互信赖。在这里我们特别强调策划人对领导应该有充分的理解和信任，并且对领导的意图有一个大致的判断，要力争让领导对节目给予更大的支持和肯定，甚至直接请领导参与到策划过程中来。因为领导往往具备更强的政策把握能力，更能从大局出发看待问题，虽然实践中经常会出现因领导个人意志而改变、甚至否决节目策划方案的情况，但更多地是策划人依靠领导的扶持、突破重重阻力而最终取得成功的案例。

二、策划人员与创作人员

节目的创作人员还包括编导、主持人、演员、摄像、灯光、舞美等人。策划人有时与创作者融为一体，或兼任其中某一个职位。一般情况下，兼任编导的占多数，因为这样更有利于节目的创作。

在大型节目中，策划人首先是节目构架的建立者，具体细节由相关人员配合完成，而诸多职位的人往往能够提出最具建设性的意见，从而弥补策划的不足，故策划必须深刻理解并充分尊重各工种人员的劳动，在创作过程中密切配合。例如编导，他是策划方案的具体实施者，也是节目实施过程中对策划方案最权威的检验人。策划人有责任为编导提供切实可行的创作设想，编导应该努力实现策划人的意图；而演职人员则是节目质量的直接体现者，策划人必须对他们有深入的了解，以便设计具体细节……

任何一个项目或节目的成功都是集体智慧的结晶，是各工种、各部门协同作战的结果。在一个集体内，经常会出现许多矛盾需要协调和解决，策划人是这个集体的核心人物之一，因此他一定要富有凝聚力，要充分信任同事，对大家的工作能力要有准确的判断，并善于从集体智慧中汲取节目所需要的营养，对各工种的工作内容、局限都要有充分的了解，同时也善于把自己的想法尽可能充分地传达给大家。在意见不统一的时候，策划人要本着团结的精神，尽力维护集体融洽的工作气氛，胸襟开阔，不计较个人得失，敢于设计并深入研究，这样节目才能获得成功，否则将困难重重。如1985年春节晚会的失败，很多人把失败的原因归结为场地——工人体育场。其实这只是一方面，其他方面如演员的放任散漫、进口灯光被阻、机位架设太远、导播切换景别大、缺乏在大场地创作的经验等等，都是导致晚会失败的原因。之所以没能解决这些问题，也是由于策划时考虑不周。

三、策划人与受众

受众是电视节目的消费者，在物质极大丰富的情况下，市场经济特征体现为市场以买方为主导。从这个意义上讲，策划就是让节目体现出对受众的服务意识，那么，受众是策划人的最终服务对象，也是节目的最终鉴定者。有的策划人往往在节目受到指责后做出诸多解释，说自己曾遭受过这样或那样的困难与约束，许多错误和遗憾责不在己。其实我们必须清楚地认识到，无论是什么原因，无论遇到多少困难，节目一旦播出，在观众中形成的影响就无可挽回，因此策划人以及所有工作人员唯有兢兢业业，把观众放在最重要的地位去考虑，才能找到成功的根本道路。

研究受众需求、受众心理、受众收视规律是策划人永不可间断的工作，同时策划人还要懂得与受众沟通的有效方法与途径。

在产业化的进程中，收视率已成为评价一个节目的重要指标和节目追求的重要目标，而且很多频道采取了收视率末位淘汰制——在一定时间内收视率连续排在频道末位的节目将被强制取消。这意味着节目的命运似乎掌握在观众手里。因此策划人要认清受众细分化的现实，认清老少皆宜、雅俗共赏的时代已经过去，而应当以丰富多彩的内容样式满足不同层次、不同群体受众需求的现实。我们还要清醒地认识到，在现代化的发展进程中，国民的素质亟待提高，因为国家的真正先进不仅仅依赖于发达的经济，更体现在国民的优秀品质与高水平的文化素养上。在中国现阶段，媒体仍然应当承担起一定的教育人民、普及先进文化观念与知识的责任。

四、策划人与投资者

投资者是在市场经济条件下不能回避也无法回避的因素。策划人的设计方案不仅受创作能力的制约，也一定会受经济因素的制约。这个环节如果搞不好，连节目生存都无法保障，更何谈成败。

说到节目的投资，不同来源的项目有不同来源的资金。如有的是由台里拨发，有的是向社会筹集，还有的节目是商家主动赞助……在电视产业化的背景下，一般来说高收视率会给节目带来相应的经济效益。有时节目也会由于资金缺乏而被迫下马，也有的节目整体水平并不高，但因能带来经济回报而持续播出。

随着社会纳税意识的觉醒，越来越多的民众更加重视公共资金的去向，注重投入与产出的关系。例如每年的春节晚会，单从高额资金的投入这一点来说，人们就无法做到对晚会的漠视和所谓的“平常心态”。所以无论哪一种形式的投资，都应该珍惜、慎用。在商业赞助面前，我们首先应当保障节目的高质量，然后才能考虑投资者的利益，切不可一切“向钱看”。

一些节目只顾经济利益，不顾社会效益，节目趣味低下。其实这样做的结果只会最终导致节目整体的失败。如何摆正节目质量与经济效益之间的关系，也是策划人不可回避的问题。同时策划人还应该具备市场意识，懂得市场规律并掌握市场营销方面的知识，以便为节目营造更好的发展空间。

……

其实，当我们深入实践就会发现，任何一个项目的策划人实际上都不可能只是某一个人，而拥有策划职位的人也不见得就真正具有策划能力，一个项目的完成往往是集体智慧铸就的。因此，可能在相当长的一个时期内，策划人作为一个职业，是不具备独立存在的实质形态的。

本章小结

本章首先讨论了策划的起源以及定义。通俗地说，“策划”就是“预先决定做什么、为谁做、何时做、如何做、谁来做”的活动。策划活动包含着高度的理性与智慧，电视策划亦然。从事电视策划活动的人应该具备相当的素质，包括一定的政治思想觉悟与政策把握能力；由丰富的社会经验带来的决策能力；勇于创新、善于发现、细致严谨；具有一定的文化底蕴和美学修养；懂电视……

本章还讨论了策划人与其他人员的关系。策划人在工作中要与领导、制片人、创作者、演职员、观众乃至投资者等方方面面进行沟通，他应为各工种各环节的易于实现着想。

思考题

1. 结合实际谈谈你对策划人的理解。
2. 电视节目是一种产品吗？电视策划与商业策划有何异同？

第二章　电视媒体策划的原则

【本章提要】

策划活动不是天马行空的思维活动，它必须在一定的原则指导下科学地进行，只有这样才能尽量规避风险，最终获得成功。尽管电视节目形态各异，媒体策划内容也很丰富，但是它们之中仍然有着必须遵循的共通的原则。这些原则的确立是有根据的，是有的放矢的。换句话说，我们的策划活动必须是有针对性的，它必须针对受众、市场以及电视媒体的特点。具体到策划过程中，我们要综合考虑创新性、个性化、整体性、重要性、娱乐化和可行性的原则。

第一节　策划原则的确立依据

电视策划活动有章可循，这个“章”就是策划的一些基本原则。这些原则是在对电视媒体运行全面了解和深入分析的基础上，具体针对受众、市场和电视媒体的特点而提出的。

一、策划要针对受众

在媒介产业化的进程中，电视人要适应新的运行环境，转变观念：媒介所提供的是一种产品或服务，它所从事的是以满足受众需求为目的的活动。对策划工作来讲，不论策划方案交给什么对象，不论它得到了领导怎样的肯定，受众才是最终的鉴定者。

因此，策划人必须牢固树立“以受众为本”的思想，认真研究目标受众的文化水平、欣赏习惯、作息规律、生活方式等各种因素，在保证导向正确的前提下，生产出最有针对性的电视产品，最大限度地服务于受众。

1. 确立受众地位

过去人们认为市场是生产过程的终点，市场营销的职能是推销已经生产出来的产品和服务，生产者是商业活动的核心。现在，市场成为生产过程的起点，市场营销的职能是在调查了解消费者需求的基础上生产出满足消费者需要的产品和提供适当的服务，消费者的需求成为重心。西方国家的商业领域在20世纪80年代末90年代初开始实施的CS（Consumer Satisfaction）战略——顾客满意战略，则是市场学理化的具体应用和升华。CS战略进一步明确由消费者需求决定生产和销售的观念，其核心是“从市场（顾客）中来，到市场（顾客）中去”。按照这一战略的要求，企业的组织结构和流程设计均以市场和服务为导向。

在今天大众传播已处于买方市场的条件下，没有消费群和收视率的电视节目，便如同无人购买的产品一样，是没有价值和意义的。从传播学的角度讲，传者和受者是相互联系、相互依存的双向循环关系。依照市场学的观点，受者心理需求应为循环的起点。因此，电视策划在保证舆论导向正确的前提下，要从以“媒体为中心”向最大限度地满足受众需求方向转变，即要从以生产为核心向以消费为核心转变，将受众的需求，特别是潜在的需求作为“传播什么、如何传播”的起点。在传媒业发达的国家和地区，这一点已经形成了广泛共识，在实践中也已经落实到相当细致的程度。而在我国，由于长期以来电视媒体高高在上的传统观念，市场调研和受众分析仍然没有得到足够的重视，不仅投入不足，对该领域的研究也较为粗略，因此还有巨大的发展空间，很多课题亟待研究。

2. 锁定目标受众

电视节目受众的细分化需要采用目标市场营销战略，即根据受众的不同性别、年龄、职业、地域、经历或爱好等表现出来的收视行为对市场进行细分，并根据他们的需求和收视习惯来提供电视产品。所以，目前我们亟待解决的问题就是如何真正了解目标受众的需要。众口难调，是媒体发展到一定阶段的必然现象，作为策划人必须清晰的意识到，过去万人空巷争睹一剧的现象已经不可能出现了，要想老少皆宜、南北通吃无异于天方夜谭。

传播应该是双向互动的，只有充分了解和尊重受众的需要，广泛听取他们的意见和建议，在可能的情况下让他们直接参与节目（如提供线索、做嘉宾和现场观众等)，才能比较准确地了解目标受众的收视期待和节目效果，从而确定节目的艺术标准、技术标准和资金投入量。但在实践中，决策者、制片人与编导“想当然”的现象仍大量存在，这与前期的市场调查不到位有直接关系。

因此我们必须了解受众，找出目标受众。只有成为受众的贴心人，才能最大限度地吸引目标受众，并争取最终引领受众。

3. 争取黄金时段

所谓“黄金时段”，是指在一天之内广播、电视收听收视率最高的时间段。当然，不同国家、不同地区的黄金时间因所处时区不同而有所不同，即便是在同一地区，具有不同功能、针对不同对象的台、频道、节目自身的黄金时间也有区别。

一般认为，晚上开机率最高的时候就是黄金时段，各电视台应该把最受观众欢迎的、最重要的栏目放在这个时段，以获得节目影响力、观众满意度和广告收入三赢的效果。

但是黄金时段的资源毕竟是有限的，不可能将所有节目都放在黄金时段，受众也不全在黄金时段看节目。所以黄金时段还有“绝对”黄金时段和“相对”黄金时段的差别，即一天当中的多个时间段都有可能成为特定节目的“黄金时段”。比如一般来说，上午是家庭主妇、退休老人、休养病人、学龄前儿童最空闲的时段，国外的电视台通常会在这个时段播放大量的肥皂剧，而我国中央电视台则安排了《夕阳红》《健康之路》等节目给老人，凤凰卫视则更多地重播头一天的信息类节目，照顾早睡的老年人。在中午短暂的吃饭时间，上班族可以边吃饭边了解新的信息，中央电视台《新闻30分》等新闻节目是一个很好的选择。下午家庭主妇们终于可以休息一下了，这一时段对于购物节目来说是一天中最为珍贵的，也是插播减肥、美容、家居用品广告的最佳时段。下午五六点钟老百姓忙于锅碗瓢盆之时，观看烹饪节目《天天饮食》，既可以给做饭提供参考，也可以学一手好厨艺。由此可见，只要找到与目标受众最切合的时段，就等于找到了黄金时间。例如2000年以前，《实话实说》播出时间为每周日早晨7:20—8:00。据央视调查中心的调查统计，其收视率一直在高位波动，具体地说，开机的观众有62%以上在收看该节目。

另一方面，人们处在不同地区和国度，其作息规律和兴趣爱好从来都不是整齐划一的。在现代社会，人们的生活习惯已经呈现出越来越大的差异性。拿知识分子和从事管理等职业的高端人群来说，一般受众都在看电视的时候可能并不是他们的黄金收视时间，因为这些人大都有晚睡晚起的习惯。因此对这类人群来说，也许晚上22:00以后才是他们的黄金收视时间。于是凤凰卫视将《时事开讲》栏目安排在每天午夜之前播出，这个“躲在暗夜深处”的栏目已拥有了自己稳定的收视群，包括商人、学者、政府官员和媒体从业者等。《时事开讲》可以使他们了解除新华社、中央电视台之外，其他媒体对同一事件的不同说法……

目前全球化的进程使上星频道能够覆盖的地域更为广阔，甚至能跨时区、跨南北纬，在语言趋同的情况下，媒体可以天涯海角觅知音，受众也可以打破地域或国界收看节目。如CNN的节目都是在我们的白天谈亚洲问题，而此时正好是美国的夜间，因此该频道的节目能够在时段上尽可能大地发挥效益。

因此，策划者、决策者对于黄金时间的定义一定要有充分认识，既要看到庞大的受众基数，也要看到激烈的竞争态势，同时也不要忽略发掘自己的目标受众，努力开辟相对黄金时间。

4. 引导受众

在任何一个国家，媒体都应该承担一定的社会责任。

前面我们已经提到电视策划要承担社会责任，这就要求不仅要对内容进行选择和把握，还要对内容形式的编排进行决策，而且要求对受众的引导必须是切实可行的。具体做法会在后面的内容中讲述。

二、策划要针对市场

电视媒体面对的不单单是受众，它同时还要面对整个媒介市场。因此仅仅研究受众是不够的，还必须对媒介市场，尤其是对同类节目（竞争对手）的状况有全面深入的了解，这样才有可能找到策划的突破点，最终抢占先机。

1. 市场定位

市场定位，即在激烈竞争的市场中通过调查分析和策划活动提炼、凸现品牌形象，并力求最终将此形象根植于顾客心中，在市场上为产品赢得一席之地。对于复杂多样的观众需求来说，没有一种产品或品牌能够完全覆盖市场，市场永远会有空隙，因此我们永远可以在市场空隙中找到新的发展空间。

市场空隙是最容易从受众需求中出现的，也可以从竞争对手的优缺点中发现。如果在某一内容领域或播出时段没有强大的对手，那么凭借这一市场“空白点”，自然很容易占据“第一”的位置。如星空卫视推出之初，无论媒体的自身定位——娱乐频道，还是节目的内容样式——《美人关》《星空不夜城》《人小鬼大》《星空热舞俱乐部》等，尽管在国外都有先例，但在国内还是空白，于是很容易就找到了受众。或者，我们可以凭借同一时段上没有同类产品的优势来占领市场，例如光线的《中国娱乐报道》，在初创期就是在同一时段占了题材之先。当然，如果想挤入一个本身节目之间竞争就已很激烈的播出时段（这种情况更为常见），就要困难得多。例如中央电视台的《实话实说》自2000年末移至晚间9:15后，收视率不升反降，变动播出时间后的第5期收视率仅为0.66%。而原来节目开创时所在的早晨7:20曾是一个不为人重视的时间，《实话实说》无疑是这个时段里最引人注目的节目，同样在2000年的早间，平均收视率为2.8%。在晚上9:15前后，各台各个频道的节目都是最精彩的，而且观众多年来已经形成了在此时段收看连续剧和综艺节目的习惯，《实话实说》要和众多强大的竞争对手和观众的收视习惯作斗争，其难度可想而知，收视率的下降便在情理之中了。

再如凤凰卫视，当谈及新闻资讯台的定位时，资深记者闾丘露薇曾说，“作为凤凰卫视北京记者站的负责人，在定位上我们曾面临做‘民生’还是‘时政’的选择。基于凤凰的受众是全球华人而不仅仅是北京本地人，最后还是选择了时政。那么选择时政又如何做到与强大的中央台有所不同呢？比如在“非典”期间，全部媒体一哄而上，其中不乏中央台这样各方面优势都很突出的媒体，势力相对单薄的凤凰应该怎么确立新闻点？经过讨论，大家确立了‘人文’这个切入点。当大家都着眼于前线的辛勤会战时，我们去看看科学家们怎么说、怎么做，给予大家对未来的信心；当大家都在讲恢复日常生活时，我们已经在关注后续的研究和反思了。在每一时刻都争取快人一步，走在前面一点”①。湖南卫视的“湘军突起”也正是因为它回避了在综合性、新闻性、文化性等方面与其他台的正面交锋，选择主攻娱乐类节目，使不少内地观众形成了看娱乐、时尚节目首选湖南台的习惯。以上这些定位举措无疑都是很有市场针对性的成功之举。

2. 品牌的打造与延伸

品牌节目，是指那些具有稳定的收视群体并能吸引稳定的广告投放、占据一个能够维持节目生产良性发展的市场份额的节目。品牌节目具有独特的风格和特点，其质量十分稳定。在媒介环境纷乱复杂的条件下，电视节目的品牌便意味着竞争力、吸引力、亲和力和信任度。因此从某种程度上说，在竞争白热化的阶段，拥有品牌节目就等于拥有了市场。

而要打造品牌，在市场激烈竞争的条件下，则意味着必须花精力，花力气，在创作能力相近的条件下，打造品牌甚至意味着大投入、大制作。

所谓“品牌延伸”，是指品牌拥有者利用原有品牌的市场知名度，开发同名或类似名的系列产品的行销策略。如果这一策略运用得当，可以消除观众对一个新产品惯常的陌生感，使得它在短时间内占领市场，得到观众认可，提升品牌知名度。如中央电视台利用《幸运52》和《开心辞典》的影响力打造的《欢乐英雄》，在很短时间内便取得了成功。

不过，品牌延伸必须要考虑各种相关的主客观因素，策划者在这个问题上一定要保持清醒的头脑，否则便可能开疆辟土不成反危及自身。上海电视台《纪录片编辑室》栏目以播出真实反映社会生活的纪录片获得成功。1996 年，他们又推出以凡人琐事为题材的纪录片栏目《纪录片编辑室 20’》，原本希望借助老品牌的知名度做品牌延伸，结果观众根本分不清两档栏目之间的

① 《北京青年报》2003 年 12 月 3 日。

区别，新老栏目收视率双双下滑。结果，《纪录片编辑室20'》播出不到一年就停播了。

三、策划要针对电视传播的特性

电视经过几十年的发展，其传播特点日益鲜明。作为电视媒体的策划人，应该更深入地考虑电视本身的诸多特点。

电视是视听合一的媒体，它的直观性、真实感、现场感、生动性吸引了巨大的注意力资源。尽管网络等新媒体发展势头迅猛，电视的霸主地位仍将在很长一段时间内无可撼动。不过，在传播活动中，电视媒体也有其不利于受众接受的方面，比如传播过程的线性、观看的随意性和互动性不强等。策划人只有认清电视的这些特性，才能顺应其规律来切实创新。

1. 电视的视听综合性

电视的最大优势就在于它视听兼具，作为策划人必须清醒地认识到其声画俱备的重要性。例如在中央电视台直播钱江潮的特别节目中，观众不仅看到了潮水的壮观景象，更被那排山倒海般的声音所震撼，犹如身临其境。再加上解说或访谈介绍相关知识和背景材料，观众就可以对钱江潮有一个全面立体的感知，印象十分深刻。同时，视听变幻创造了电视的无穷魅力，丰富的表现手段使得观众无暇思索，直接结果就是电视视听快感促进收视兴趣，也促使电视的娱乐功能更为突出。如音乐电视之所以受到欢迎，在很大程度上是因为这一节目形式用画面解释、补充和烘托音乐，成为最适合电视表现的艺术形式之一，受众的听觉和视觉同时接受愉悦的信息，从而产生视听快感。

眼见为实——电视能最为直观地表现真实的社会生活，最大程度地反映生活原生态。譬如，要想了解香港回归的过程，靠其他媒体得到的信息显然都不够充分，只有电视媒体连续不断的现场直播才能满足观众及时全面地了解事件的需要。当国歌奏响、五星红旗在香港升起时，电视使每一位观众都成了历史的见证者。“形象化”、“可看性”是对电视策划的基本要求。那么反过来说，一切不具备视听综合效应的、尤其是“不可看”和“不好看”的内容都不能发挥电视的特长，策划时应该慎重考虑其在电视中的表现方式。

2. 传播信息的适时性

每当遇到突发事件或重要事件，大多数人了解信息的首选媒体就是电视，这不仅是因为它的覆盖面广，更因为现场直播是其最为及时和生动有趣的手段。电视采制的速度十分迅速，可以将纷繁复杂、瞬息万变的社会生活尽可能及时准确地呈现出来，做到与现实生活基本同步。

相应地，电视媒体策划人就应该对身边的变化时刻保持敏感，要有一种全局观和系统观，对于发生的变化及时做出反应，并对周边信息、背景材料、未来影响乃至下一步的节目走向做出判断和决策。例如在北京时间 1999 年 5 月 9 日清晨 5∶45，中国驻南斯拉夫大使馆遭到北约轰炸，3 名中国记者遇难，20 多人受伤。下午 3∶00 消息传来，正在湖南长沙录制节目的凤凰卫视决策层就敏锐地认识到这件事情的重大意义，果断地取消了原娱乐节目的录制计划，决定利用这个时段做直播的特别节目。而此时我国政府还未表态，国内媒体尚处在短暂的沉默中，国际上对此事的态度也暧昧不明。凤凰卫视采用了现场评论、电话连线国内不同地区群众反应、随时穿插有关画面的方式，将事件的进程和发展状况及时予以发布，结果，无论是节目内容还是凤凰卫视，都引起了受众的高度关注。随后七天，凤凰卫视每天对此事进行两小时的直播，整体报道方面是国内媒体中报道民众游行最为全面和彻底的。而在 2002 年的“9·11 事件”中，凤凰卫视同样显示了突出的新闻敏感和果断的决策能力，停止一切节目对事件进行直播。正是这样的一些报道，树立了凤凰卫视新闻资讯台的形象，凤凰卫视也从此真正站立起来了，在新闻报道方面足以与一些大台抗衡。

3. 传播对象的大众性

电视媒体的视听俱全、生动形象，是最接近人对日常信息的接收状态的，于是儿童、盲人、聋人、文盲甚至动物都可以成为电视的受众。事实上，作为大众传媒的一种，电视的收视群体也是最为广泛的，其中主体人群的文化和消费层次并不高。从某种程度上说，在新闻以外的节目中，观众看电视更多地是出于消遣而非思考。同时，由于电视天然不适合承载过于沉重深邃的思想，因此，装腔作势或思辨色彩过于浓重的电视节目必然招致观众的排斥。我们可以看到，在电视中大行其道的节目通常都采取了平民视角，贴近生活，贴近群众，用老百姓的语言“讲述老百姓自己的故事”。这也正是那些家长里短的电视剧、轻松搞笑的娱乐新闻、煽情几近滥情的谈话节目最受欢迎的原因。这就决定了开路电视节目一定不是少数人自恋的作品，它是面向大众的，它的语言、讲述方式都要与大众相对应。电视策划人一定要摆脱孤芳自赏、自命清高的心态，认清电视节目的受众构成，深入研究“雅俗共赏”的境界。

策划人还应意识到，个人接触的社会生活是有限的，策划人身边的人也不能代表最广大的观众。因此，想当然地从自身经验出发做判断和决策是十分危险的。

当然，在电视极其发达而又竞争激烈的情况下，传播对象的大众性并不意味着所有的电视节目都是应该面向大众的。不同的电视节目有不同的目标受众，具体节目的策划还应该具体分析。

4. 传播过程的直线性

就一个频道来说，电视节目的传播是不可选择和不可逆行的。在过去注重宣教的时代，这可能是一种优势，而在目前的社会观念下，观众不得不按电视播出的顺序收看节目、不可自主选择的特性正成为电视逐渐被网络夺去市场的原因。电视策划人员应该充分考虑这一问题，扬长避短。例如现在电视节目设计了“导视”或定时播出的节目预告片，就是为了尊重观众自主选择的权利，从而最大限度地留住观众。再如在体育比赛的转播中，精彩和关键的画面会及时回放，化不可逆为可逆，这也是考虑到观众收视心理的需求。

5. 收视状态的随意性

电视观众的收看状态一般都较为随意。作为在家庭环境下的收视行为，他们可能一边吃饭、一边聊天一边看，观看过程极易受外界干扰——接听电话、人员走动、做家务等，都会对收视效果产生影响。在策划电视节目时，一定要考虑到电视传播的这一特点。一些经过长期探索的节目形态实际上对于这一特点已经有所反应。比如电视剧的结构和节奏与电影就有明显的区别：电影由于观众集中全部注意力观看，因此总体节奏较快；而电视剧，观众少看其中的一两集也不会太影响对整体剧情的理解，关键情节还可以反复、强化。另一方面，电视节目常常需要重复强调“您现在收看的是……”，必要时要安排重播，以方便那些不能专心和不能连续收看的观众。

第二节　策划的原则

一、创新性

我们生活在一个瞬息万变的社会中，新的思想、理念、技术、方法层出不穷，受众的需求也在不断发生变化。策划是一种创造性极强的工作，尽管借鉴和模仿也存在于策划方法中，但从本质上讲，策划工作的目的就是创造“新”的电视产品。步入平稳发展期的电视节目也要根据受众的欣赏口味、竞争对手情况等不断做出调整，因此创新是策划人最经常需要面对的问题。

1. 树立实事求是的创新观念

创新自然应当追求“前所未有”，但此境界的实现经常是从局部着手，或在原有形态的基础上增添删减，或变换内容角度，以内容变化再带动形式变化。比如《东方时空》栏目的创办，它在早晨播出较为重要的内容，改变了中国人早晨通常不看电视的习惯；《凤凰早班车》鲁豫的“说新闻”，不仅仅是内容形式的创新，更缘于鲁豫个人的播报特质；杨锦麟的《有报天天读》则是借着报纸的话题评说新闻……

同时，创新并不意味着不能借鉴。事实上，在传媒高度发达的时代，移植、改造、借鉴外地或外国媒体成熟的运作经验和节目模式，也是非常见效的做法。只要在移植、改造、借鉴的过程中充分考虑两者在文化传统、审美取向、道德标准以及国家政策等方面的差异，深入了解当地观众的需求，而不是不动脑筋地照搬，节目就会呈现出自己的独特面貌，也就能有自己的创新。例如湖南卫视的《快乐大本营》、《玫瑰之约》都参考了多个境外节目，《超级女声》则直接受到了美国《美国偶像》的启发，而央视经济频道《幸运52》、《开心辞典》和《非常6+1》等节目也对国外类似节目形态进行了本土化改造。

2. 创新的基本途径

电视创新经常从三个方面入手：技术、理念和内容。

技术创新是指充分利用先进、独创的电视制作技术和手段。电视技术是电视艺术创作得以实现的基础，电视艺术的想象又会刺激电视技术的发展，例如大屏幕、旋转舞台、异地信号直播互传、激光造型、运动摄影器材、后期先进的剪辑设备等。一大批先进的电视设备和制作技术让观众体会到了从未有过的视听冲击和全新的时空感受，例如历年的春节联欢晚会中都陆续运用了这些设备或技术上的创新。电脑技术的发展也给电视节目的表现带来了全新的可能，相信用“叹为观止”来概括观众第一次观看麦克尔·杰克逊的 MV 专辑《Dangerous》时的感受应该毫不夸张。

相对于技术创新来说，理念上的创新对电视策划人的要求更高。过去我们都认为早间时段不是电视的黄金时间，但是《东方时空》却开发出一片疆土，不少人正是因为它而改变了自己的收视习惯；而《快乐大本营》则使直播性节目的创作变得轻松愉快，节目中让观众感到有趣和亲切的，可能恰恰是过去的创作中不赞成或不容许的；《同一首歌》的到处唱老歌、展示旧人旧作，也是前所未有的做法。但这正是节目引起观众共鸣的原因……

电视策划的创新更可以从内容入手。内容为“实”，形式为“皮”，这是永恒的道理。如春节是辞旧迎新、阖家团圆的节日，每年的春节联欢晚会都要表现相应的主题。如何年年岁岁花不同？具体内容的变化，可以落实为导演构思、具体演员、具体节目、具体场景等内容元素的不同。如在表现亲情方面，1983 年主持人之一刘晓庆在直播现场向远方的父母拜年，1984 年台湾主持人与嘉宾通过电话与在台湾的亲人互诉思念之情，1999 年一首《常回家看看》传遍了大江南北，2003 年分别来自内地和台湾的赵明、麦玮婷一家演唱了《让爱住我家》……不同的时代有不同的故事，便可造就每一年的创新。

二、专业化

这是一个信息爆炸的时代，各种信息通过各种渠道向大众涌来，但是受众的注意力是有限的。换句话说，这是一个选择的时代、一个“注意力经济”的时代，在这样的时代，平庸就意味着被淘汰。目前，受众自主地选择着符合自己口味的媒体和节目。不仅如此，他们的口味还会经常变化。只有成为不同于别人的“这一个”，才有可能被受众选择和接受，才有可能成为一个电视品牌，一个媒体或一个节目才会有生命力。而如何成为

“这一个”？“专业化”是最容易走的道路。

在我国目前上星的几十个频道中，大多数频道的风格定位都非常相似，甚至竞相播着同样的节目。我们很容易发现，凡是能吸引一批较为稳定的观众的频道，一定有自己的主张和独特的定位，如浙江卫视打出文化牌，湖南卫视打出娱乐牌，江苏卫视打出情感牌，安徽卫视打出电视剧牌，海南卫视打出旅游牌……尽管业界对其中某些频道的做法是否有利于其长远发展存在争议，但这种自觉地细分市场、以个性取胜的做法无疑比其他频道更容易、也更快地获得受众的青睐。

从另一方面来看，当前电视节目同质化的现象十分严重，特别是电视节目“克隆”、模仿极其便捷，让每年煞费苦心、斥巨资开发新形态节目的媒体决策者头痛不已。然而事实也已经证明：不管有多少后继者趋之若鹜地模仿，也不管他们如何竭尽全力地克隆，打造出这类节目品牌并具有最专业制作水准的媒体，必定是最大的赢家。如湖南卫视的《快乐大本营》，任由其他电视媒体复制（最多时全国有十六七个频道开设类似的明星游戏节目），但其全国游戏娱乐节目第一家的地位丝毫没有被动摇。究其原因，就在于这档栏目“青春、时尚、欢快”的个性特色是“青春、时尚、欢快”的主创人员精心策划、精心制作的。而那些自己不动脑筋、不肯下苦功夫，只会模仿外表而不具备专业制作水准的媒体以及栏目，则很快就被市场淘汰。

三、整体性

任何一个频道或栏目的出炉或改版，都应归入一个整体来考虑。尤其在频道走向专业化的今天，策划节目时如何保持频道的整体风格，与其他频道既有区分又有互补，是需要长期正视并探索的问题。

在实际操作中，整体性应该落实到具体的资源配给上，如人力、物力、财力的安排，黄金时间的分配等。在一个系统内部要避免恶性竞争，要分工协作、互为补充。比如就一个省级台来说，上星的应该是最好的节目，以增强频道的竞争力与感召力，在资源配给上就应该有所倾斜。

在频道策划中，整体性原则显得尤为突出。对频道中各栏目的资源配给，应当是从全局出发，不能一刀切。例如对品牌栏目，投入一定远远高于一般栏目，以便能够和其他频道争夺受众。好的频道策划不仅要有突出的品牌栏目，在各栏目之间也要有互相补充、互相呼应和互相提携的关系。如在各栏目播出时间的安排上，一个新节目或一个不十分突出的节目可以放在两个名牌栏目之间播出，这一播出策略被形象地称为“吊床策略”，以便吸引观众、提升频道的整体收视率……

目前很多频道在改革以后各自为政，甚至为了自身的利益竞相压价、恶性竞争，最后把整个系列频道的广告价码都拉了下来，这也是台或频道设计缺乏整体性的表现。在系列频道之间，不仅节目编排应互相配合，在广告经营上也要有整体意识。如北京人民广播电台在操作中不只考虑某一个子台的利益，而是将各台的整体利益放在第一位，各子台联手维护广告价格，收到了很好的效果。

四、重大性

重大性是电视内容策划的一条基本原则，也是一条重要原则。

优秀的电视媒体总是能经常在第一时间向观众报告最重要的信息，而对于突发的重大事件，媒体决策者和策划人一定要有十分敏锐的洞察力和反应能力，因为这是树立媒体形象的良机。即便做不到这一点，至少应该做到“出大事”的时候，媒体没有失语。比如，美国“9·11”恐怖袭击事件发生时，凤凰卫视就果断地打破了原播出计划，甚至停播了所有广告，这使得观众看到了第二架飞机撞向世贸大楼的全过程，看到了两座大楼轰然倒地的悲壮场面，这也使得覆盖规模并不高的凤凰卫视当天收视率直线攀升，频道锁定率几乎达到了100%。这样果断的决策水平和及时的应变机制，是我国绝大部分电视媒体所不具备的。在日常节目的策划中，也应该尽力与重要事件或活动联系，如在纪念世界反法西斯战争胜利60周年期间，各电视台纷纷推出新制作的系列节目或特别节目——媒体的整体规划能力往往在诸如此类的策划中体现出来。

其实，重大性也是相对的。老百姓觉得战争、自然灾难、突发事件是重大的，但对于单个个体来讲，如果一个电视节目能够改变其命运，那么节目播出过程也就成了一个关乎“生死”的重大事件。因此，重大性可以是客观存在的，也可以是媒体创造的。比如说，对于一个平民选秀节目来讲，最终选出的几名选手如果真正能成为明星，那么淘汰的过程也就变得严峻起来，因为这个过程真正关系到其命运，而观众都是这个过程的见证者。于是，对于电视媒体策划人来说，我们可以以某一段时期观众最可能关心的事件、人物为主题进行策划，也可以从小处着手，将一个原本娱人娱己的游戏变得刀光剑影、悲喜交加。美国的整容节目《天鹅》之所以要在整容前拼命渲染节目参加者命运的悲惨、情绪的低落，就是为了让观众觉得整容可以改变她的一生，几乎是其重新获得生活勇气和乐趣的唯一的途径。国外许多娱乐节目之所以要设置那么高的奖金额，就是为了让观众和参与者觉得这是一个重大活动，值得为此不顾亲情、爱情和尊严地放手一搏。

五、娱乐化

将娱乐化作为电视媒体策划的一个原则是由电视媒体与生俱来的娱乐功能决定的，也是国内外电视界在实践中广泛遵循、并在现代化的社会中会愈加凸现的一个原则。无论世界上哪个国家，最早在电视中传播的娱乐内容都主要体现为文艺节目，而后随着人民生活质量的提高、世界的和平稳定、思想的开放，电视节目才日益显出更轻松、活泼的面貌，受众的娱乐需要成为许多电视工作者自觉考虑的内容。在中国，改革开放之初尽管没有人强调电视节目的娱乐功能，但是20世纪80年代出现的春节联欢晚会等节目的娱乐色彩已十分浓厚，到90年代终于形成了娱乐节目的洪流。

娱乐是人的天性，也是电视的天性。在许多发达国家，电视业被视为娱乐产业中的一员。当然由于国情不同，我国的电视节目必然要承担更多的意识形态职能。但不可否认的一点是，娱乐已成为世界电视节目的主流方式，而且在众多的资讯、服务、教育节目中，娱乐元素也正在广泛渗入；越来越多的节目一改过去居高临下的姿态，以观众更喜闻乐见的方式来表现。

同样的主题或题材，是否具有娱乐观念，有没有娱乐元素，产生的结果可能大相径庭。例如中央电视台二套的《绝对挑战》与《劳动就业》，同为就业服务类节目，但前者加入了真人秀、竞赛、访谈等许多娱乐元素，主持人青春靓丽，语言明快幽默，参与者前程似锦，节目色调明快。从某种程度上说，尽管《绝对挑战》没有偏离提供择业指导的主题，其服务功能也十分突出，但其结果很难说属于服务节目还是娱乐节目。而《劳动就业》由于对象层次相对贫困，参与者无法去娱乐，也没有心情去娱乐，于是节目显得沉重、严肃，悲伤之处甚至令观众不愉快。因此我们看到，娱乐元素的存在与否决定了这两个节目收视率的高下，《绝对挑战》的成功不啻是娱乐化的成功。

娱乐离不开明星，要想让电视节目更娱乐，走明星路线也是一个不错的选择。在电视剧、电视游戏节目、电视谈话节目、电视晚会、电视广告等节目中，明星都被认为是十分有效的吸引观众的手段。在追求市场容量的前提下，一个电视剧请明星大腕演和请新人演可能会产生完全不同的市场效果。一个谈话节目可能在其他方面毫无特色可言，但是只要它能请到明星，无论明星们说出的是家长里短、感情波折还是苦难经历，这个节目就已经成功了大半，如《艺术人生》、《超级访问》。有时明星资源有限，一些节目由于资源枯竭而不得不下马，于是还有一种做法就是培养自己的明星，这一点凤凰卫视做得非常出色。他们下大力气推出了吴小莉、鲁豫、窦文涛等一大批名主持人，不管他们主持哪一类节目，我们都可以把那个节目称为明星节目，因为这些主持人就是吸引观众的明星。

六、可行性

可行性原则必须贯穿在策划活动的整个过程中，是策划方案制订最初就应考虑的问题。若不考虑可行性，天马行空似的策划是没有意义的，甚至是危及生存的。

可行性分析可以从以下四方面入手：

1．政策分析

即方案是否符合法规、政策和发展趋势的要求，否则，即便策划的内容新颖充实、自认高人一筹，仍然是一个失败的策划方案。例如2004年4月19日，广电总局下发了《关于加强涉案剧审查和播出管理的通知》，规定所有电视台的所有频道正在播出和准备播出的涉案题材的电视剧均安排在每晚23:00以后播出。通知要求各级广播电视行政部门要加强对涉案题材的电视剧、电影片、电视电影的题材规划审查，严格控制题材的数量。通知下发之后，一些省市电视台违规播出，受到了总局的通报批评。还有包括《征服Ⅱ》、《没有发芽的春天》、《铁证》等在内的33部涉案剧没有获得广电总局的立项批准……对一个策划活动来说，是否符合法规、政策，是否有发展空间是策划的前提。

法规政策是不以个人意志为转移的，作为一个策划人，必须时刻保持对法规及政策的敏感，尽可能地规避风险，同时还要分析可能产生的利弊，如社会影响等。如果我们制作出来的节目与现有的价值体系、审美标准、伦理道德有冲突或碰撞，我们就要慎重行事了。除了法规和政策之外，节目还有其他的底线，那就是节目所在地的道德、风俗、习惯等等。

2. 经济分析

即考虑经济上是否有来源，相应的投入能产生多少回报。在市场化的条件下，策划必然追求以最小的经济投入实现最大的社会效益和经济效益。在国家投入时代，电视业对经济回报考虑不多，而现在这几乎是所有电视节目制作机构都必须考虑的问题，而且还要追求利益产生的可持续性。

3. 竞争对手分析

每一个项目的生存空间必然会受竞争对手的影响，尤其在市场已经显示出容量相对饱和的阶段。建立项目就是在争取市场份额，实践中我们常用“切蛋糕”来比喻这一现象：在蛋糕大小固定的情况下，每当有人多切走一些，另一些人就会少得到一些；参与分切的人越多，每一个人可分的份就小。

同类项目有没有？有多大？新项目是否还有建立的空间？能否获取应有的市场份额？设计什么样的目标？如何去获取更大的市场份额？……这些问题，只有在掌握了竞争对手状况的基础上才能得到解答。同时，竞争对手的生存状况、策略还能给项目的自身建设带来教益、教训，让我们少走弯路，尽快达成目标。

4. 操作能力分析

即策划在实施过程中，人员素质、设备、资金、环境等各种条件是否能满足需要。有的方案设想不错，但创作队伍能力低下，或小台去做大台才能做的事，或根本不可能有相应的投入，那就是自不量力了。比如在某电视台的节目竞标中，一个谈话形式的婚恋节目样带请到了崔永元做主持人，节目效果相当不错。但关键在于崔永元不可能真正担任该节目的主持人，也不容易再找到真正可以替代崔永元的主持人，因此该节目的样带就不具备真正的示范意义，该节目也未能中标。

本章小结

本章首先从三个方面讨论了确立策划原则的依据：受众、市场和电视媒体特点，并从对这三个方面的分析引出了电视媒体策划的一些原则：创新性、专业化、整体性、重大性、娱乐化和可行性。

思考题

1. 电视媒体策划基本原则确立的依据有哪些？
2. 策划活动为什么首先要分析观众？
3. 谈谈你对电视媒体市场的理解。
4. 从电视媒体传播特性出发，谈谈如何发挥电视媒体的优势，如何尽量克服其劣势？
5. 电视媒体策划有哪些原则？

第三章　电视媒体策划的运作

【本章提要】

在叙述电视策划的具体步骤之前，首先要做一系列相关信息的占有和分析工作，实际上也就是了解策划活动的前提、背景和生存环境。这些信息包括观众信息、频道市场信息以及节目类型信息。策划人不仅要了解不同人群的收视行为，不同节目类型的主要收视对象，还要分析媒介市场的状况。

每一个电视媒体策划任务可以被视为一个项目，一个项目的策划过程包括：解读项目、拟订项目、完成策划书等几个步骤。但完成了这些工作并不是策划活动的终结，在项目的实施期同样还有项目的包装与宣传、项目的监控与提升、衍生产品的开发等后续的策划工作。

电视策划是一种理性程序，它有明确的目标和严密的计划。虽然每一次电视策划的具体细节有很大的不同，但是策划的运作都应该按照一定的程序和发展逻辑有计划、有步骤地展开。

第一节　信息的占有与分析

电视媒体策划人必须是杂家，他必须了解整个社会以及他所要策划的媒体所在区域的政治、经济、文化等信息，对于媒体生存环境的显著或微小的变化都要及时获知。与此同时，策划人还要对整体的观众状况、媒介市场、节目类型等有相当深入的了解。唯有如此，才能在策划时成竹在胸。

对于政策以及社会环境的了解在于策划人的日常积累，这里限于篇幅，不再赘述。本节主要讲述如何分析观众、了解电视媒体市场、节目类型及媒体调查方法。

一、观众状况

随着时代的飞速发展，我国的社会政治、经济、文化结构都发生了很大的变化，多样化、多极化、多层次化的趋势日益明显，人与人，更确切地说是阶层与阶层、种群与种群之间在价值观念、文化层次、理想追求、生活态度，甚至消费欲望和消费能力等方面出现了很大的差距，从而导致了人们对电视节目的评判标准、收视取向等观念、行为的多元化。由于电视的目标是观众，因此电视媒体的策划实际是在策划如何赢得观众的注意力。而要争取观众，首先就要对观众进行全面准确的分析。

从总体上看，中国电视观众年均收看时间是比较稳定的，近几年平均每人每天收看电视的时间保持在 3 小时左右。

从电视观众收视时间的基本状况来看，春夏季短于秋冬季；节假日期间全国收视率普遍增高，最高收视率出现在春节时的 2 月；学生在寒暑假期间收视率提高 25%，和成人一样多；周末的收视率明显高于工作日，特别是在上午 8:00 到下午 6:00 间较平时高出近 3 个百分点。从工作日期间的收视率来看，周一最差，周二、周四趋同，周三和周五较好。而一天时间内，我们将开机率或收视率接近的时间划分为不同时段，不同时段的收视率排名见表 3－1：

表 3-1 一天内不同时段收视率排名[1]

时　　段	收视率排名
19:00—22:00	1
22:00—00:00	2
12:00—13:00	3
17:00—19:00	4
08:00—12:00	5
13:00—17:00	6
06:00—08:00	7
00:00—02:00	8
02:00—06:00	9

总体上我们可以找到观众收看的一些规律，但是不同观众群的收视行为却又是千差万别的，因此策划人还要从受众划分的多个角度来考虑。

1. 年龄

不同年龄段观众的收视心理和收视行为存在明显的差异。目前国内研究界采用较多的是如下的分段方式：4 岁以下、4—14 岁、15—24 岁、25—34 岁、35—44 岁、45—54 岁、55—64 岁、65 岁及以上。总体上看，4 岁以下儿童尽管有收视需求，但通常处于被动收视的状态。4—14 岁的儿童有了主动的收视行为，而且由于他们在家庭中的独特地位，往往能够带来数倍于自身数量的收视人群。15 岁以上的青少年观众想象力丰富，好动，观念开放，求知欲强，所以对电视最感兴趣，但由于缺乏社会经验，

① 数据来源：央视-索福瑞媒介研究公司（CSM）。

判断力较差，故容易盲从。同时他们伴随着电视长大，对视听结合的表述方式非常适应，要求节目节奏较快；特别是他们对明星的崇拜和追捧，带来了流行音乐、青春偶像剧和游戏娱乐节目的盛行。进入中年以后，人的生理、心理各方面都比较成熟，作为社会和家庭的支柱，看电视更多以实用为目的，于是最关注政治、经济、社会问题，那些重大、宏观、理性、信息量大的、给人以思考空间、制作质量高的纪实节目就会得到他们的赞赏。也由于他们最具消费能力，因此在电视市场化的背景下无论他们是否有收看时间，电视台都应该将他们列入收视的主要目标人群。退休以后，老年人空闲时间较多，甚至在新的老少分居的时代，不少人以电视为伴，或形成电视依赖，并且普遍具有怀旧心理。戏曲、电视剧之类的节目节奏相对较慢、有较复杂的故事情节，较适合他们消磨时光；而娱乐节目调节他们的情绪；养生、健康则是关注他们切身利益的话题。同时也由于他们的身体逐步退化，他们要求节目节奏放慢……

不同年龄段的人群收视时间也存在差异，总的趋势是年龄越大收视时间越长。其中4—14岁少年儿童因为学习任务重，白天多在幼儿园或学校；同时也由于家长的限制，每天收看电视的时间最少，不足2.5小时。55岁以上的老年观众每天收看电视的时间最长，约4个小时，比全体观众的人均收视时间多1个小时。15—35岁的人学习和工作繁忙，为看电视的稀缺人群，但这并不表明他们没有看电视的需求；同时，中年人由于工作压力太大，也需要娱乐以减压。

2. 性别

我国男女观众每天的收视时间差别并不很大，都在3小时左右。从总体看，男性更爱看电视，但女性更有时间看电视。

性别差异更多地体现在收视习惯的不同上。在以男性为中心的社会形态下，“男主外、女主内”的观念普遍被认可，两性生理差异也导致观赏趣味的差异。男性社会和生活压力更大，一般是家庭经济来源的主要提供者，因此相对对直接与事业、生活相关的新闻、法制、经济问题更关注，娱乐方面则对体育竞技、旅游探险、警匪侦探等方面更加青睐；女性作为支撑家庭情感关系的主体，往往更关注情感维系、家人健康，因此对情感话题与家庭纠纷题材更为关切，而且，就其天性来说，对美容、服饰、饮食、文艺等方面的电视节目也更关注和接受。

不过，随着科技的发达，目前体力劳动强度逐步减轻，绝大多数工作是男女共同适宜的，两性在工作能力上越来越不相上下，社会分工呈现出趋同化的现象，各自的性别优势在减弱，思想意识、个性也在趋同，而且女性的地位还有不断提高的趋势，未来的电视策划也要考虑这样的状况。其实，当我们策划所谓前卫、时尚的节目时，就是更多对社会、人的形态的超前性进行表现。

表 3－2　2003 年全国市场不同性别观众收看各类节目的人均收视时间（分钟）①

	财经	电视剧	电影	少儿节目	生活服务	体育	外语	新闻时事	戏曲	音乐	专题	综艺	教学	其他
男性	184	8336	2174	683	793	1814	31	6708	418	612	2458	2013	54	5214
女性	159	9717	1885	652	770	839	28	5806	438	715	2332	2200	50	5337

3. 职业

不同职业电视观众的收视时间和收视兴趣也是观众分析的一个不可缺少的方面。我国目前比较普遍的划分方式是：工人、农

① 数据来源：央视－索福瑞媒介研究公司（CSM）。

民、学生、机关干部、科教文体卫人员、企业管理人员、企业雇员、商业服务业人员、家庭妇女、私营业主、个体户、待业人员、军人、警察等。随着社会分工的日益细化，新的职业和新的阶层还会不断出现。在进行观众调查的过程中，职业的分类过细和过粗都是不可取的：分类过细会造成电视台工作量的增大，而且可能失去典型意义；过粗则针对性减弱，节目没有发展目标，会给数据分析造成困难。但在实际生活中，职业与观众的个性、价值取向、爱好等等有很大关系，不同职业的观众对电视节目的需求也有所不同。在策划与职业、专业有关的节目时，目标受众的职业特性将具有重要的参考价值。

4. 文化程度

按文化程度，电视观众可以分为：未受教育、小学、初中、高中、大学、研究生、研究生以上几个层次。从收看时段上看，白天的观众以中低文化程度为主，22:00 以后以大专以上文化程度的观众居多。文化程度的差异更明显地体现在对电视节目类型的喜好上。调查显示，对电视剧、电影、音乐等节目，小学以下文化程度的观众和大学以上文化程度的观众付出的收视时间相对较少，初中和高中文化程度的观众则比较热衷；对少儿节目和戏曲节目，初中及以下文化程度观众的关注度明显超过高中及以上文化程度的观众；对财经、新闻和体育节目，高中及以上文化程度的观众的兴趣则大大高于初中及以下文化程度的观众；教育节目在各层次文化程度观众中的收视率相对较均衡。具体数据参见表 3 - 3。

表3－3　2003年全国不同教育程度观众收看各类节目的人均收视时间（分钟）①

	财经	电视剧	电影	少儿节目	生活服务	体育	外语	新闻时事	戏曲	音乐	专题	综艺	教学	其他
未受正规教育	107	6974	1344	2013	602	532	18	4305	716	422	1745	1513	58	4436
小学	113	8672	1741	1090	682	762	22	5124	588	488	2033	1767	51	5069
初中	158	9526	2219	524	770	1195	30	6203	424	663	2447	2104	50	5468
高中	193	9113	2197	447	814	1679	32	6554	323	778	2474	2294	50	5269
大学及以上	263	8735	1871	409	948	2046	37	8122	344	726	2840	2362	61	5411

不过，策划人心里必须清楚，这种按学历区分文化程度的方式可能会引起争议，因为一个人的修养与学历高低并不是完全对应的，也跟认识了多少字没有直接关系。一个低学历甚至没有受过正规教育的人，如果从小培养了良好的生活习惯，如果在民间得到了全面的艺术熏陶，如果从长辈那里学到了各种知识并且多才多艺，我们就不能说他没有文化。用学历划分文化程度其实是没有办法的办法。另外，多年来，学术界一直有人倡导“精英文化”，其所谓的精英，即高文化水准的社会中坚，但“精英”对电视媒体的热情却是很有限的。

5．收入

从收入角度划分观众，不同的地区根据当地的经济情况等可

---

① 数据来源：央视－索福瑞媒介研究公司（CSM）。

能会有不同的划分标准，以中央电视台为例，他们根据月收入的高低把观众划分为：无收入、300 元以下、300—900 元、901—1400 元、1401—2300 元、2301—3200 元、3201—5000 元、5000 元以上几个层次。有调查结果显示，月收入在 300—2300 元和 5000 元以上的观众收视份额最高，超过了 30%；而月收入在 3201—5000 元的调查对象收视份额最低，2004 年一季度只有 16.35%。根据收入对观众进行的统计分析，是广告主投放广告的重要依据之一，也是节目定位于哪个购买层、争取多大消费力的基础。

表 3-4　2003 年全国不同平均月收入观众收看各类节目的人均收视时间（分钟）[①]

	财经	电视剧	电影	少儿节目	生活服务	体育	外语	新闻时事	戏曲	音乐	专题	综艺	教学	其他
900 元以下	185	10088	2290	495	900	1360	29	7363	568	718	2750	2328	58	6101
901—2000 元	242	9261	2322	422	877	1908	34	7537	423	738	2767	2277	64	5361
2000 元以上	202	7023	1916	379	616	1690	34	5261	257	606	2212	1780	47	3669

收入决定了受众所处的阶层或阶级，也决定了其价值观。不同收入观众的收视需求存在不小的差异。相关调查显示，月均收入 900 元以下的低收入观众对少儿节目、戏曲、电视剧的收视程度超过中高收入观众；900—2000 元的中等收入观众在专题、新闻、音乐、电影、综艺、教育等节目类型上投入的时间较多；中

① 数据来源：央视-索福瑞媒介研究公司（CSM）。

高收入观众2003年花在体育节目上的收视时间高于低收入观众。总体来看，月平均收入在2000元以上的中高收入观众在电视节目上投入的时间要低于其他观众。具体数据参见表3-4。

6. 地域

按地域划分观众有两种方式。一种是按城乡分为城市观众和农村观众，农村观众是电视最广大也是最忠实的观众。在农村，人们有较多的闲暇时间，娱乐方式相对缺乏，而且随着农民购买力的增强，农村吸引着越来越多的广告投放。另一种划分方法是按照自然区域来划分，在全国范围可以分为华北、西北、东北、西南、华南、华东、华中七大地域。不同地域的人们有着不同的生活习惯、价值取向、性格特点、风情风俗，对电视节目的需求也就有很大的不同。这一方面体现为对节目内容的喜好不同，如电视剧《刘老根》在南方的影响力就远远比不上在北方；《贫嘴张大民的幸福生活》在北京备受赞扬，到了上海却观众反响不大……电视的地域性在另一方面体现为各地收看时长的不同——华北、西北、东北三地收视时间高于全国平均水平，其中华北观众用于看电视的时间最多，2003年达到人均每天204分钟，其他四个地区的收视时间低于全国平均水平，其中华中观众最少，只有164分钟。地域的不同，还造成了节目制作环境的不同和对节目的评价的不同。内陆地区相对保守，沿海地区相对开放。比如，星空卫视的《美人关》在上海可以录制，到了北京就困难重重。此外，受众一方面想了解跟自己息息相关的事情，另一方面也向往不同的生活方式，如不发达地区向往发达地区、喧闹向往乡村宁静……这些因素在策划时也要加以考虑。

7. 民族

我国民族众多，不同民族有自己的生存环境、生活习俗、思想观念、审美习惯。对于电视媒体来说，这些差异不仅带来了内容和风格的不同，甚至还会导致创作时的一些禁忌。另一方面，我们提倡尊重民族信仰，维护民族多样性，电视是传承民族文化遗产和不同民族间进行文化交流的最好平台。对策划人来讲，在策划过程中可以考虑如何促进各民族间的沟通与共同进步，展现多民族国家丰富多彩的文化图景。

受众的细分化，是电视繁荣到一定阶段的必然趋势，也是目前电视深入发展的有效途径。无论是频道定位还是节目的设计与编排，都要符合与观众的三个“对应”原则：电视节目内容要与目标观众群的需求对应；电视节目形态要与目标观众群的接受欣赏习惯对应；电视节目的播出时间要与目标观众群的收视规律对应。

二、频道市场分析

如果用四个字来概括中国的电视频道市场，那就是“一超多强”。在覆盖全国的50个电视频道中，中央电视台显示出无可比拟的竞争优势，2003年其12个频道占据了65.9%的市场份额，省级卫视仅占有33.7%。在收视份额排前15位的电视频道中，中央电视台占了7席，其中一套以高达31.2%的市场份额显示出不可动摇的强势地位。

一般来说，一个台的影响力应该与该台的实力、资金投入、人力投入、创作水平、民众基础等相应，但具体情况也并非绝对如此。2001年第三季度，央视-索福瑞媒介研究公司对全国的48个卫星频道（包括中央电视台11个频道，中国教育台一套、省级31个卫星频道、港澳台地区5个卫星频道）进行了观众满意度（欣赏指数）调查。结果见表3-5：

表 3-5　2001 年全国卫星频道评价指标排名对比[①]

频道	满意度	入户率	观众规模	期待度	栏目竞争力	人气指数	忠诚度
中央台一套	1	1	1	1	1	1	1
中央台二套	4	2	3	3	2	4	4
中央台三套	3	5	6	6	5	6	6
中央台四套	13	6	16	15	15	17	21
中央台五套	2	4	5	4	4	3	2
中央台六套	6	3	2	2	3	2	5
中央台七套	17	8	25	30	27	31	36
中央台八套	7	7	4	5	7	7	9
中央台九套	—	39	46	44	45	41	41
中央台十套	16	35	40	38	36	35	35
中央台十一套	11	38	44	40	37	34	24
中国教育台	28	11	39	41	34	36	37
北京	9	17	10	10	10	9	10
上海	18	16	11	11	12	11	12
天津	15	25	13	13	13	14	15
重庆	23	14	19	24	23	19	19
河北	21	30	20	22	18	23	29
山西	27	29	31	20	24	22	17
内蒙古	39	34	37	33	38	39	40
辽宁	14	28	21	23	17	13	11
黑龙江	12	32	9	9	8	10	13
吉林	10	37	22	16	14	12	7

① 数据来源：央视-索福瑞媒介研究公司（CSM）。

续表

频道	满意度	入户率	观众规模	期待度	栏目竞争力	人气指数	忠诚度
山东	24	9	14	18	21	18	25
江苏	33	20	27	31	31	29	33
安徽	25	13	18	21	19	16	16
浙江	22	12	17	19	20	20	23
福建	19	26	15	14	16	15	14
江西	31	21	38	36	33	28	22
河南	20	22	26	27	28	26	27
湖北	40	23	29	25	22	21	28
湖南	8	10	8	8	9	8	8
广东	30	15	28	28	26	25	26
广西	37	27	35	37	40	32	32
海南	36	33	32	45	42	37	38
四川	29	18	24	29	25	27	31
贵州	26	24	33	32	29	30	28
云南	38	19	36	35	32	33	30
陕西	34	31	43	43	43	40	39
甘肃	35	41	45	42	35	38	34
宁夏	32	36	34	34	39	24	20
新疆	–	43	47	47	46	46	46
西藏	–	44	48	48	48	48	48
凤凰卫视	5	42	7	7	6	5	3
香港音乐	–	46	42	39	41	45	45
香港体育	–	45	23	26	31	44	44
香港合家欢	–	47	12	17	47	47	47
澳门五星	–	48	30	12	11	43	43

一个频道的影响有可能在几年内有比较大的提高，这得益于鲜明的定位以及卓有成效的推广手段。例如表3－5中凤凰卫视的境况：入户率排名第42、满意度排名第5、观众规模排名第7、期待度排名第7、栏目竞争力排名第6、人气指数排名第5、忠诚度排名第3。凤凰台的整体设计为弱势台的成功提供了很好的经验。

随着电视行业整体的不断发展变化，各台在竞争中起起落落。表3－6显示的是2003年市场收视份额排名前15位的频道，从中我们还可以看到湖南卫视的进步。由于篇幅所限，这里不再进行详细分析，读者可结合下面的章节自己进行研究。

表3－6　2003年全国市场收视份额排名前15位的频道

排名	频道	市场份额（%）
1	中央电视台综合频道（一套）	31.2
2	中央台六套	7.7
3	中央台八套	7.3
4	中央台五套	4.9
5	湖南电视台卫星频道	4.7
6	中央台三套	4.4
7	中央台四套	4.1
8	安徽台一套	3.0
9	山东卫视	2.9
10	北京卫视	2.7
11	中央台二套	2.5
12	江西电视台新闻综合频道（一套）	1.6
13	辽宁电视台一套（新闻综合频道）	1.4
13	上海东方卫视	1.4
15	河南电视台卫星频道（一套）	1.3

从其他方面来看，就受众的不同性别对频道的选择来说，中央电视台各频道比其他频道更多地侧重于国内外重大社会经济新闻和时事的报道，其报道的权威性和丰富性极大地吸引了关注国内外政治经济问题的男性观众，因此中央台在男性观众中的市场份额要高于在女性观众中的市场份额。相对来说，省级卫视频道由于综合娱乐类和电视剧类栏目较多，针对性较强，在女性观众中的市场份额高于男性。总的来说，各类频道的市场份额在不同性别观众之间的差异并不是很大。

中央电视台的市场份额还随着观众的年龄、受教育程度和收入水平的增加而提高。也就是说，中央电视台在文化水平和收入较高的电视观众中具有更大的影响力。

从每天各时段的收视情况来看，除了凌晨时段省级卫视的市场份额高于中央电视台外，其他时段都是中央电视台占有优势。尤其是早晨、中午和晚间的新闻时段，中央电视台的优势更为明显。

从节目类型上看，中央电视台在大多数节目中依然具有明显的竞争优势。在体育节目中，中央电视台的收视份额均超过了70%；在电影、新闻节目中，收视份额超过了60%；在教学、音乐、戏曲节目中，收视份额超过了50%；在专题、综艺节目中，收视份额也超过了40%。省级台在电视剧和财经类节目方面的收视份额超过了中央电视台，份额分别达到了60%以上（在电视剧方面，中央电视台只占市场份额的18.91%）；在外语节目上，省台的份额也超过了中央电视台，达到51.3%。近几年来，省台在娱乐节目方面优势不再，中央电视台显示出强大的竞争力。但省台在财经、外语、少儿节目方面的收视份额持续上升。中央电视台和省台在各类节目上收视份额的此消彼长反映了收视市场上的激烈竞争。

频道的市场占有率有其主客观原因。事实上，目前相对弱势的媒体也并不是无所作为。拿体育节目来说，2003 年的中国体育节目市场，中央电视台体育频道占有绝对的优势。中央五套的口号是“赛事第一”，由于其在购买体育赛事转播权方面与国内其他媒体相比拥有无法比拟的优势，再加上人员素质和装备的优势，以及频道的合理编排，他们在 2003 年全国体育节目市场中占有了 72% 的份额。全国体育节目市场中，中央电视台所占市场份额最大，而省级电视台只拥有 23.62% 的市场份额。虽然在全国范围内中央五套强势地位突出，但是北京、上海、广东等地的一些电视台由于突破口选择得当，在一定区域内对中央电视台的地位形成了威胁，其中上海文广集团和北京电视台的体育频道分别占有本地六成和五成的体育节目收视份额。其中值得一提的是，2003 年，上海体育频道对姚明参加的 NBA，北京六套对孙继海、李铁效力的英超进行的直播和重播，都取得了相当好的收视效果。这种主动寻找突破口、利用明星效应制造亮点、拓展市场的做法值得其他媒体借鉴。另外，在娱乐节目方面，湖南卫视以《超级女声》为代表的一系列节目的突起，使地方台的娱乐节目重新显示出竞争力……

三、节目类型分析

观众对于不同节目的收视需求是不同的，这种需求反映到数据中就是各类节目的市场份额。策划人只有了解了哪些节目观众最爱看，哪些节目市场最小，才有可能有针对性地进行频道的设置、栏目的编排等。在 2003 年的全国电视收视市场上，电视剧、新闻、专题、综艺、电影、体育等类型节目占有较大的市场份额，这几类节目的市场份额合计超过 70%。收视份额居前两位的为电视剧和新闻节目，收视份额合计超过 50%。具体数据参见图 3 - 1。

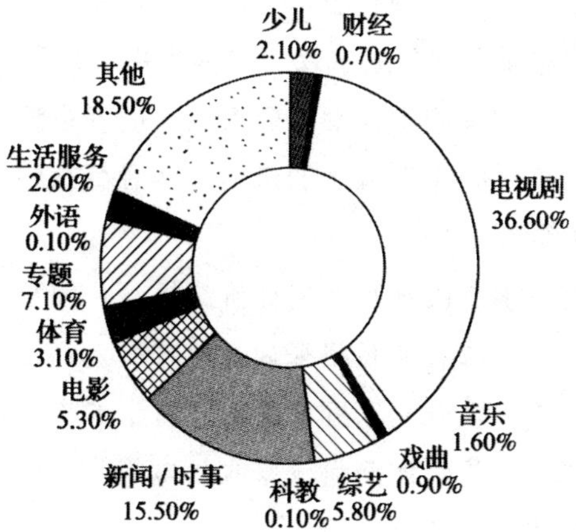

图 3－1　2003 年全国市场各类节目收视份额[①]

不同类型节目的不同观众规模决定了广告投放额，也就与节目的生死存亡联系了起来。因此，策划人在决定要进入哪一个市场之前，一定要慎重考虑，仔细分析。当然，观众规模的大小不等于市场空间的大小，如果找到市场的空白点，就可以出奇制胜。然而，在节目高度发达、急速更新的情况下，寻找市场空白点并非易事，要慎之又慎。比如在西方如火如荼的真人秀节目，到了中国就是不温不火，制作者使出了浑身解数，但除了湖南卫视的《超级女声》以外，其他节目影响力都有限。由此可见，节目类型方面的突破绝非易事。但是，以往综艺游戏类节目、益智类节目的异军突起告诉我们，节目形态一旦被突破，其市场表现将是十分惊人的，这也是媒体策划人员念念不忘开发新节目形态的根本原因。

四、媒体调查方法

获取充分的市场信息离不开科学的市场调研。市场调查一般

① 数据来源：央视－索福瑞媒介研究公司（CSM）。

是委托专业的媒介市场调查公司去做。目前在国内较为著名的机构有央视-索福瑞和AC尼尔森，前者由央视调研咨询中心与世界第四大市场研究集团索福瑞合资组成，后者是纯外资机构，也是最早向中国提供收视率调查的机构。两者都在中国的电视市场调研中发挥了重要作用。

收视率是对项目的最重要的评价指标，目前从事媒介调查的公司一般采用日记法和测量法来记录收视率。日记法是指通过由样本户中所有4岁及以上家庭成员填写日记卡来收集收视信息的方法。测量仪法是指利用测量仪来收集电视收视信息的方法，是一种比较先进的收视调查手段。

对于电视媒体或其他媒体的策划人来说，还可以通过其他一些途径做一些日常或小范围的调查。这些途径有卷案调研、问卷调研、电话调查、网络调查、专家分析等。

卷案调研主要是指通过搜集、查找现有的已经成形的各种文献资料，或者经过一定的整理加工的二手资料来获得有价值的信息。这种调研方法有以下一些优点：首先是操作简单，在现在这样一个信息交换方式高度发达的时代，各种信息资料不仅丰富多样，而且查找越来越方便；其次是成本低廉，由于这种资料大多具有用户多、用途多和可以重复使用的特征，所以查找成本相对较低；再次是完成速度快，因为这些资料已经存在或只需进行少量加工就可以投入使用；最后，这种资料还具有一定的辅助价值，有助于实地调研的开展，有些文献就是一份完整的研究报告。但是这种调研方式也存在很大的缺点，如雷同性高、更新速度慢、统计相对不便、开放程度低等。

问卷调查法是迄今为止用于收集第一手资料最普遍的手段，这种方法是由调查人员设计并发放问卷，被调查者根据自身情况如实填写，然后调查人员对收集到的信息进行整理和分析，总结出有价值的部分。这一调查方式的成败及可靠程度与调查问卷设计水平的高低直接相关，因此调查问卷的设计要注重科学性。比如，在问卷设计中要注意使用明确而非模棱两可的语句，不能询问超过大多数被调查者能力的专业性较强的问题，尽量避免可能使被测试者尴尬的问题，防止虚荣之类的心理对调查结果产生影响等等。

电话调查法是指委托相关的调查公司或者组织专门人员采用电话调查的方式了解观众信息。这种调查方式较少受到客观条件如地域等的限制，但是由于目前人们生活节奏较快，而且电话调查被广泛使用，结果被调查者往往产生厌倦情绪，可能接受调查的样本典型性较差。

网络调查法是指利用互联网来进行调查。电视媒体可以通过自身的网站或其他一些门户网对网民进行调查。这种调查方法十分及时，针对性强，操作简便，费用低，但缺点也是样本的代表性不够。

另外，还可以组织学术机构的专家学者以媒体研究者的身份对媒体进行评价，这些专家具有较高的理论水平，对电视的行业动态有较为敏锐的把握，对节目的评价往往比较深入。但由于与实践脱节和看问题的角度不同，他们往往不能代表广大观众的看法，因此电视媒体对他们的意见和看法也要进行客观分析。

策划人必须清楚，即便是最精密的数据，也不见得就可以全面对应现实，因为调查样本的设立是影响价值取向的关键。在实践中，我们有时会发现不同公司对同一项目的调查数据可能是不一样的，甚至差异很大，原因就在于他们设立的“样本”——受众个体有差异。从另一个角度来看，任何一个数据的准确度都是相对的。

第二节　电视项目策划的落实

项目是一个管理学概念，它是指具有某种属性的一次性工作任务。每一个电视媒体策划任务都可以被视为一个项目，它同样应该具有一次性、独特性、目标的确定性、活动的整体性、组织的临时性和开放性以及成果的不可挽回性等项目的普遍属性。

项目的策划从确立到实施，必须要从一些基本角度进行考虑，而且应当有一定的设计程序。如果项目确立时就存在一定问题，在规范化的设计程序中也可以得到逐步修正。

一、解读项目

1．考虑项目的来源

一个新项目的出现，不应该是某位领导凭空想象出来的，也不应该是某位策划人一时冲动编造出来的，它应该是多方条件催生出来的。项目的出现可能基于以下一些原因：

（1）资金的原因

这在电视发展的早期比较常见。勿庸讳言，因为电视行业曾经是一个暴利行业，电视投资人希望从这个行业获得更多利润，于是进行扩大再生产。另一种情况是某些人对电视行业有浓厚的兴趣，在有了一定的资金基础后便投资电视行业，不一定要有多少回报，或者是把创作电视节目作为个人愿望加以实现。

（2）媒体自身的原因

电视台孕育、产生新项目的情况最多，比如：为了树立新品牌，频道内有多余时段，遇到特别时间或事件，为了媒体自身的经济效益……有时，电视台策划新项目是希望达到多个目的，比如既创造经济效益，又树立品牌；既在竞争中得胜，又聚拢人气等。

(3) 社会的原因

电视媒体担负着社会责任，是党和政府的耳目喉舌，在上传下达或不断举办社会活动的过程中，很可能就会产生一些新项目。另外，企业、商家也可能将电视媒体作为公关宣传的一个阵地，以树立形象，提高知名度。

(4) 观众的原因

电视节目应该满足受众的需求，为受众提供服务。在一定时期内，观众还可能对某种节目类型有较为强烈的兴趣和需求，例如游戏节目、偶像剧、饮食和旅游节目等等。针对各种需求，电视台有必要策划一些针对观众兴趣热点的电视节目，以期提升自身的收视份额，扩大影响力。

(5) 节目自身发展的原因

随着技术的更新、观众欣赏习惯的变化以及电视制作理念的不断成熟，一些新的节目类型不断涌现，例如娱乐谈话节目、音乐剧、真人秀等。这是电视节目内容形态发展的必然。

2. 认清项目的特色与目标

在着手策划一个新项目之前，认清项目的目标十分重要。项目策划的目标是和项目产生的原因紧密结合在一起的，对应于上一个问题中谈到的各种原因，大致可以总结出项目的特色和目标，并找到实现的途径：

(1) 利益需求

如果投资人是出于个人爱好和兴趣而投资的，主要是为了满足自身的某种愿望。在这种情况下，项目一般不太注重经济利益，于是创作就比较自由，但是这种情况比较少见。更多的情况是投资人的目的就是为了获取更大利润。在这种情况下，他们会关注成本运行，考虑发行和广告，这时就要把收视率放在十分重要的位置上，这必然会影响到项目的价值取向，有时影响的程度还会很大。

（2）媒体需求

如果电视台策划一个新项目的目的是为了树立品牌，就应该注重社会效益与艺术品位，将节目的质量作为首要考虑的因素；如果策划项目的原因是因为有多余时段，目的是为了填补时段上的空缺，那么策划项目的条件就相对比较宽松，没有太大的收视率方面的压力；如果项目是为了树立媒体形象，那就一定要以社会效益为目标，策划精品；如果策划项目主要是为了提高电视台的经济效益，那么就应该选择那些受众面宽、能够较快带来经济效益的节目，如电视剧、娱乐游戏节目等。

（3）社会需求

社会原因包括范围相对比较宽泛，可能是出于知识推广的需要，如法制频道、科教频道甚至青少频道的建立，它们不应该以追求利润为目标；也可以是出于为政府宣传的需要，如北京电视台专门发挥政府和百姓沟通作用的《北京热线》等，它们要注重解决问题、化解矛盾；还可以是为特别时间或事件而策划的，例如节假日特别节目、抗洪节目、反战节目等，这类节目就应该紧扣主题……项目的策划应该围绕这些不同的需要进行，要优先考虑播出效果。而一些为企业宣传服务的栏目，如央视二套曾经推出的《商界名家》、《商桥》等，要尽量兼顾企业和观众的需要，在实际操作中会慎重考虑前者的需要。

（4）观众需求

在收视率为终极目标的前提下，所有的策划都应当把重点放在受众一方，策划出最广大受众最想看的电视项目。这样的项目既可以满足受众的收视需求，又可以有良好的收视效果。

当然，对受众的需求不该一味迎合。在总体国民素质还不高的情况下，媒体还应该担负起引导、教育的功能，用通俗的形式表达鼓舞人民、积极向上的内容。

总之，每个项目都要认清其目的，只有认清了项目最主要的目的，才有可能集中力量，找到达成目标的捷径。

二、电视项目的拟订

1. 给策划行动定位

与电视相关的策划内容与步骤是很庞杂的。为了尽快解决问题，首先要对电视策划进行分类，这样才易于认清目标，并尽快理清策划的表述逻辑。

根据不同的划分标准，电视策划可以分为若干不同的类型：按照策划涉及客体的规模层次，大致可分为电视台总的资源配置策划、频道策划、栏目策划和具体的节目策划几类。不同层次的项目目标不同、语境不同，策划所使用的元素、手段也就不同。按照播出节目的题材内容的不同来源，可以分为新闻政教类节目策划（包括新闻类节目策划、政教类节目策划、纪录片类节目策划、专题类节目策划等），文体娱乐类节目策划（包括游戏类节目策划、真人秀节目策划、电视文艺专题节目策划、电视剧策划、赛季类节目策划、电视综艺晚会策划、谈话类节目策划等），生活服务类节目策划，电视广告类节目策划等几大类。如果按照运作的领域和性质不同，还可以分为商业策划、媒体制作策划等等。当然，这样的分类不能囊括所有的电视策划活动，但不同类型的节目策划有各自特殊的思维方式，并需落实到节目风格、制作方式、专业理念与手段等方面。同一类项目的策划活动，程序和步骤存在一些基本规律。

另外，在不同的表述对象面前，策划还应当具有不同的针对性或侧重点，因而可能会出现相应的表述系统。如针对创作者的表述，文案通常更加细化操作程序，直接进入专业语境；针对上级审批部门的表述，策划一定要强调对政府机构有关政策的响应，以可行性、节目特色、社会效益与经济效益并重为策划重点，并把资金问题阐述清楚；针对广告商或商家的表述，则需要强化市场前景及潜在商机的挖掘……

2. 收集资料、寻找卖点

当一个项目初步确定时，就要开始收集相关的资料，包括台和频道的资料、同类节目的资料以及相关频道或节目的特点、同类节目的播出时间等。对于一个需要改版的节目来说，还要收集其以往播出的内容，以便对其进行分析。这里的收集资料不同于下文所说的市场调查。这里的资料收集是一项初步的工作，以便对项目有一个大体的了解，也可以作为大规模市场调查的参考。对一个职业电视策划人来说，资料的收集不是一个短期工作，不该是在项目出现后才开始做的，电视策划人应该时刻关注所有媒体的动向，任何一个频道和节目的出现或改版、任何一项新政策规定的出台，都应该及时进入策划人的视线。只有这样，当一个具体项目出现时，策划者才能立刻调动起所积累的经验和知识，作出尽可能准确的初步判断。在收集资料的过程中，也可能会发现在设计项目时没有考虑到的问题。如果问题十分严重，而且找不到合理的解决方案，也可能推翻项目，重新设计。

资料的整合也是为了寻找卖点——最吸引观众的理由以及最吸引投资人和广告客户的地方。在频道与节目同质化严重、节目逐渐市场化的今天，“卖点”显得尤为重要。换句话说，“卖点”是一个节目吸引人的最根本之处，也是项目安身立命之宝。如《鉴宝》在短短两年间从一个无名小卒跻身于央视二套前茅，关键就在于几乎所有人都希望自己像节目中的持宝人那样拥有几件宝物，还希望自己的物件能经专家鉴定评说之后价值连城。

有时候卖点就是使项目能够持续发展的条件，如在一些相似项目的竞争中，最终哪一个项目能够在屏幕上立足，要看其是否有充足的制作资金或是否能为媒体带来持续的经济效益。

在同类节目的策划中，“卖点”可能就是各自的某一个特点。如《艺术人生》与《超级访问》，二者都是在访问明星，内容都是明星的艺术探索与人生感悟，但二者的卖点是不同的处理方式——一庄一谐。相对来说前者严肃，后者活泼，异曲同工。再说《开心辞典》与《幸运52》，都是益智类节目，但针对的受众层面不同。前者相对严肃温馨，后者相对诙谐明快，各有其所。还有《星光大道》与《非常6+1》，同是选秀节目，同是让普通人梦想成真，但前者直接展示选手才艺，后者重在发掘选手才艺，而且选手选拔的层面不同。尤其是后者，具有真人秀意味的培训是节目的立足点，从而揭示出节目与普通人的接近性，并且观众可以有打电话实现其愿望的机会。在某种意义上说，后者的卖点更多，也更具吸引力。

当卖点找到后，我们会发现原来策划那么容易：只要找到这一个和那一个的不同——可以是内容、形式、观念、切入点，也可以是明星、某个优秀的主持人，还可以是节目的某个环节甚至奖金，不必非要追求节目全方位的完美。从某种意义上说，《实话实说》只要有崔永元，《鉴宝》只要有那些宝物，《对话》只要有那种嘉宾，《艺术人生》只要有大明星，新闻只要与生死有关，娱乐只要赏心悦目，服务只要“有用”……当然，卖点越多越好。

在此笔者还要强调的是，一发现有的卖点会伤害节目的核心，哪怕能带来高收视率，也要坚决放弃。

3. 项目定位的落实

项目定位的落实要考虑多个方面：

（1）目标受众定位

定位的准确与否关系到内容、形式是否能抓住受众，能否最终达到预期的收视效果。

在电视市场竞争日益激烈的今天，想要吸引全部受众的目光，无异于大方夜潭。目标受众面过大或过小，无异于没有受众定位。一般来说，我们应该尽量追求最广大的受众群，而不是囊括所有的受众群。

(2) 内容功能定位

心理和生理需求是受众收看电视的深层动机，节目的可看性和内容的实用性才是能否获取高收视率的根本所在。

(3) 时段定位

无论台、频道还是节目，都有一个“时段”问题。

台与频道的策划对应的是项目成熟的时机、受众阶段性的喜好、时尚和收视环境。

实际上，节目的时段安排应该是由目标受众的收视习惯来决定的，但目前还同时结合了以节目质量与吸引力为考虑因素安排黄金时段的做法，如中央电视台就采取了各优秀栏目竞争进入晚间节目黄金时段的做法。

(4) 项目特色定位

即前面说到的卖点中的个性元素。

节目的个性定位需要坚持单纯化、清晰性和固定性的要求。所谓“单纯化”，是指项目要有严格的市场划分和受众划分，落实到内容形式要简单，不能什么都有，多、杂与突出个性是相冲突的。

同时，表述与内容的逻辑发展要清晰。似是而非、线索过多反而令受众迷惑。

形象与风格要有相对固定性，不必因为收视率的暂时波动就对项目进行随意的更改，否则很可能失去原有的特色，并失去固定的收视群。因为收视率的下降也可能是一些客观因素影响的结果。

定位如何形成？除了策划人个体的研究和总结，往往还要采用策划会的方式。

4. 策划会

根据项目的需要，策划会可以贯穿整个策划过程，甚至还在思考做什么项目的时候，就可以通过策划会来听取多方意见。

（1）策划会的参与者

一般的策划会应当考虑几方的代表：

项目需求方。往往是投资方、制作公司或节目组，带着思考、问题、困惑甚至只有做节目的愿望。重要的是一定要把项目要求、阶段性目标，特别是所有的、具体的受限条件和困难说清楚，这才是真诚的态度。

专家方。能够提供思路和评价的专业人士，包括领导、业界研究者（理论家）、节目将涉及的相关专业的权威、其他媒体的同行与同类节目的同行。他们是镜子，是创作的知己，能提供经验，预知未来，也是项目的尺度。

受众方。能了解普通观众想法的代表，也可请了解他们的社会学家或知音型观众代表。他们的需求是项目创新的直接来源。

在实践中，有的项目需求方由于不懂电视，或即使身处电视行业中也不懂市场，于是往往会提出一些过高的要求或布置一些不可能完成的任务，这往往需要做艰苦的解释和说服工作。

在各类策划会参与者的专家人选问题上，要慎重考虑。他们来自不同层面，往往具有两面性。如领导层面的专家，他们在具有政策把握能力的同时，由于与创作者和观众的出发点不一样，可能会相对保守、意见不够具体；理论层面的专家，由于远离实践或不了解创作者的具体能力，可能过于保守或过于超前，尤其是从未有过任何操作实践但又频频发表见解的理论家，往往只是某类观众的代表；专业权威层面的专家，可能过于拘泥于专业的技术需求而忽略电视的特点；要特别警惕的是一些“万金油”式的、甚至以策划为生的“点子”专家，他们往往是空谈家，在不断地把上一个策划会上学来的东西卖到下一个策划会，当然他们也可能提供同类信息；同行既是经验提供者，可能也是竞争者，特别是同类节目的同行，策划会的内部信息和经验交流，可能也为他们提供了便利。就受众层面的意见来看，我们不能仅仅依赖某一次策划会或某一个角度的意见。受众数量多而且具体情况极其复杂，他们不了解电视的专业制作特点，所以其意见更多地具有提供和评价选题的意义……作为策划专家，不仅要说实话、会提问题，更要能够提出具有建设性的意见——仅仅会批判的人不能被当作真正的电视专家。

在实践中，要想使策划较为顺利地进行的前提是，电视创作者具有鉴别和吸取各方意见的能力。从这个意义上说，真正的策划专家应该是创作者自己。而且就算有再好的创意，如果具体创作者不能领会和不能实现，那也是白费气力。任何一个项目，十全十美的境界是不多见的，策划就是在诸多选择中找到一条接近理想而又能得以实现的道路。

（2）不同阶段的策划会

项目研讨会——项目早期的设计阶段的策划会。

如果是要探讨一档新节目的可行性，那么此时的策划会是评估性质的，可以请有政策把握能力、懂电视创作总体规律、懂本专业技术、懂电视市场行情、思想活跃的专家和观众代表为策划人员的主体。

如果是要决定一个项目的具体选题，那么策划会的目的便是要碰撞出智慧的火花，因此应当根据项目的性质，以具有创作能力的各类专家为主体人员构成。如新闻类、服务类节目，就可以借鉴其他新闻媒体同行，特别是报界、杂志界同行的选题思路。若策划文艺节目，那就需要紧紧依托社会文艺创作力量如编剧、作曲、演员等和电视制作力量如摄像、舞美等人员。

项目评估会——策划中期项目评价阶段的策划会。

本阶段的策划会，实际上是批判会和建设会，尤其注重探讨项目的可行性，应当以领导、理论家、电视同行、知音型观众代表为策划人员的主体构成。这一方面能继续补充和完善早期规划，更为重要的是能从不同角度寻找可能会出现的问题，发现不利因素，并最终寻求到解决办法——建设。从这个意义上讲，诸多得以实现的策划就是多方妥协、多方弥补的结果。

在每一个策划阶段，仅开一个策划会是不够的。一般策划会以半天为一单元。为了提高效率，除非保密的特殊需要，开策划会之前应该把阶段性结果和策划目的提前告知与会专家；同一批专家一次策划不要超过两个单元，每个单元的专家数量以不超过5人为宜。在策划中后期，一般一个专家的策划不超过一个单元。

策划方案的拟订意味着策划文案定稿、实施阶段开始，但策划会并没有就此结束，它还将是项目实施后进行维护的有效手段。

三、策划书

1. 策划书的实质内容

一份策划书实际上就是将策划过程中不断论证的结果付诸于文字，用于上报审批部门或具体领导，争取项目的实施。

根据项目的不同，策划书有繁有简，分项有多有少，但大概应该包括以下几个方面：

（1）企划动机。包括项目来源、原因、宗旨、是否对应政府近期政策、社会效益与经济效益前景等。

（2）项目定位。项目风格、特色、卖点或内容形式简介。

（3）市场调查及分析。项目成立的依据，包括市场需求分析、受众分析、项目环境分析、同类项目分析、创作能力分析等。此部分经常对应于领导的目标和广告商需求。

（4）项目规模、形态或节目形式、时长、段落或子栏目设计，项目的包装风格。

（5）项目运作步骤、模式或节目播出步骤、覆盖范围、时段安排等。此部分将体现策划系统的整体性、计划性。

（6）具体制作流程。此部分将体现制作者的专业性与策划执行能力。

（7）项目资金情况。包括资金来源、潜在商机以及整体预算。预算包括项目所需的所有经费投入，每一项细节要有理有据，以显示制作方的职业道德和为投资者负责的态度。

（8）节目样带文案。如果有能力，最好提交节目样带文案，特别是对应于业内领导，这才是策划真正落实的地方。

以上这些分项并不是所有的策划书都必备的，有的可以很简单，只要项目能够根据策划书得以明确实施，甚至只要能够通过领导审查，策划书的使命就完成了。但无论什么样的策划书，最忌讳空洞无物，在实质内容的表述方面，绝不可以敷衍了事。

2. 策划策划书

（1）策划书的包装

策划书应该有一个得体的包装，如有封面、目录、封底，有封面的设计和内容的排版。之所以说“得体”，是因为策划书应该对应于接受者的要求、对应于项目本身的风格。一般来说，无论是领导还是投资者，都要求策划书显得正规而不奢华，但在多个策划书同时竞争时，策划书的包装也应当体现出一定的竞争力，其包装风格、品位也是策划与制作实力的体现。

策划书可采用纸质，也可以是电子文件，这要看接受者的审阅要求和习惯。一般来说，若对应于台内的初步审核，纸质即可，显得含蓄、厚重、文质彬彬；但若需要口头阐述并参与竞争，那么电子多媒体格式便显得更时尚、更新颖。无论文字、图案、色彩、标识，排版都要有致，以吸引眼球。要注意逻辑层次的清晰，突出要点、决胜点和卖点，没有与内容无关或干扰审阅的东西。

当然，若包装得过于花哨，则有华而不实之嫌。用多媒体展示时，还往往要与口述配合默契，既有可看性，也有可听性，并详略得当、相得益彰。

(2) 策划书的语言特性

策划书的语言要求精辟、精彩，具有感染力和鼓舞力，同时要干脆，显得有信心。避免“可能”、“大概”、“也许”之类含糊的字眼。

标题、目录要准确。作为文字媒体，要求策划书具有文采，但宜言简意赅，不宜过厚过长，否则审阅者可能会因为找不到重点而产生厌烦心理，导致对项目的误读，甚至还会导致对实施的限制。

(3) 策划的现场阐述

目前在一般的项目竞标中，不少策划书会被要求当场口述并回答专家质疑。竞标者是否胸有成竹、策划书是否完善、遇到问题是否有解决或变通的办法，与口述人的表现有着密切的关系。因此策划书应该发自竞标者的内心。表述时的口齿流利、详略得当、应答自如，表述与演示画面的密切配合、现场互动，甚至表述者的形象、口音、态度，或多或少都会对竞标结果产生影响。因此我们需要树立培养策划发言人的意识，为策划增光添彩。

第三节　项目实施期的策划工作

从案头策划到实施，一个频道或栏目开始运行，并不意味着策划工作的完成。当项目进入实施阶段，策划仍然存在，只是其工作会与前一段的内容性质有较大差异。

在一般的电视机构中，在项目实施期间，包装与宣传推广是在策划部门的领导下完成的，同时策划人员要负责监控项目进展情况，及时指出已经出现或即将出现的问题或偏差，并找出原因，提出解决办法。

一、项目的包装与宣传

20世纪90年代，我国的电视媒体开始有意识地进行频道和栏目的包装与宣传。如今面对日益激烈的市场竞争，包装与宣传越发显得重要，因为包装与宣传不仅能够直接塑造品牌形象，更是一种与受众沟通的有效途径。

电视媒体的包装和宣传都应该是系统性的工程，二者有着必然的联系，而且涵盖了丰富的内容。包装能帮助宣传，宣传就是一种包装。优秀的包装与宣传能稳定并扩大收视群，能吸引稳定的广告投放，并有助于建立品牌和扩大市场份额。

就包装来说，频道的包装与栏目的包装不同，不同性质的频道与栏目之间的包装也会有很大差异。就宣传来说，不同层次的媒体，处于不同阶段、出于不同目的也会相应采用不同的手段。具体策划将在后面章节论及。

二、项目的监控与提升

一个成功的策划如何落实，或落实到什么程度，策划部门还应当监控落实的质量。同时也要考虑到观众的欣赏口味在变，电视节目形态在变，电视技术在变，市场环境在变……“变”成了电视发展的一种常态，因此项目就要不断调整，要常变常新，要注入新的生命力。

1. 项目的监控

项目的监控也可理解为项目的检验与维护。

目前实践中普遍存在一个问题：项目一旦进入实施，是否能落实、落实到什么程度就没有人过问了，监控工作往往被忽略。一些项目的生命周期过短就与后期的监控不力有关。

在实施过程中，许多原因会导致节目品质下降或者节目发展偏离方向。有些是主观的，有些是客观的；有些是可预知的，有些是不可预知的。主观的原因如管理、创作力量不到位、创意枯竭、手段有限等；客观的原因如可利用资源逐渐减少、同类项目增多、播出环境变化，观众口味变化等等。这就要求策划人调动市场观察能力和应变能力，根据出现的问题及时对项目进行调整。而项目优劣的根本原因在于人员素质和人员管理。如果人员素质不高，节目创作都成问题，那么质量便难以保证，更谈不上品牌的提升；若管理水平有限，也会从根本上影响项目的设计与实施。

管理方面可以有针对性地采取措施，采取以激励为主导的奖惩机制来刺激创作人员的积极性；如果要保持创作团队的专业水准，则可以定期举办业务交流和培训活动，甚至可以变换或扩充创作力量。针对节目资源的减少和创意的枯竭，可以适当调整节目定位与目标；对节目的质量控制，可以结合专家、同行意见和收视调查进行评价，并将评价结果与个人利益挂钩。定期召开节目策划会——这不仅仅是针对初创的节目，也应该是成熟节目的管理环节。可针对不同的问题召开不同性质的项目整改策划会，为进一步发展和改革提供依据……

此时的策划会可以有几种类型：

（1）观众座谈会——与观众直接交流，请他们提出改进意见和新选题。

（2）项目整改会或选题策划会——让非常了解项目情况、市场行情的同行、专家提供新鲜信息，或考察同类项目的情况，及时调整发展思路。这种策划会也可称为市场调研会。

其实，无论项目是否遇上困难，这些活动都应当经常举行，应当成为管理和工作的日常程序，这样才能使项目更富有生命力。如果等到出现问题才做，恐怕已回天乏力。

2. 项目的提升

树立品牌是每一个项目竭力追求的目标，也是策划人应有的工作目标。而要使项目达到更高境界，除了强调“内容为王”，还可以依据项目的不同性质，采用一些辅助办法来帮助提升品质，如举办大型活动、特别节目，参与公益事业，利用明星效应等。

打破常规组织一些大型活动和特别节目，不仅有助于栏目收视率的提升，而且对于扩大媒体的影响力也效果显著，同时还可以开辟出新的节目资源。如凤凰卫视从 1999 年的《千禧之旅》开始，陆续推出《欧洲之旅》、《寻找远去的家园》、《两极之旅》、《走进非洲》等大型活动，以对历史、文化的关注来提升节目的文化品位；而近两年举办的“中华小姐”评选活动，则树立了凤凰卫视清新、时尚的形象。中央电视台也经常举办全国性活动，很多活动的结局体现为大型晚会，如全国青年歌手大奖赛、“3·15”晚会等节目备受瞩目；还有一系列由中央电视台主办的大型活动与栏目挂钩，如《梦想中国》、《挑战主持人》等，其意义绝不仅仅在于做出某一个节目，而是体现了大台的公信力。

大型活动或特别节目若与公益事业挂钩，则可有效地拉近受众与媒体之间的距离，有效地提升媒体的社会形象，不仅能有较好的收视率，更有良好的社会效益。如中央电视台 1991 年 7 月 25 日现场直播的《风雨同舟·情暖人间》赈灾义演，针对这一年南方数省洪水肆虐、造成人民生命财产重大损失的紧急情况，编导在一周的时间内创作组织了一台感人至深而又声势宏大的晚会。创作人员深入抗洪第一线采访创作、演员自发报名踊跃参加义演和捐款、直播过程中还不断有临时加入的节目……由于突出表现了爱国热情和团结抗洪的决心，节目获得极大好评，同时也在文艺服务于社会实践方面做出了可贵的探索。再如《幸运 52》栏目于2001 年 5 月 19 日举办了“让世界不再遥远”电信特别节目。该期节目结合了常态节目的基本形式和自身突出的优势，以公益捐助、奉献爱心为主题，为西藏堆龙德庆中学募集到30万元用于修建网络教育基地。2005年12月《开心辞典》制作了“有爱就有奇迹”关注白血病特别节目。选手们答题不是为了给自己和家人争得奖励，而是为9位白血病患儿赢得100万元治疗善款。在12月30日该活动的最后一期节目中，演员杨千嬅、主持人朱军、歌手陈琳等到节目现场为最后一批爱心选手加油助阵，为所有的白血病儿童祈福……这样的活动媒体经常举办。也许媒体所做的公益事业只能在很小的社会范围内产生影响，或者只能救助很少的人，但在目前这样一个社会普遍呼唤爱心而能够体现这种爱心的节目又十分缺乏的时代，媒体的公益活动自然会引起很好的社会反响，从策划的角度来说是上策——可谓既有名又有实。

打明星牌也是电视媒体经常采用的品牌提升方法，更能显示出媒体的感召力。这里所说的明星包括影视明星、歌星、体育明星、社会名流等等。一个频道可以靠明星迅速打开市场，一个栏目也可以靠明星提升知名度。但是请什么样的明星？明星到场做什么？需要电视媒体策划人精心安排。有些社会形象不良的明星会对媒体产生副作用，甚至伤害节目形象。其实，在各种明星中，电视媒体自身的明星——明星主持人——所产生的效果最为经济，这就需要媒体自己学会培养明星。

当然其他的品牌推广提升方式还有很多，例如我们常见的有奖收视活动和观众参与节目并获得奖励的活动，可以利用奖金、奖品来调动观众的眼球，提升节目的收视率。在国外，甚至有许多节目就是以此为根本的收视动力。例如美国20世纪50年代风行一时的《6.4万美元问答》，节目内容形式非常简单，但巨额奖金以及获奖者在金钱面前的表现就足以打动观众。近年来在全球电视界风行的真人秀节目更是将此元素发挥到极致，金钱关是平民英雄们必过的难关：有的获胜者为巨额奖金而拼搏，有的在金钱与正义、爱情等之间只能选其一……在物欲横流的时代，对金钱的态度在观众来说是极具刺激性的重要观赏点，也是选手人性的“试金石”。不过在具体策划中我们一定要保持清醒，单纯用金钱吸引观众一定是策划中的下策，是较为被动的办法，而且一旦处理不好，反而会给节目带来负面效应。

如果遇上突发事件，那将是考验一个媒体的制作实力、反应能力、组织能力、人员素质等方面的最好时机。对于处于竞争中的媒体来说，这也是超越对手的绝佳机会。例如2004年美国攻打伊拉克的战争，也可以说是一场媒体之间的战争。在对战争的报道中，凤凰卫视提出了“全方位、多层次、多角度、多形态”的报道方针，进行“全景式”的报道，在报道中以多个“第一”来争取观众，如“第一个进入直播的华语电视台”，“第一个在开战后进入战火巴格达的华语电视台”，“第一个在战争后期重返巴格达的华语电视台”等。这次报道的成功，反映出凤凰卫视对新闻素材和原创新闻信息成功的整合与运用，对于凤凰卫视品牌的提升起到了很大的推动作用。

三、衍生产品的开发

电视媒体的衍生产品是电视产业链中十分重要的一环，是国外电视机构重要的利润来源。而开发什么、如何开发，则属于策划部门的工作内容。有时，相关的策划是在项目整体策划的早期就开始进行的。

电视媒体可供开发的产品往往来源于自身电视节目或活动所包含的各种元素：影像、声音、人物、文字、图片等，这些元素都可以在不同的开发层面上物化为具体的消费品，满足受众在收视以外的需求。如迪斯尼，虽然是从电影起家，但是对于电视经营同样具有启发意义。大半个世纪以来，迪斯尼的音像制品、玩具以及各种印有其图案的商品层出不穷，无论对成人还是孩子，迪斯尼公园都成了世界性的乐园。显而易见，它的价值已经远远超出了电影或电视节目本身，它在成为文化符号的同时，更创造了惊人的商业价值。

电视媒体的衍生品比较常见的包括音像制品（节目直接用于出版发行）、图书（包括明星主持人的书、节目内容精选、相关知识问答等）、报纸（各地都有广播电视报）、杂志（周刊或月刊，如电视台出版的《卫视周刊》、《凤凰周刊》、《北京电视周刊》等）、互联网（电视台网站的建立、节目的下载服务等）、广播（电视剧改编成广播剧、电视节目的广播版本等）、旅游（把品牌节目的录制现场与旅游地的宣传开发结合起来等，如各种影视制作基地、演播室等）、服装（如印有品牌栏目标识或电视明星画面的T恤等）、玩具（动画片中的角色）、游戏、食物、转播权、冠名权等等。当然，这种开发不是盲目的，不同性质的品牌节目有不同的开发侧重点，策划人需要结合其目标受众的兴趣点，有针对性地开发消费领域的相关产品。

从我国目前情况来看，大部分电视机构在进行节目交易的基础上已经开始了商业探索，但开发工作还做得远远不够，即使少数几个做得较好的电视机构，与国外媒体相比也差得很远。我们应当尽快树立正确的经营意识：

1. 衍生品创造的商业奇迹必须建立在媒体或节目自身的巨大感召力上

我们的大多数媒体自身节目品质不足以产生投资吸引力，不是所有的频道、节目都该赚钱，也不是所有的时段都能卖钱。策划者必须对商品市场状况了然于胸，能够灵活运用各种营销技巧，并全面掌握电视节目和其他各类相关产品的推广开发手段、销售价格、市场前景、相关产品的市场最新动态，有开发商时还应了解产品开发商的真实情况，开发出令人信赖的产品。例如目前一些媒体播出的“卖药”节目普遍令观众反感，而且其中常有不实之词。这种开发最终会影响媒体的公信度。

2. 衍生品的开发要有专业性

长期以来，电视媒体的长项是制作电视节目，衍生品的开发已超出了以往电视媒体运营的范围，因而往往缺乏相关的经营经验。同时，目前对相关产业经济投入不够，不少电视台不仅不给节目投入，还强制所有的栏目都去创收。试想一个收视效果不好的栏目，连节目都做不过来，还要花不少精力去创收，于是，创收是外行，节目也越来越不好，其结果可想而知。

同时我们应该意识到，节目和衍生品之间应该形成良性的互动关系：产品卖得好，对节目是一种宣传；节目对产品运用得当，对产品也是一种推广。

3. 衍生品开发潜力的大小与节目收视率的高低不一定成正比

从一个收视率很高、时效性很强的节目开发出的音像制品，往往其销售情况并不一定好，因为它可能并不具有收藏、品味的价值。而一些相对来说时效性弱、较厚重的节目，如纪录片，也许播出时收视率不高，但随着时间的推移，其历史文化价值逐渐显现出来，其音像制品的销售情况却可能会不错。如BBC开发的一系列新闻与纪录片产品，在世界各地不仅可以以成品节目的方式播出，也成为后来各台编辑节目时的素材。

4. 衍生品的开发可以根据自身条件采取自行开发或授权开发两种模式

自行开发就是产、供、销一条龙，比较适合实力雄厚的大型电视台和影视制作公司。在授权开发的模式下，节目知识产权所有人将电视资源的部分或整体转让给开发商。在这种情形下，双方宜责、权、利分明，签订有关协议并办理相关法律手续，以避免纠纷。

本章小结

信息的收集、占有和分析是进行电视策划的必要准备，这些准备工作实际也就是了解策划活动的环境。这些信息包括观众信息、频道市场信息以及节目类型信息。观众可以从年龄、性别、职业、文化程度、收入、地域、民族等方面划分，策划时要考虑到不同观众群的差异。如今电视频道众多，市场竞争十分激烈，策划人要对竞争频道的满意度、入户率、观众规模、期待度、栏目竞争力、忠诚度等进行考察，经过仔细分析进而确立自身定位。不同类型的节目市场情况差异很大，策划人也要对此有所掌握，要审慎地面对新节目形态。此外，策划人还要对媒体调查的方法有所了解。当一个项目初步确立时，策划人要对它进行全面解读，要考虑项目的来源并认清项目的特色与目标。要想拟订一个项目，一般要经过收集资料、寻找卖点、落实项目定位等过程，在这一阶段还要召开各种策划会，最终形成项目策划书。策划书的形成远不是策划工作的终止，在项目进入实施期后，还需要策划人在项目的包装、宣传、监控、提升以及衍生产品的开发方面继续提供意见，作出决策。

思考题

1. 项目的前期策划主要有哪几个步骤？
2. 找一个媒体策划失败的事例，分析其失败的原因。

3. 策划文案的写作由哪些部分构成?

4. 项目监控的意义何在?

5. 谈谈你对衍生产品开发的理解。

中　　编

从中编开始，本书进入到策划实体部分。中编共分两章：第四章“电视台和频道的策划”、第五章“电视栏目的策划”。

一家媒体或一个栏目的决策者、领导者不仅要具备策划意识，还应该掌握一定的策划知识，懂得策划的基本方式和途径。尤其是在传媒市场化日益凸显的今天，策划水平的高下关乎项目的生死。而对于具体节目的创作者来说，具备整体眼光和全局意识同样很重要，这样不仅可以更好地完成节目，而且有助于创作者今后的成长。

第四章　电视台和频道的策划

【本章提要】

本章将重点分析电视台和频道的定位、频道设置、电视台和频道的包装与营销等问题。还需要强调的是，台和频道的策划在任何一个环节——媒体定位、频道设置、节目编播设计、包装、营销等，都应该保持局部与整体在理念、风格、利益上的协调一致。

第一节　电视台的策划

电视台的策划就是要为本台制定出恰当的发展目标，具体会落实到媒体自身的发展规模与档次定位、产品个性定位、目标受众定位等层面，其目的是使本台在受众心中建立起独特的形象，占有重要的地位，并有利于与其他媒体进行竞争——这是策划部门和人员的核心任务。

在我国电视媒体诞生早期，由于节目量小，尽管当时客观上也存在媒体策划，但更多地局限于对节目内容的编排、组合和串联。时至今日，随着电视事业的飞速发展和竞争的日益激烈，随着实践操作和理论研究的深入，中国的电视媒体策划人正逐步认识到“电视台—频道—栏目—节目”之间不可分割的关系，意识到电视台与电视台、频道与频道、栏目与栏目、节目与节目之间的相互牵制与关联的关系。就策划部门和策划人员来说，要根据不同层次媒体的具体特点来制定发展目标和步骤；而媒体自身的定位也不应当是领导意志。只有对一系列问题有了科学的认识和界定之后，才能把握自身策划的正确方向，进而明了要做什么、为谁而做和怎样做。

一、自身角色分析

在进行市场定位过程中，每个电视台或频道必须对自身的基本情况有一个清醒的认识：由于基本条件不同，自身的举措和行为能力不同，其发展方向和侧重点就不尽相同。在制定目标和发展战略之前，首先要认清媒体的性质与目的。因为任何一个传媒机构在建立时都会涉及一系列的问题——谁提供资金？谁来支配电视？最终以谁的利益为重？

1. 电视运营模式

目前世界上大致可分出三类电视运营模式：

第一类以美国、加拿大的一些媒体为代表，私营企业从政府有关部门领取许可证建立商业电视台。

第二类在早期的英国、德国和日本较为成功，公共电视系统与政府密切联系，通过征收观众的收视费作为资金主要来源。

第三类如一些社会主义国家和第三世界国家中的某些电视台，完全由政府提供资金，并成为政府的一个工作机构，成为强有力的宣传工具。

实际上，从不同的运营模式和出发点来说，电视台在具体运营中会根据具体环境和要求体现出不同的功能侧重：

对应于第一类运营模式的电视台，电视媒体自身作为经营者、投资者和节目生产者，电视是其生存工具，因此必须牢牢掌握竞争之法，以获取经济效益和社会效益为重要目标。这样的电视媒体特别强调吸引受众眼球、提高收视率和争夺传媒市场份额。

对应于第二类运营模式的电视台，由于它们以收视费为主要资金来源，因而对社会效益非常重视，更强调对公众的服务和对公众利益的满足。

对应于第三类运营模式的电视台，政府作为电视台的掌控者，从稳定社会和巩固政权的角度来说，电视是政权的喉舌、宣传工具，必须做到及时反馈信息、上情下达，因此更强调对受众的教育、引导并寓教于乐。

我们可以发现，三种运营模式不能绝对地说哪一种最好，因为它们是针对不同的国情与民情，体现了不同的社会制度、人民素质和经济实力。各国政府在开办媒体的最初都是根据自己的实际情况和需要作出选择。后来随着社会的变化，为适应不同的经济发展阶段，电视体制和运营模式会发生相应的变化。如目前大多数国家的电视媒体都采用私营、国有并存的体制，而且几种运营模式都处在不断完善和变化当中。我国电视媒体的运营模式正处于过渡阶段，以第三类为基础，在向第二类、第三类过渡。目前，我国电视资金的主要来源是政府投入和广告收入，这也决定了我国电视媒体的性质和任务。而对于不同行政层次的媒体来说，也会有不同的发展空间。媒体要根据自身的基础条件、受众状况和外部环境来制定发展目标和发展步骤。

2. 走在改革路上的中国电视

我国电视媒体的运营基础最初是建立在以政府投入为主的基础上的，这决定了我国电视媒体的性质和任务，也奠定了其政治思想基础。北京电视台于 1958 年 5 月 1 日试播，而在同年 4 月 29 日中央广播事业局在给中共中央宣传部、国务院和党中央的报告中，就明确指出了北京电视台“应根据自己的工作特点，担负起宣传政治、传播知识和充实群众文化生活的任务”[①]。于

---

① 郭镇之：《中国电视史》，中国人民大学出版社 1991 年版，第 31 页。

是在相当长的“以阶级斗争为纲”的历史阶段内，电视台是事业单位，是重要的宣传和舆论工具，承担着教育人民、打击敌人的任务，并在政府的高度控制下运行。同时由于政治宣传的需要，电视台的基本建设往往是由相应的不同行政级别的政府支持，电视台的发展极大地受制于政府的政治、经济与文化的投入，从而历史地形成了各级电视台的特色，促成了中央电视台一统天下的霸主地位。

党的十一届三中全会以后，政府的职能转到“以经济建设为中心”上。随着改革开放的逐步深入，中国的电视事业无论在思想观念和运行机制上都发生了深刻的变革。

1979 年 1 月 28 日，上海电视台播出了一条介绍与推销参桂补酒的幻灯片，成为我国内地的第一条电视商业广告。同年年底，中央电视台在两套节目中同时播出了商业广告，随后省台、地市台纷纷仿效。这意味着电视传媒此后可以从非行政拨款的渠道取得收益，这无疑在高度集中的管理体制和运营模式中开启了市场导向的窗口。1984 年，中央电视台的财务机制又从差额补助改为预算大包干，由国家按播出总时数核定事业费的财政支出，在完成承包定额的前提下，超收部分按比例提成。到 90 年代中期，除西藏、新疆、青海、内蒙古等少数省区外，绝大多数省级电视台的财政拨款所占比例都不超过 5%，包括中央台在内的一些电视台实现了自收自支，极个别台甚至实现了部分盈利。这一系列的改革无疑给中国电视打了强心剂，使电视机构在收支上更加自主，从而极大地激发了电视机构的活力。

目前中国电视台财政收入的主要来源是广告，大部分省级电视机构和地市级电视机构的广告收入在总收入中的比例超过了 90%，中央电视台的广告收入也占到总收入的 85% 以上。

中国电视广告统计表 （单位：百万元人民币）①

年份	电视广告额	增长幅度（%）
1990	561	
1991	1001	78.4
1992	2055	105.0
1993	2944	43.2
1994	4476	52.0
1995	6498	45.2
1996	9097	39.7
1997	11410	26.0
1998	13563	19.0
1999	15610	15.1
2000	16824	8.2
2001	17937	6.2
2002	23103	28.8
2003	25504	10.4

在行政管理方面，电视政策也在不断调整和完善，并深刻影响了电视格局的构建。

1983年3月，广播电影电视部“第十一次全国广播电视工作会议”制定了八项影响深远的发展方针，其中“四级办广播，四级办电视，四级混合覆盖”的事业发展格局导致了随后一段时间内电视行业的飞速发展。所谓“四级”办台，是指除了中央、省（含直辖市）外，凡具备条件的省辖市、县都可以根据

① 1990年至1994年数据引自《中国广告年鉴》，新华出版社，1995年至1996年数据来自国家行政管理局；1997至1998年数据引自《现代广告》杂志；1998年后数据引自《国际广告》杂志。

当地的需要开办电视台，于是有了国家级、省级、地市级和县级的划分，而国家、省级以下电视台的主要任务是转播中央和省级（广播）电视节目。该文件下达后，各地广播电视机构的数量以每年30%的速度递增。与此同时，广播电视部还提出了“三位一体”的管理体制、“条块分割、以块为主”的双重领导体制和“一体多元、双重功能”的运行机制。它们共同标志着中国广播电视事业已初步建立了电视体制的框架，并出现了中国电视体制的基本特征。曾任中央电视台台长、广播电影电视部副部长的杨伟光在1998年出版的《中国电视论纲》中阐述道：“中国电视是一种‘置于党的绝对领导之下’的新闻舆论工具；中国的电视事业‘为国家所有，是社会主义公有制。中国的各级电视台分别由中央和各级人民政府所管辖，其宣传政策、方针和事业建设统一由国家进行管理。中国不允许私人办电视，不允许引进外资合办电视’。电视台的所有权归国有。”①

在改革过程中，“制播分离”的运营形式逐步出现。“制播分离”就是把电视的制作和播出分离开来。例如美国的电视业有着相当成熟的制播分离和产业化机制，它们有以电视媒体为实体的内容供应商——拥有创作、制作与发行能力，有的也拥有电视台，因此创作是社会化的。在节目发行方面，其网络运营商依托电视播出平台进行运营，对观众的收费电视机制以及对内容供应者的版权付费机制也非常完善，因此其媒体经济形成了一种平衡状态——在法制健全而又高度发达的社会，二者相互依存又相互制约，共同合理竞争。网络运营商有权挑选最好的节目；节目提供商可以卖到最好的价位，最大限度地开发节目的价值；而观众也可以从更多的渠道看到更多、更好的节目。与此相对照，我国电视台多年来既是“网络运营商”，又是“内容供应商”，产

① 杨伟光：《中国电视论纲》，中国广播电视出版社1998年版。

销一体，因此竞争难以展开，质量难以提高，并表现出了重复投入和人财浪费的弊端；另一方面，我国的电视观众不习惯交费，电视台也不习惯付费给内容供应者、不习惯制播分离。

“制播分离”一直是处在逐步的尝试中，最早采用的是“制片人”制——制片人成为节目运营的负责人，享有人财物的决定权，一些栏目实行特殊的审查与财政政策，如《东方时空》、《快乐大本营》都可以有广告收入。后来在电视剧市场化交易的带动下，电视台可以广泛采买节目，如1999年初光线传媒电视制作公司成立，同年7月1日，该公司制作的《中国娱乐报道》在约20家电视台播出，随后在半年时间内与50多家播出台达成播出协议，全国平均收视率达10%以上……但我们必须清醒地意识到，尽管一直在尝试，“制播分离”的机制还不能真正广泛普及实行，因为“制播分离”的顺利运行一定是建立在高度发达的媒体市场基础上的。鉴于目前我国电视市场尚不健全、格局尚不稳定的状况，过早实行“制播分离”就如同将一个尚未成熟的苹果勉强上市，最终反而有可能阻碍电视事业的发展。

新世纪到来后，随着我国积极加入WTO，我国传媒业也在重新审视自己的力量。实际上，经济“全球化”的趋势必然导致国际传媒巨头对中国市场的逐步渗透。2000年11月，国家广电总局下发《关于广播电影电视集团化发展试行工作的原则意见》，规定了广电集团化的具体内容：广播、电视、电影三位一体；无线、有线、教育三台合并；省级、地级、县级三级贯通。随后，加快推进大型影视集团的组建成为整个广电改革的重点。2001年8月，中央宣传部、国家广电总局、新闻出版署联合出台了《关于深化新闻出版广播影视业改革的若干意见》，进一步提出新闻媒体由国家主办“经营”，传媒的集团化发展可跨行业跨地区经营，经营性资产可以上市等。此后，传媒集团化整合的步伐明显加快。2001年，我国最大的新闻出版集团——中国广播影视集团和中国出版集团成立。所谓集团化，其基本内涵主要是指以资产为纽带，集团内实现专业分工，变事业体制为公司化运作。几乎所有的集团在成立之初都认定了自己“事业化性质、企业化管理”的性质。2002 年，国家广电总局曾宣称，中国媒体业将在未来五年内培育形成若干个在国内、国际上具有较强竞争力和影响力的跨地区、跨行业大型媒体集团，跻身世界媒体前列。我们可以体会到，“集团化”的初衷是整合媒体资源，避免不必要的市场竞争和各自为政、乱打一气的局面，减少浪费，并建立统一的部署和规划。这些初衷如果能够实现，无疑会大大提高我国传媒的抗风险能力，增强其市场运营的能力。但整合的结果并不尽如人意，在实际操作中，由于中国广电行业已经形成条块分割，而对资产资源的整合要涉及不同级别、不同地区的政府或部门，如果没有政府的直接干预则很难实现；而且在完成集团组建之后，如果旧有的行政格局在具体运作中延续，或者仍然以政府的目标来取代市场发展目标，那么改革的难度会很大。

2002 年 11 月 8 日，江泽民同志在中国共产党第十六次全国代表大会上代表第十五届中央委员会作报告，对文化建设和文化体制改革作了非常全面的阐述，并提出“发展各类文化事业和文化产业都要贯彻发展先进文化的要求，始终把社会效益放在首位”。“根据社会主义精神文明建设的特点和规律，适应社会主义市场经济发展的要求，推进文化体制改革。抓紧制定文化体制改革的总体方案。把深化改革同调整结构和促进发展结合起来，理顺政府和文化企事业单位的关系，加强文化法制建设，加强宏观管理，深化文化企事业单位内部改革，逐步建立有利于调动文化工作者积极性，推动文化创新，多出精品、多出人才的文化管理体制和运行机制。按照一手抓繁荣、一手抓管理的方针，健全文化市场体系，完善文化市场管理机制，为繁荣社会主义文化创造良好的社会环境。”至此，文化事业和产业之间的关系才有了明确的定义和表述，落实在电视媒体方面则体现为电视台与社会制作力量的进一步合作，民营电视制作力量得到一定发展，但其发展状况不稳定。2004 年 2 月，国家广电总局下发《关于促进广播影视产业发展的意见》，提出了此后广播影视产业发展要坚持正确方向、坚持国有为主多种经济成分共同发展、坚持面向市场和改革创新的基本原则，以及产业发展的基本思路和具体措施。2004 年 10 月 2 日，中央政治局常委李长春在视察辽宁出版集团讲话时指出，“发展文化产业最大的障碍就是体制弊端，再具体说就是事业单位性质是文化产业发展的最大体制弊端。这种事业体制没有办法市场化运作，只能靠国家；需要的人进不来，不用的人出不去，大锅饭，铁饭碗；没办法融资，不是经济法人，不是企业法人，无论是直接融资还是间接融资都实现不了”。在 2004 年 12 月的全国广播影视工作会议上，国家广电总局党组副书记、副局长赵实在《认真贯彻党的十六大和十六届三中、四中全会精神　全面推进广播影视改革与发展》的讲话中明确表示：今后不再批准组建事业性质的广电集团，今后只允许组建事业性质的广播电视台或总台，此前已经成立的事业性质的广电集团，可以将集团改为总台，如果要继续保留事业性质，就一定要把经营性资产剥离，组建新的产业经营公司或集团公司。广电系统事业和产业分开运营后，电台和电视台由政府设立，实行国有事业体制，但电影、电视、网络以及大众娱乐类、社会服务类广播电视节目的制作经营属于产业经营范围，将面向市场，严格按照现代产权制度和现代企业制度的要求组建市场主体，进行产业化运营；部分频道、频率允许组建公司进行企业化运作，但吸纳的社会资本不超过 49%。制播分离改革并不包括广播电视新闻的宣传类频道、频率和节目、栏目。管办分离、政企政事分开是广电总局本次会议上着重强调的另一点。不过，赵实特别指出，管办分离并非政府行政部门放弃对电台、电视台的管理，而是要进一步强化。对于一些地方广电局仍与当地电台、电视台合一的，必须将两台分离出来，合并组建广播电视台，实现局台分离。广电局对电台、电视台的具体业务可以不管，但对电台、电视台的行政管理职能“只能加强、不能削弱”。对于民营影视制作机构，也要根据属地管理的原则，由各省广电局管起来。广电总局还特别提出，加强市场准入的管理，区分国有、民营、外资等不同所有制；坚持巩固国有的主导地位，对重要敏感领域必须国有绝对控股……①

市场机制引入电视业的确为电视媒体的发展带来了新气象，可谓机遇与挑战并存。我们必须遵循公开、公平、公信、公正的游戏规则，注重电视从业人员素质的培养和提高，克服重复建设和竞争无序两大痼疾，真正通过市场来进行自我调整和优化。目前很多人有一种误解，认为产业化意味着电视媒体意识形态功能的淡化甚至否定，是政治上的放任自流。实际上，电视的产业化更多意义上是一种“整合”，政府对媒体的控制一定不会被削弱。拿美国来说，长期以来它被认为是一个言论极其自由的国家，但是从美国媒体对该国轰炸我驻南使馆等一系列的报道就可看出他们受政治以及意识形态影响之深。美国诸多商业台开办电视新闻也是为了保住政府对自己的庇护——营业执照。有了营业执照就意味着生路，意味着收视率和利益。因此，我们的媒体要清醒地意识到电视作为大众传播工具，其意识形态属性是客观存在的，是不可更改的，不存在可以为所欲为的电视媒体。中国的电视媒体也依然要承担“党和政府的喉舌”的职能，其宣传报道方针必须和党的行动纲领、政府的施行纲领保持一致。作为信息产业，在保证宣传党和政府的重大理论、方针政策的职责下，

---

① 以上资料引自国家广播电影电视总局网站，http：//www. sarft. gov. cn/manage/publishfile/11/2953. html。

可以从事商业运作，采取市场的运作模式。我们还必须清醒地认识媒体利益与公众利益的关系：提供大众服务才会有营业执照，有了营业执照才有可能赚钱；而提供优良的服务才能树立良好的公众形象，有了良好的公众形象就有可能赚大钱。聪明的经营者要懂得平衡经济效益与社会效益，节目的制作和播出不能完全以市场为导向，只有如此，才能真正通过市场来合理调配资源，通过竞争促进中国电视事业的发展。

据国家广电总局2003年的统计公报，至2003年6月底，全国有线电视用户已达1.082亿户、电视台363座、电视频道2093个、平均日播出23523小时、电视人口覆盖率达94.62%。2004年2月19日，国家广电总局局长徐光春在《全国广播影视科技工作会议上的报告》中提到，到2004年我国电视机总拥有量达到4亿台。而当今世界共有50000多家电视台、10亿多台电视机。随着大量外国电视媒体的进入和节目的引进，再加上其他传统媒体和网络媒体的影响，可以想见，中国的电视媒体所面临的竞争是何等激烈。但是我们同时应该看到，中国的电视传媒还有很大的发展空间和潜力，中国拥有全世界20%的受众和正待开拓的电视产业市场，毫无疑问将是全球传媒业的探索地带。中国电视机数量3倍于美国，但就经济收入来说，2002年美国仅广告费就已经超过1000亿美元，收视费、节目销售费、相关经营收入则达到了近3000亿美元；而我国2003年电视广告收入才有255.04亿元人民币。我们可以参考国际传媒的先进经验，从多样化经营着手。

总的看来，我国目前电视媒体的运行机制尚处于转型阶段，中国电视的产业化与政府近年实施的“村村通广播电视”工程、针对西部少数民族地区实施的“西新工程”并行，全国的电视发展水平是极不平衡的。在一些地区或某个层面，产业化的来临意味着电视市场的积累已经到了物质较为丰富的时代，下一步的工作是建立优质品牌——经过竞争，最终靠品质取胜。电视正逐步进入“品牌时代”，一个台要想获得良好的社会效益和经济效益，就应该从建立品牌频道做起；而要建立品牌频道，就要从建立品牌节目做起。

3. 我国电视台目前的基本格局

(1) 电视台的级别

尽管国家广电总局目前不再提倡“四级办电视”，也不再要求“集团化”，但电视台的基本格局已经逐步形成。总的来说，受到行政划分的影响，有中央和地方两大层面。

中央电视台是全国实力最强、覆盖面最广的电视台，由于历史的原因曾得到国家的大力扶持，拥有绝对雄厚的资金、创作实力和无可匹敌的覆盖率，能够放眼全局，发布最权威、最准确的消息，其节目也是服从于这一定位的大气势、大投资、大制作、高质量，因而在受众心中享有极高的地位。同时，中央电视台地处首都北京这一全国政治、经济、文化中心，这里经济发展迅速，信息交换通畅，观念更新快，观众整体素质较高……这些优势足以使中央电视台理所当然地将自己定位为“国家大台”——“中国中央电视台是中国重要的新闻舆论机构，是党、政府和人民的重要喉舌，是中国重要的思想文化阵地，是当今中国最具竞争力的主流媒体之一，具有传播新闻、社会教育、文化娱乐、信息服务等多种功能，是全国公众获取信息的主要渠道，也是中国了解世界、世界了解中国的重要窗口，在国际上的影响正日益增强”[①]。

而地方台，无形中又被划分出一些档次，有省台（含直辖市台）、市台、县台、行业台、社区台（企业台）等。一般以行政能力、经济和人才实力形成相应规模，而电视台的规模差异往

---

① 以上资料引自央视概览，http. //www. cctv. com。

往又直接体现在频道数量和受众拥有量的多少上。

一般来说，就投入、收视份额和制作力量而言，小台往往无法与大台抗衡，但就每一个台来说，其特点可能是其优势，也可能是其弱点。如中央电视台，台大、地位高、人力与财力强、覆盖面广，但可能因万众瞩目而行为审慎，有时行动迟缓；节目因兼顾区域和受众面太广，无法做到更加深入和贴近，从而给其他层次的台提供了充分的发展空间——全国36个省市、自治区、直辖市及港澳台地区，其丰富的历史文化、人文风情、地域特点造就了各地受众的不同性格、生活习俗、文化取向和观赏需求，从而成为每个电视台特色的基础。

省与直辖市、特别行政区台往往是本区域的最权威的宣传窗口，尤其是其中的上星播出频道，要承载相对重大的任务——某个地区的形象代表与宣传通道，自办节目既要有传播重大事件的相应实力与威望，又要相对亲切、灵活、自由，应当是本区域优秀的节目窗口和内外交流的平台——既面对其他地区观众，也针对本地受众。该频道由于要与其他上星频道竞争，客观上收视群体相对不稳定，在总体节目价值取向上可以城市居民的需求为主。如北京卫视的《第七日》、《法制进行时》等节目，它们反映百姓呼声，因此受到当地观众的热烈欢迎，自然不同于中央电视台的节目。在省与直辖市台中，其他不上星的台往往真正针对本地区观众的需求，地方特色浓郁。如湖南经视开办的一系列颇有特色的节目，收视群相当稳定。

相对于省级电视台来说，市台、县台则具有更加明显的区域性和针对性，具有显著的地域特征和共同的人口特征；成员间有感情、心理上共同的乡土观念、认同感和共同的文化、生活形态。由于面对较小范围的观众，所以自办节目内容应该与受众的切身利益相结合，反映百姓身边的事，同时还要注意迎合城镇化的发展趋势，关注农民问题。现在，一些地方台播放的方言节目就十分受当地观众欢迎。

社区台，如企业电视台、城市区域电视台，由于规模较小，受众形态相对封闭，也由于在较长的一段时间内政策上没有明确的发展空间，曾经起起落落、沉浮不定。随着社会经济实力的提高和当代人际交流的渴求日趋增强，这类受众相对较少却也许更容易提供个性化表达和更周到细致服务的电视台，将可能迎来较大的发展，因为其内容最具贴近性。社区人口生活形态相互影响大，成员相互间文化依存性强、认同程度高，故在节目中易于突出其社区特色。不过由于受众数量较少，而且生活状况相对接近，电视台在经营方面容易受制于该区域的经济状况。

(2) 电视台的构架

电视台的部门总体上被分为技术与创作两大类。简单说来，以总工程师为首的技术部门保障节目的信号传送、节目制作技术设备的正常运转以及技术设备的更新换代；而创作部门是由电视台播出的各类节目的创作集体构成。这两类部门其实是国外的网络运营商与节目提供商的职能的落实。在一些大台中还可根据工作量的需要设置专门的行政管理部门。至于下属部门如何设置，主要取决于一个电视台的任务量，取决于是否有利于工作在各层面的便捷开展。

这里以中央电视台为例。中央电视台实际上分为三大系列，分别由行管会（行政部门）、编委会（创作部门）、技管会（技术部门）统领（中央电视台行政机构图附后）。

中央电视台现为国家副部级事业单位，内设 15 个副局级中心（室），包括办公室、总编室、人事办公室、财经办公室、机关党委、新闻节目中心、海外节目中心、社教节目中心、文艺节目中心、广告经济信息中心、体育节目中心、青少节目中心、技术管理办公室、技术制作中心、播出传送中心；有 3 个直属处级单位，包括监察室、审计处、中国电视报社；以及新台址建设工程办公室（临时机构）。

中央电视台另外还有直属单位：中国电视剧制作中心——1983 年 10 月 18 日成立，国家级电视制作专业机构；中央新闻纪录电影制片厂（中央电视台新影制作中心）——1993 年划归，拍摄制作纪录影片，并为中央台承担节目制作；北京科学教育电影制片厂（中央电视台科影制作中心）——1995 年划归，拍摄科教影片，并承担中央台节目制作，生产动画片；中国国际电视总公司——1984 年成立，为中央电视台全资公司，业务包括影视制作、节目销售、广告营销、旅游开发、市场调查、实业开发等；中央卫星电视传播中心——1995 年成立，负责卫星加扰电视的运营；中央数字电视传媒有限公司——2003 年成立，负责中央电视台付费电视频道的市场化运营；中国爱乐乐团——2004 年划归，为国内一流乐团。

此外，中央电视台开办有央视国际网站、《中国电视报》和面向全国公开发行的刊物《电视研究》、《现代电视技术》等，拥有国内最大的广播影视音像资料馆（与国家广电总局共建）。

可以看到，中央电视台目前已初步形成以电视传播为主业，电影、互联网、报刊、音像出版等相互支撑的多媒体宣传、广告经营和产业拓展的多元化经营格局。

中国中央电视台现开办有 16 套开路播出的电视节目，并开通了一个高清晰度电视试验播出频道。16 个开路频道为：综合频道、经济频道、综艺频道、中文国际频道、体育频道、电影频道、少儿·军事·农业频道、电视剧频道、英文国际频道、科教频道、戏曲频道、社会与法频道、新闻频道、少儿频道、音乐频道、西班牙语法语频道，内容几乎涵盖社会生活的各个领域。同时开办了 11 个付费电视频道和 28 个网络电视频道。付费电视频道包括风云足球、第一剧场、风云剧场、世界地理、风云音乐、怀旧经典、电视指南、高尔夫·网球、CCTV 娱乐、CCTV 戏曲、央视精品。网络电视频道包括新闻、央视关注、纪录、旅游、历史、英语、杂技、电视剧、综艺、相声、气象、科技、美食、小品、音乐、体育、生活、卡通王国、时尚、京剧、少儿、经济、法制、教育、游戏、话剧、魔术、人物等。到2004年，中央电视台播出总量已达120376小时，平均每天329小时（包括北美长城平台节目，如果加付费频道共计596小时）；平均每天首播自制节目约122小时，自制节目比例达70%。[①]

各地方广播电视集团及省市电视台的建设主要以本土为立足点，依据各地方经济及影视文化发展的综合情况来进行构架，力求富有特色，符合各台的实际建设情况，并有利于各台的长远发展。其中上海文广新闻传媒集团、凤凰卫视、浙江卫视、湖南电视台经济频道等等的构架都各具特色。以上海文广新闻传媒集团（SMG）为例，它是在2001年整合上海人民广播电台、上海东方广播电台、上海电视台、东方电视台、上海有线电视台等单位的基础上组建而成的，目前隶属于上海文化广播影视集团，是一家集广播、电视、报刊、网络等于一体的多媒体集团。其所在地上海的经济文化较为发达，相应地，传媒产业发展也较为成熟而复杂。因而，上海文广新闻传媒集团的产业架构也显示出系统性的特征，主要分为：新媒体产业，包含网络电视公司、互动电视公司、移动信息公司等；表演产业，包括上海所有剧团、歌舞团、艺术中心；媒体产业，包括全部电视频道、广播频率，多家平面媒体、网络以及各种娱乐、录像、制作公司；体育产业，包括各种体育俱乐部（上海文广新闻传媒集团产业架构图附后）。总的来看，集团以其传媒产业的系统性视野，形成了以经营广播电视媒体为主，包括演艺、体育、技术服务与研发、传媒娱乐投资等一系列相关传媒娱乐业务的多层经营格局。这种系统性的架

① 以上资料引自央视概览，http. //www. cctv. com。

构有利于资源的内部交流和重组，也有利于各传媒产业之间的互动，从而实现“共赢”。而单就其媒体产业部分来说，不仅包括了传统电视传媒，还包括了广播、网络、报纸等其他媒体和大部分作为内容提供商的各种制片公司，使其整体经营形成了从节目制作到播出平台以及营销渠道的市场化生产链，成为一项系统工程。除此之外，由于上海是我国经济发展的枢纽城市以及对外开放的窗口，上海文广新闻传媒集团的建设也力求立足本土，服务全国，在形成本土化主流影响的基础上，打造全国性的品牌传播。其旗下的东方卫视，作为中国规模最大、最具影响力的卫星电视机构之一，与全球许多传媒公司和电视制作机构在节目生产、市场开拓等方面具有多种形式的合作。目前集团的传媒娱乐产业群正在进行全方位拓展，包括付费电视经营、节目版权销售、品牌衍生产品开发经营、新媒体业务开发、艺人经纪、电视购物等内容。上海文广新闻传媒集团正努力实现从为播出而制作转变成为市场而制作，从一个地方广播电视播出机构转变成面向全国，乃至全球华语世界的内容提供商和发行商。

二、电视台的策划要点

在竞争日益激烈的情况下，电视台的建立是以收视需求为主要依据的，而如何获得更好的收视效果，就必须以特色取胜。可以说，电视台的特色定位决定了观众取向、内容构成和节目风格。而电视台的特色定位，首先在于自身的发展目标有多大。

1. 设定恰当而有特色的发展目标

毋庸置疑，电视台要生存、壮大，发展目标和其要达到的层次之间有着必然联系。如果发展目标过高，没有相应的物质条件和受众环境，那么无异于痴人说梦；发展目标过低，又会阻碍事业的发展。如何建立恰当而有特色的发展目标，需要决策层的远见卓识，要求他们一方面充分利用本台自身的优势和特色，另一方面要敢于设定远大的发展目标。需要强调的是，远大的目标有利于媒体向高档次和大规模发展；目光越短浅、目标越低，台和频道最终发展的可能档次就越低。

例如湖南卫视，本来是一个普通的省台，但近年在全国观众心目中地位大升，原因就是当地政府把电视作为当地的支柱产业，予以特殊的地位和政策。该台经常举办一些全国性的活动和面向全国观众的节目，如“金鹰电视节”、《超级女声》，自然促成了湖南电视台成为放眼全国的大台。再如凤凰卫视，作为一个“县级台”，却立足于“全球华人”的视角，在“两岸三地”之间大做文章，在内地受众中赢得了广阔的发展空间。

不同地区的不同领导，有不同的电视战略，如果只想把电视台作为一个领导出形象的工具，那么电视就只完成了宣传功能，仅成为官员政治道路上的台阶和工具；如果把电视作为一个产业来经营，那么自然会制定出有自身特点的发展目标和政策。

不过也有的电视台不顾自身条件和能力来设定发展目标，例如曾有一个地处北方内陆、拥有丰富历史文化资源的市级台提出要成为“全国性时尚都市台”的目标。可以想见，如果该台不能上星，那就达不到“全国”的效应；如果没有具有时尚都市眼光的编导和都市消费能力的受众，而实际上又远离都市的时尚，那“时尚都市”的目标也绝不可能实现。如果该地区尽管都市气氛不足，但受众有强烈需求的话，开设一个时尚都市内容的栏目或频道还是可行的。所以目标的是否“恰当”，还要看其是否拥有创作资源。再如2004年1月，广西电视台打造“中国第一女性特色卫星频道”，提出“风情万种，随你心动”的口号，同时“以女性的视角彰显民族风格，用民族形式服务于女性定位”（广西卫视网站宣传语）。作为一个省级卫视，此举的确需要非凡的创意和胆量。从自身创作资源来说，我国南方由于自然环境的优势而更多存留母系社会的遗风，这与自然条件恶劣必须以父系力量和权力才得以维系的北方社会不一样。这样的历史和社会氛围应该是民族、女性的节目得以扎根和传播的缘由之一。因此，相应的民族生活及文化的表现，一方面能使节目不同于其他地区的节目，从而形成特色或奇观；另一方面也适应了当地民风民俗，被周围社会所接纳。可以想象，北方的社会形态中省级卫视不太可能选择做成女性频道，也不易找到创作标本和受众环境。因而从策划的角度看，广西卫视正是立足于民族大省、立足全国上星频道的状况选择了打造女性、民族频道。他们不仅充分利用和拓展了自身的创作资源，同时也在根本上尽力避免了频道的同质化，不仅给频道，更是给频道内的节目，找到了未来切实的生存和发展空间。

同时，电视台的自身条件也很重要，如强大的资金、技术力量和制作队伍奠定了中央电视台的霸主地位，在大型节目的运作上无人可敌。反之，凤凰卫视的前身是香港卫视中文台——以娱乐节目为主，并多数为采购，自制节目数量极少而且规模小。于是凤凰卫视的节目根据这一基础条件在小巧、精致上下工夫，重点开发成本较低的节目，如谈话类节目。在该台成立之初，凤凰卫视完全是娱乐及娱乐资讯节目，第二年推出了《时事直通车》，第三年增加了《凤凰早班车》。随着实力的增强，还举办了“中华小姐”选美大赛……值得注意的是，《凤凰早班车》等节目打着资讯的旗号，将严肃的时事和报摘等内容以轻松的形式示人，充分体现了凤凰卫视的“娱乐”传统，也减少了这类节目在意识形态和制作上的压力。

目前对各地方台来说，总体定位和形象更集中体现在上星频道——卫视频道中，而所有的卫视频道从内容目标取向来看大致可分为几种类型：

(1) 区域卫视

区域卫视定位的出发点首先源于电视媒体自身的生存地域和

覆盖面。所有电视台都追求让自己的覆盖区域超越国家、省或市的范围。但由于覆盖面和信号落地的因素，卫视的传播范围是在一定“区域”内的，故不少卫视频道都将自己定位为区域卫视，如中央电视台综合频道、黄河电视台、星空卫视、东南电视台等。一些省级卫视也将自身定位为区域卫视，如贵州电视台自称“西部黄金卫视”。就市场的角度来说，同一个区域的受众更具有相似的需求和表达方式，而且今天的广告商也已经意识到，对有区域性的产品来说，选择地方强势媒体在某一地区投放广告，会更有针对性，也更节约成本。因此，省级卫视采取区域化定位也是有针对性地争取观众、尽可能广开财源为媒体创收的策略。

（2）专业卫视频道

“专业卫视频道”是根据电视媒体大的生存环境来进行定位的，是电视台打造特色的有效途径。例如海南卫视于 2002 年 1 月全面改版为海南旅游卫视。出于海南卫视所拥有的独特的地理背景和资源背景，相对于其他省区，海南只有开发旅游资源、走专业化道路才能有效地突破传播资源与受众资源的限制。海南旅游卫视的节目内容尽力与旅游相关，这种以专业化的定位进军全国的姿态在当时无疑是一种突破。旅游卫视于 2004 年 7 月再次改版，着重加进了新闻资讯内容，力求提高该台的重要性，这也是针对媒体生存的具体状况采取的策略。

（3）有一定特色的综合频道

所谓“有一定特色的综合频道”，是指省级卫视在把自身定位为综合频道的基础上，对竞争对手及自身优势进行分析后采取的战略，即塑造一个有一定特色的形象。最早在省级卫视中显示特色趋势的是湖南卫视，它以《还珠格格》、《快乐大本营》、《玫瑰之约》等娱乐节目塑造出娱乐台的形象，从而掀起全国范围的娱乐高潮；紧接着，《音乐不断》、《新青年》等栏目又呈现出该台青春、时尚、新锐的特色。另外，浙江卫视以独特的江南风情和人文内涵塑造了频道浓郁的书卷气，在一段时间内打造了文化频道的形象（不过出于收视率的原因，近年来该频道撤销了电视散文等一些文学性很强的节目，文化形象大打折扣）。

（4）上星精品

由于省级卫视作为当地电视台的主频道，肩负着宣传本省的重任，因此，绝大部分省级电视台都会将省内的信息资源进行整合并选择精品上星来对外传播。如上海电视台的上海卫视就是利用上海地区各专业频道的节目资源，并根据自身的定位重新编排、包装和对外播出，塑造出上海的时尚、发达、生活情趣浓、文化水准高的总体形象。这也是一种投入少、效益高的模式，同时也能够充分表现出地方特色。

2. 锁定有特色的目标受众

在当今媒体高度发达的时代，各类媒体呈现出百花齐放、各司其职的状态。例如网络、杂志等媒体，更方便对小众进行“窄播”；而广播、电视更适宜于对大众进行“广播”。于是前者的内容形式可以更带个人特质和服务性，后者的内容形式可以更具普遍意义和典型性。作为以大众传媒为主要属性的电视，应该起到反映大众并引导大众的作用。而每一个电视台的特色在于如何满足有特色的目标受众的需求，在这个问题上，目标受众的特色定位——对地域性、民族或民俗特色、受众层面的分析就有了积极的意义。

前面章节中已经探讨了受众分析的途径，而我们也懂得在市场细分的情况下，电视台的定位就是对目标受众的细分。也就是说，目标受众状况也决定了电视台的价值取向，二者密不可分。

电视台的目标受众首先按区域划分。如中央电视台的目标受众是全国人民，希望以不同频道的节目来满足全国范围内不同层次的受众需求，因而要认真整合全国人民普遍的收视需求，而不能只考虑北京或某一个地区的观众。地方台的目标更多的是本地区受众（卫视要内外兼顾——“立足本省、放眼全国”），只有立足于本地区，将与本地区相关联的一切地区、人物、事件都纳入到关注的范围内，才能保持特色，以此争取求新求异的外地观众。这种基于自身基本条件的定位，使电视媒体有了发展的根基和切合实际的特色发展战略，也有助于形成区域间的交流和共同进步。而更小的电视台，如社区电视台，宜研究本社区居民的特有思维方式、语言构成、审美情趣和欣赏习惯，正确认识和深刻把握社区的社会文化形态，以期形成亲切的乡土风格。

电视台内的频道和节目构架应该依据拥有不同爱好和不同层次的受众的需求来设置。一般来说，电视台可建立新闻、娱乐、知识教育、服务等频道，而且这些频道一定是根据受众不断变化的需求进行开发和调整的。如中央电视台最早只有综合频道，后出现四套海外频道，1995 年 11 月 30 日开办加扰卫星电视频道，1999 年开办电视剧频道，2000 年开办英文国际频道，2001 年开办科教频道、戏曲频道，2002 年开办西部频道，2003 年开办新闻频道、少儿频道，2004 年开办音乐频道、西班牙语法语频道，并将西部频道置换为社会与法频道。在调整过程中，大部分频道都是在某个已有频道的基础上进行新的拓展，如文艺频道拓展出综艺、戏曲、音乐频道，只有西部频道未能取得预想效果而改为可能更有社会和经济效益的法制频道。

近年来，地方台也在频道构架上不断调整，例如于 2004 年 6 月 18 日正式开播的湖南卫视时尚频道主打时尚牌，将受众定位于 15 岁至 45 岁的人群。节目内容主要为时尚资讯、运动精华、大型活动和创新节目等，还引进了《国际时尚前沿》、《摩登时代》等栏目。电视剧方面也着力强调频道的时尚特色，开设了青春偶像剧场。作为湖南卫视组合传媒的一份子，时尚频道还承担了创新节目试验田的功能，这也充分体现了其前卫、潮流、新锐的特质。江苏卫视于2004年也推出了全新价值的新定位——以“资讯”为核心、“情感”为特色，打造中国情感特色频道。这种风格化定位在“同质化倾向”严重的省级卫视中引起了广泛关注。

“话不投机半句多”道出了受众群体的重要性。由于不同层次受众的巨大差异，早期的凤凰卫视把自己定位为“城市青年台”，节目以时事和娱乐资讯为主。城市青年是社会中最活跃的因素，他们生活节奏快、情感丰富、观念前卫。如此的定位不仅可以捕捉到对电视最有热情的群体，也可以与其他成熟媒体的风格形成差异，还可以避免一个电视台建立初期的稚嫩与偏颇，从而找到一个较为宽松的生存空间。实践证明，其定位是准确、明智、成功的。而今，凤凰卫视的受众层面已经更加成熟，这是以其新闻频道的开播为标志的。

同时，电视台和频道内栏目的调整就更为平常了。在专业频道内，除了更进一步在专业上进行细分，受众的层次特色、生活习惯更成为节目编播的重要依据。这个问题将会在后面的频道定位部分进行分析。

3. 电视台策划要充分注重台的整体利益

事实上，电视媒体的定位是一项系统工程，电视台往往是一个频道群的概念，台—频道—栏目—节目是环环相扣、密不可分的统一体。这四级当中，任何上一级都是下一级的统领；任何下一级的定位都应以服务、支撑、彰显上一级为原则。唯有如此，从台到台下属的各频道、各栏（节）目才会以科学的定位、统一的形象在受众心目中确立其独特的位置。

当一家电视台有了准确定位后，也就意味着其基本诉求、经营理念、文化品位等也都应该体现出鲜明特征并区别于其他电视台。作为电视台下属的各频道、栏目，其定位和设计也就必须与电视台的总体形象与风格相一致，不能违背或偏离本台的定位，否则将会造成局部与整体的矛盾，导致整个系统的混乱。因此，无论是策划者还是运营者，都要具备全台意识。

全台意识是指在正确定位的基础上站在维护全台形象和利益的高度来科学、规范地设置、编排所有频道、栏目，换句话说，就是全台频道资源的合理开发利用、合理分布和部门利益的科学分配。全台意识要求我们必须有轻有重、有松有紧地把握频道、栏目设置、时段分配、编播规范和节目比例等因素，对所有频道和节目都采取“一刀切”的政策和管理模式是不可取的。

目前国内许多电视台还不重视节目资源的充分利用，系列台之间缺乏协调，尚未建立起合理调配内部资源的机制。例如有一个普遍存在的现象：对一件事情或一个人的采访，经常会出现不同频道或同一频道不同栏目的记者撞车的情况，这就是对媒体资源的浪费。同时，我们的电视媒体对于素材的利用也普遍不重视，往往是只进不出，用一次就算完，这又是另一种形式的浪费。当然，也有一些媒体在这方面做得较好，如凤凰卫视。他们把从英国 BBC 买来的节目串联为《百年叱咤风云录》播出，效果不错，其后又摇身变为《百年追问》，而且还多次在其他节目中充当资料使用。再如对所拍摄的《两极之旅》素材，凤凰卫视不仅做了单纯的探访系列，又做成两个相关的谈话节目和娱乐游戏节目。另外，国内电视台中许多好的节目没有充分展示的机会，大家一方面在努力填满播出时间，另一方面又争相播出新节目，甚至在不长的时间内对同一人物或事件反复拍摄。这些不合理之处并不能简单地理解为成本是否节约的问题，而是是否推进科学管理的问题。

除此之外，有的电视台对广告和收费节目管理不善。例如由于创收任务繁重和人员素质较低，目前不少台内频道和节目之间经常出现恶性竞争，为了小团体的利益竞相压价，最终造成台的整体利益受损。还有的台创收和频道、节目运营毫无关系，好的节目和不好的节目吃大锅饭，结果创作人员整体缺乏积极性。

第二节　频道的设置

频道设置应该包括两个层面的内容：一是指电视台下属频道的设置，二是指频道内部节目的设置。

一、电视台下属频道的设置

电视台内频道的设置原理与台的设置原理一样，应该在科学调研的基础上进行。

1. 与受众需求相适应

频道是否能获取较好的收视份额，在于自身的定位以及节目质量是否符合目标受众的收视需求。如上海是全国的经济中心，并且是国际化的大都市。上海居民总体文化素质较高，较多接触西方文化，思想观念也较为灵活、开放，对于财经、纪录片、时尚节目的需求明显高于全国其他城市的观众。因此，上海电视台设置了财经频道、纪实频道、生活时尚频道等，以满足上海观众的经济生活和文化娱乐生活的需求：财经频道提供了相当多的经济资讯和服务，与上海人的生活联系紧密；生活时尚频道的很多栏目都具有怀旧与时尚气质，使上海的历史文化在叙述与倾听中传承、发展；还有一些栏目则是在西方国家完成全部拍摄，内容涉及法国乃至整个欧洲的现代艺术、时尚活动、生活方式等各个方面，恰好与上海东西方文化相融合的城市特征相吻合。北京是全国的政治、经济、文化中心，因此北京人关心政治，关注公益事业。北京电视台针对本地区受众的这些特点，设置了新闻频道、经济频道、法制频道和青少频道等，以满足受众的各方面需求。其中的新闻频道满足了北京地区观众对政治、信息的高度关注，青少频道在整体形象上也突出了公益特色，这些都是与地域内受众需求一一对应的。而在其他地区，考虑到所覆盖区域的经济、政治、历史、文化、人口素质等因素，频道设置要“因地制宜”，如贫困地区电视台可以加大教育频道和经济频道设置的力度，以影响和促进该地区的社会发展步伐；文化程度总体水平较高的地区可以考虑设置外语频道等等。

2. 与发展状况及目标相适应

在不同机制和目标的电视台中，对频道和栏目的设制落实有不同的方式：

公共电视台强调信息传播的客观、公正和对受众的服务，因此，新闻频道或栏目应受到高度重视，同时注重服务咨询，其编播应最大可能地考虑受众所需。

以营利为主要目的私营或商业电视台，一方面要以客观公正的信息保持其可信度，另一方面又要追求收视率的最大化。这当中娱乐频道或节目会起主导作用，其编播应尽力迎合受众趣味。

在绝大部分政治和经济不够发达、不够稳定的国家和地区，其电视台的宣传教育任务繁重，因此会高度掌控新闻频道或节目，以协助政府工作。其编播应考虑引导受众的言行，特别强调注重社会效益。

可以发现，由于新闻节目的重要性、时效性能吸引或影响受众，能显示出电视台或频道的重要性，因而无论对什么性质的电视台进行策划，都经常会用到“新闻立台”的法则，这也是旅游频道在2004年的改版中加入新闻资讯节目的最大理由。

3. 精办频道、合理竞争

目前，由于频道的多少的确能在某种程度上反映出一个电视台的实力，因此不少电视台为了显示实力或与其他电视台攀比而片面地追求频道数量，而创作资源缺乏、人力资源质量又跟不上，结果造成很多频道面目雷同和人财物严重浪费的局面，极大地消耗了电视台的整体实力。例如许多电视台现有的新闻综合频道与都市频道之间、文体频道与体育频道、综艺频道与文艺频道、经济频道与生活频道之间内容设置相似，面目经常难以区分。

其实，一般来说频道越多、任务量越大，需要的人财物投入越多。如果某些频道经营不善或缺乏足够的收视吸引力，强行开办，反而会成为整个台的负担。

传媒事业的发展已经到了计算成本、追求最大回报的产业化时代，如果一个频道效益好，应该总结经验，注重挖掘其最大效益，把它做得更大更强，而不应匆匆忙忙又去开发另一个新频道。实践已经证明，以往那种贪多求大、“跑马圈地”的做法，最终只能是作茧自缚。

频道的设置还要考虑“合理竞争”的因素。有适度的竞争才会有积极性和活力，但近年来在某些台却出现了这样的情况：本来多个频道的效益都不算好，为了改变现状，领导班子拿出了苛刻的创收要求，以为可以刺激积极性。殊不知各频道间竞相压价，最终使整个台甚至整个产业的利益受损。在市场容量相对有限的情况下，台和频道越多，每个小单位的所得就越少，这就是业界说的“分蛋糕”效应——分的人越多，分得的份额就越小。

所以当台的整体效益不好时，还应当想想是不是频道太多导致了负担太重，要有敢于甩掉“尾巴”的胆识。办频道的方针应该是：既然办就办好，成熟一个开办一个。

当然，频道的效益不仅仅是经济效益，有的频道是以社会效益——以是否有利于提高受众的素质和修养为衡量准绳的。作为电视台整体“一盘棋”来说，特别是整体实力较强和级别较高的台，应该勇于承担社会责任，其中的青少频道、科教频道、农业频道、戏曲频道……都应该注重社会效益，一些频道则需要给予补贴，或给予相对宽松的成长空间。

二、频道内部的设置

无论是对上星还是非上星的频道来说，构建有特色的频道都是建立频道的基本要求。如果每个频道都是相似的节目，针对的受众群体也没有明显的区别，那么对受众来说实际上还是没有选择。例如在全国观众可以收到的上星频道中，绝大部分是综合频道，现实就是观众看到的节目数量众多，但内容形式非常相似——类似的节目编排构架、风格，类似的节目形态，甚至同样的电视剧和其他节目。于是对观众来说，看哪个频道都一样，最终导致他们对所有相似频道的漠视。

2000年，我国共有无线电视台352座、地市级以上有线电视台223座。国家广电总局《关于有线广播电视台与无线广播电视台合并有关事项的通知》下发后，截止2001年7月，合并后的电视台共有300多家，频道专业化建设正成为各电视台的首要工作，除保留卫视频道为综合频道外，其余都调整为专业频道。其实，这两类频道相对于对方来说，也是“特色”的体现。

1. 综合频道内部的设置

综合即指品种、内容、形式的丰富多样。

在电视发展早期，由于资源匮乏、电视覆盖有限，电视台只有一个频道——集所有的电视功能于一身，满足所有受众的不同需求，追求雅俗共赏、老少皆宜，所以往往定位于综合性频道。如今随着电视事业的发展，这类频道往往代表着台的整体形象上星播出，成为台内工作重点，内容全面、权威，质量相对高，受众面相对广。在各级电视台中，综合频道往往是精品上星的频道，这类频道的构架往往是在新闻的框架中分布文艺、体育、社教、服务等等节目，一般包括电视剧、信息、晚会、纪录片、体育比赛……节目品种多样。

但在目前上星综合频道数量众多的情况下，要想让每个综合频道都有发展空间，则应该考虑如何把握“综合”的分寸，建立起“有特色”的综合频道。节目的丰富多样一定不单是指数量多，更要坚持精办节目的原则，特别是在竞争激烈的情况下，节目的特色与质量非常关键。国外的许多频道，所包含的节目（栏目）数量并不多，在每天播出的节目中约有一半是重播的，但每个节目个性鲜明，过目难忘。再如凤凰卫视中文台，栏目也并不多，而是把《相聚凤凰台》、《时事直通车》、《完全时尚手册》、《锵锵三人行》作为主打栏目架设在黄金时段，充分显示出“娱乐资讯”的宗旨。同时立足于该台的特殊位置，《一点两岸三地谈》等节目实现了两岸三地面对面的交流，以独特的视角给观众提供了“另类的选择”……总体来看，该台各栏目之间界限分明，观众针对性强，重播量不少，却反而让人觉得节目很丰富。

所以我们要转变观念。就一个台来说，尽管新节目频出是创作能力强的表现，但就观众个体来说，并不能在同一时间收看多个节目，因此节目能让人看下去并喜欢看才是最重要的。一期新节目一个时期内可以在多个频道和时段播出至少三次，在该栏目所属的频道可以播出至少两次；如果节目优秀，还可以重播。这样一方面可以节约资源，另一方面也可以强化节目形象。

2. 专业化频道内部的设置

所谓电视频道专业化，是指在频道资源丰富的情况下，电视媒体经营单位根据电视市场的内在规律和电视观众的特定需求，按照自己的资源优势和特点设置不同内容方向或为不同层面受众服务的频道，各专业频道各显其能——新闻、电视剧、综艺、经济、农业、体育、音乐、青少、女性……目前全国各地方台由于分类出发点和观众需求不同，划分归类也不尽相同。

与综合频道相比，专业频道的目标受众更为清晰，频道个性更为鲜明，频道内容更为纯粹，组织编播节目的方式也更为明确和具体，受众的个性选择得到了深度的满足，同时也优化了电视媒体资源的配置。各频道都集中本领域最专业的人才进行创作和经营，人尽其才，物尽其用，当然也就更有利于频道的经营和管理。

不过同时还要注意，专业化频道应该尽力追求主题或专业的统一，而不是节目样式的单一。比如诸多专业化频道都可以安排电视剧，只是不同专业频道电视剧的主题与对象要有所区别，如娱乐频道的电视剧多是青春偶像剧，影视频道更多艺术味道的电影和情节剧，生活频道更多生活情景剧，甚至科教频道也可以放映科学题材的影视剧。再如目前海南电视台定位于旅游，于是相关主题的节目均可收入，真人秀《急速前进》和电视剧《西游记》等自然也可以归入其中。在一些以样式为划分标准的频道中，如电影频道、动画频道、音乐频道、戏曲频道、纪录片频道等，形式固然会显得单一，但这类频道吸引的是知音型的受众，因而特别要注意节目品质与专业深度。

频道专业化既方便受众，同时也便于电视台更有针对性地争取广告主。在商品发达的阶段，一个频道并不是受众面越大广告主就越爱投放广告，而是更注重针对性。因此，儿童节目、老年节目、女性节目、财经节目等应该尽量归属到各自专门的频道，并在目标受众最有可能收视的时间播放，这样将更吸引针对不同受众群投放广告的商家。例如在中央电视台电视剧频道，由于电视剧针对的受众群相对明确，即以家庭中的妇女、老人为主，因此该频道吸引了大批的化妆品、洗涤用品、制药厂、服装等企业投放广告，实现了频道与广告主的效益双赢。

频道的专业化固然是未来电视媒体发展的必然趋势，但在成长过程中，真正面向特定受众群的“窄化”播出——即按进一步细化收视群来制作和编播节目而不仅是合并同类项到一个频道里播出，还需时日。所以目前国内的专业频道也出现了一些问题，如有些定位不错，操作起来却逐渐走了形，其原因是不同专业频道成熟的时机不同，或由于目前的管理部门还没有认清不同频道应该具备不同的产业性质，未能提供较好的实现机会。例如阳光卫视，早期致力于历史、人物、旅游、健康、科技等专题节目的制作，格调高雅，风格庄重严谨，目标受众群相对较明确。但我国目前经济发展总体水平不高，绝大多数人口教育程度不高，受众生活节奏快，因而这些时效性、实用性不强的节目难以进入市场竞争。而且，在阳光卫视的常规节目中，国外节目又占到 50% 以上，缺少对本土文化的贴近，再加上落地的原因，致使其观众群极窄。另一方面，国内广告客户并不能达到国外客户对媒体细分的了解和接受程度，对媒体投放的目标受众的研究也不够专业，选择投放广告的出发点仍然较多地依靠直觉，最终导致频道难以为继。2002 年 1 月，阳光卫视宣布正式进行节目扩版，将原定位于高知收视人群的纪录片频道扩展为多元化频道：节目中除保持原有纪录片外，大量加入娱乐因素，包括少儿节目与日韩偶像剧。这种扩版事实上是被迫做出的调整，将目标受众由原来的偏重男性、高知识、高收入的人群扩展为少年儿童、女性群体，以此来吸引广告客户。但是，这样的改变却使原来纯粹的频道面目大变，受众也需要一定的适应时间。在中央电视台，类似的频道是第十套科教频道，如果要求该频道也以收视率和经济效益为评价标准的话，那就很容易重蹈阳光卫视的覆辙。在中国现有状况下，频道的专业化发展与大众化需求之间并不那么容易融合，这需要一段时间的协调和相互适应。

从国外的电视业发展来看，频道的专业与综合的不同定位还往往决定了其盈利模式的不同——综合频道可以依靠广告和收费，专业频道大多靠收费。而目前中国收费电视的生存空间还有待拓展，诸多“专业”频道不够专业。特别是目前的一些数字频道，以技术上数字转化作为收费的契机，实际上是一种不科学的做法。无论是数字电视还是IP电视、手机电视，电视的发展都应该依赖于内容的发展。目前付费电视发展的真正“瓶颈”是专业节目严重匮乏，大量模仿、抄袭、重复播出的现象十分严重，整体制作能力低下，频道入户状况不好，因而费用收不上来……如此形成恶性循环，必将制约专业化频道的整体发展。

第三节　频道内部节目的编排

频道是否受欢迎，关键看节目的质量，但是其编排方法和技巧也不可忽视。什么时段安排什么节目？节目又具体安排在哪个时间播出？这些都值得认真研究。

一、利于观众收视

我国电视观众的总体状况及收视规律在本书的上一章已进行了分析，这里不再赘述。至于到了具体操作层面，节目编排的目的就是为了获取最好的收视效果，因此具体的节目编排要与观众状况相适应，这大致体现在三个方面：

（1）电视节目内容与目标受众群的需求对应；

（2）电视节目的形态与目标受众群的接收和欣赏习惯相对应；

（3）电视节目播出时间与目标受众群的收视规律相对应。

要想做到这三个对应，必须做好观众调查工作，对不同年龄、性别、职业、文化层次、生活环境的受众进行具体分析，确定明确的目标观众群，按照目标观众群的收视需求、欣赏水平和收视习惯将电视栏目（节目）的内容分布、组合排列顺序、所占时段等进行合理的设计与安排。这里还需要强调的是，节目编排必须认清具体的收视目标，任何一个电视台的总体编排或任何一个节目都不可能做到满足全体观众的需求。现实中有的频道既想在全国造成影响，却又以本地收视率为收视评价依据。这样的做法显然是错误的。

至于如何对应观众的需求，在编排上有一些基本规律可循：

1. 日节目的编排

日节目的编排是对应于黄金时段与非黄金时段的意义来安排的。我们不仅要辩证地看待黄金时段与非黄金时段的关系，还要认真研究、把握不同地区不同受众层面的时段划分差异。如中国地域广阔，东部与西部作息时间有很大差异，所以从东到西，黄金时段的时间可顺延多至三小时左右。而就观众自身的作息状况来说，劳动强度较大的从业者和年幼年长者个人作息时间在主观上较有规律，而脑力劳动者相对不固定且偏晚。

在一天之内的各时段中，受众对电视的关注程度不同，不同观众群收视特点也不同，因此电视台必须有针对性地安排节目。例如中央电视台一套在时间上立足北京，同时要照顾全国范围内的观众，因此必须考虑以老年人为主体的居家收视人群，文化层次涵盖面广，节目编排具有较大包容性，过渡平稳。而对于以知识层次较高的年轻人为主体对象的凤凰台，则作息时间上较多考虑相对年轻的观众，节目内容也相对时尚，衔接节奏明快。

目前各台基本上以半小时为节目的一个播出单位，一般会考虑在整点或半点以新闻或咨询类节目形成播出框架。

00:00—02:00，绝大部分观众处在休息中，能看电视的是极少数作息时间颠倒的人，而且一般不会有老人、孩子，更多是偏重脑力劳动的人。此时的播出内容可以以知识型成人为对象，电视剧、文化类栏目等重播类节目比较适宜。

02:00—06:00，这个时间段的平均收视率最低，即使看电视，收视群中也仍然没有老人、孩子。电视台重播电视剧等节目比较经济。

06:00—08:00，老人可能外出采购、早锻炼，青少年准备上学，上班族准备上班……该时段播出的内容宜简单——新闻、天气、近来经济状况、知识教育——面对学龄期和接受再教育人群。也有可能人们刚醒来并忙碌着，因而像《凤凰早班车》这样简洁明快又亲切的节目备受欢迎。

08:00—12:00，一般来说此时电视台的收视对象是居家者，观众的接受意识会越来越强。对应于老人的生活程序，中央电视台一套在新闻之后的8:50安排了《夕阳红》，随后是电视剧、文艺节目。而凤凰卫视的策略是以重播信息为主，随着时间的推移其节目从适当照顾老人逐步转向知识型的年轻人。如《凤凰早班车》、《凤凰大视野》、《凤凰全球连线》、《鲁豫有约》、《凤凰快报》、《时事开讲》、《健康新概念》、《网罗天下》等。

12:00—13:00，中午本来是人们吃饭和午休的时间，是白天的收视高点。中央电视台一套安排了《新闻30分》，其后是《今日说法》，以承载社会教育责任。各地台有许多类似的编排。此时凤凰卫视则以《锵锵三人行》、《凤凰气象站》、《凤凰午间特快》、《午间财经》对应知识型的年轻受众。

13:00—17:00，上班、上学者又继续忙碌，在家的老人可能会午睡到15:00左右。之后居家者准备晚餐，学生陆续放学回家。中央电视台一套开始以重播电视剧、科教栏目等支撑内容，随后以《天天饮食》、《半边天》、《动画城》等栏目对应收视者的状况。对由于竞争激烈而学习紧张的中国学生来说，尽管对电视有热情，但家长、老师并不支持他们看电视，所以如何对应他们的需求，电视工作者应当认真考虑。

17:00—19:00，在这一时段的开始，放学后的学生和老人仍是收视主力，成人陆续下班，之后是伴随晚饭的全家收视。此时开机率逐渐上升，宜先编排适宜青少年的节目，地方台可抢在中央电视台《新闻联播》前播放本地新闻。

19:00—22:00，这段时间是一天中电视编排的重中之重。在中央电视台一套，此时段开始的《新闻联播》是一个特殊节目，不仅满足了受众的信息需求，也造就了收视高峰，形成了受众每日必有的生活内容，而且前后的节目收视都得到了带动。如前面有《东方时空》，后面有《天气预报》、《焦点访谈》，其相互影响，最终形成一个完整的强势新闻板块。20:00左右，是各台争夺收视率最为激烈的时刻，一般以热门电视剧作为重要手段。中央电视台一套则经常以当代题材电视剧显示大台风范，打造主旋律。在电视剧之后，各台精品自办栏目纷纷登场，争显各地特色。而此时段后期，老人、孩子陆续开始进入休息状态。

22:00—00:00，体力劳动强度较大的人群陆续转入休息状态，看电视的主体转变成以脑力劳动为主、知识水准相对较高的成人。这一群体的数量虽然不是最大，却是影响力和购买力相对较高的群体。这时各台可以根据自己的情况安排各种利于休息的不太热闹的节目，也是文化类——针对精英的节目较为有利的展示时间。如较为专业的、理性的内容，也可以有谈话节目，诸如中央电视台经济频道的《对话》，凤凰卫视的《军情观察室》、《时事开讲》等栏目。特别是《时事开讲》，两个主持人面对面谈话，体现出对晚睡的观众的关怀。在一些大城市还可以有外国原声电影对应白领人群。

就一天来看，频道编排应当依据目标受众的作息时间进行设计，可以总结出一些普遍规律，但又不能造成“千人一面”，因为受众的层次划分是非常复杂的。目标受众在与具体节目对应时仍然可以细分，如女性频道定位的受众虽然是女性，但是女性观众还可以按年龄、职业等进行再度细分，节目可以对应不同层次的女性观众的欣赏需求。就算是同质同类的节目，也可因更细化对应受众而呈现出鲜明的个性。

2. 周节目编排

一周的节目编排是基于受众一周的作息状态来设计的，应该对应于工作日与非工作日以及每个工作日受众的不同收视状况。当然，这种有针对性的编排主要是以有工作的人群的作息为依据的，作为社会的中坚力量，他们的生活状态对整个收视群有较大的影响。

周一，在相对充裕的双休日休息和娱乐过后，工作刚刚开始，上班者需要启动工作热情，情绪相对不太稳定，收视心态会受到工作压力的影响，整个收视率在一周中最低。看电视的是那些相对忠实、可能对电视有依赖的受众，针对这种情况，节目可以更多地考虑老人、劳动强度较高的人以及节目的知音型受众。

周二，工作情绪趋于平稳，收视需求开始有所上升。

周三，处于工作日的中间，收视需求上升。许多电视台已把周三当作工作日节目的重点安排日。

周四，工作者已感到工作劳累，也因接近周末要加紧工作，收视热情稍有降低。

周五，一周工作即将结束，心里急盼放松；特别是周五晚上，收视兴趣上涨。由于紧接着两天休息，一些受众看电视的时间可以延至较晚。

在双休日，收视率明显高于工作日，特别是在上午8:00到下午6:00，较平时高出近3个百分点。大量平时无时间看电视的上班族、学生加入到观众队伍中来，而收视目的则比较集中于放松和娱乐。因此，节目编排要充分利用“黄金时间”带动收视率，强化相应的内容，与工作日区别对待。于是，周末往往成了安排各台重点节目的时间，娱乐节目相对集中，竞争也相当激烈。若在周末安排台与频道自办的精品栏目，有利于树立和巩固品牌形象。就日播节目来说，周末更适于深度报道和总结，可以安排“一周回放”之类的“小记者大编辑的节目”。

不同的受众群在双休日的活动不尽相同，一般来说，周六外出的人比周日多；不少年轻人希望晚起，早上的节目不宜针对他们，重头节目可以在9:00左右开始；中年人的双休日往往不一定是休息日，反而是解决家庭问题的日子；临考的学生也不能看电视；一些退休老人则盼望与子女的团聚……因此，在节目的具体编排上，要考虑到不同人群的作息与情感需求。如中央电视台的《开心辞典》，节目的奖品是要实现家庭的梦想，于是对家庭性的集体收看，有一种心理提示。周末的两天中，往往周六的收视时间会相对长些，因为周日晚又会为周一的工作日做准备，收视时间不会太晚。

在进行一周的节目编播设计时，还要特别注意工作日与双休日在节目编排上的贯通。所谓贯通，是指节目编播要达到相互关联、相得益彰、相映成趣的效果。如每一档栏目的播出时间在一周内应该是固定的，每天同一时段的栏目要有呼应，以达到既制造悬念，又兼顾全局的效果。如同在中央电视台二套播出的《开心辞典》和《幸运52》，同为益智节目，从节目形态看都是通过回答问题获取大奖。两个节目在相隔一天的同一个时段，分别吸引了喜欢益智节目但又有不同取向的两类受众：《开心辞典》没有现场火爆环节的设置，针对的是欣赏习惯相对较为正统的观众群，“家庭梦想”的口号把温馨的家庭亲情融合其中，主持人王小丫的亲切温厚、李佳明的谦和幽默与节目相得益彰；《幸运52》则强调“幸运”二字，现场气氛极其热烈，其轻微的“博彩”性质也迎合了对“赌”、“运”感兴趣的那一部分受众，其主持人李咏的开放个性也与节目相辅相成——机智、幽默、富有激情和煽动性——两个节目共同覆盖了所有对这类节目感兴趣的受众，因而两个节目的编排总体上看来是互补的。这样的编排也是频道专业化和受众细分的典型例证。

3. 长假期间的节目编排

长假期间是观众收看行为最为集中的时间，也是电视台创造经济效益和社会效益的重要契机。这时的节目编播仍然要以观众需求为基本出发点。如春节期间，要充分考虑配合民俗，编排体现团圆、喜庆、希望、吉祥内容的节目；而在“五一”、“十一”长假期间，则要回避深刻的、思辨性的主题，注重休闲、消费、娱乐的内容。从整体收视状况来看，长假中“黄金时段”和“非黄金时段”的差异明显减小，受众的收视热情明显高于平常，开机率大概在长假的开始和结尾出现最高峰，而在七天的中后部会出现收视率相对较低的情况。

在长假期间，各台都会尽力争夺收视率，于是名牌栏目、特别节目、优秀节目间竞争异常激烈。从这个意义上来讲，“长假”是放给观众的，而不是放给电视节目制作部门的，各台及频道要充分珍惜和利用这一时期巩固甚至开拓品牌形象。

长假期间的节目编播非常有助于整体品牌建设和节目营销，对此中央电视台已经积累了一定的经验。从2001年“五一”期间中央电视台一套首次进行系统的长假节目编排至今，中央电视台通过对数据的收集、分析以及观众收视需求和心理的调查来制定意向性方案，形成了完备的假日编播理念：长假七天的节目被当作一个整体系统来加以设计，而在一天之中，节目又被大致分为早间、上午、午间、下午、晚间、夜间六大板块，每个板块都有较为明确的观众群定位，以保证板块内部受众的同一性和观众的合理流动，在新闻的框架下进行大板块编播，并以内容的变化使这些板块具有逻辑和递进关系。同时，中央电视台还打造出《国庆七天乐》、《春节七天乐》、《五一七天乐》、《欢乐英雄》等特殊的“长假产品”。

以下是中央电视台综合频道2005年“五一”期间（5月3日）的节目编播情况：

早间板块：

时间	节目
06:00	40集电视连续剧：东北一家人（9—12集）
07:44	轻松十分（2005年第4—5期）

长假期间安排较为轻松的电视剧，并且四集连播，满足有兴趣观众的收视需求。早上07:50是一个开机高峰，因为长假期间多数人会晚起，人们打开电视第一眼看到的就是《轻松十分》，让人在笑声中开始新的一天，为人们轻松愉快的“五一”假期带来了好心情。从这一板块过渡到上午板块：

时间	节目
08:04	世界著名大学（2005年第3期）
08:36	20集电视连续剧：爱在星光灿烂时（7—9集）
11:19	2005年“五一”七天乐（第3期）
12:00	新闻30分

《“五一”七天乐》是中央电视台的长假品牌栏目，将它安排在中午播出，目的是使假期时上午外出逛街的市民能在中午回家时有机会看到，保证了收视率。电视剧加品牌栏目连放的形式可以极大地稳定和承接上一时段的观众群。

下午板块：

时间	节目
12:37	今日说法（2005 年第 116 期）
13:10	23 集电视连续剧：当爱已成往事（7—9 集）
16:00	同一首歌——“五一”劳动者激情大互动（第 3 期）
16:37	科技博览（2005 年第 105 期）
16:47	大风车“五一”特别节目（第 3 期）
17:24	2005 年“五一”特别节目：中国小品二十年（第 3 期）
18:09	艺术人生“五一”特别节目：特别现场（第 3 期）

在长假期间，文艺、娱乐类节目仍是观众较为喜爱的节目样式，因而综合频道推出了各个品牌栏目的“五一”特别节目，集中在下午板块播出。下午观众容易产生收视疲劳，而精品节目的连放可以稳定观众群。

晚间板块：

时间	节目
19:00	新闻联播
19:38	焦点访谈
19:55	20 集电视连续剧：民工（15—16 集）
21:40	纪实十分（2005 年第 28 期）
22:00	晚间新闻
22:39	电影：双雄
0:27	21 集电视连续剧：飓风（7—9 集）

晚间板块新闻节目之后是两集电视剧连放，这种编排有利于巩固收视率。在长假期间，综合频道每晚 10:40 都精选了一部电影供观众欣赏，之后安排的三集连续剧也适合长假期间不用早起的观众收看，使之过足电视剧瘾。

4. 重大事件期间的节目编排

在重大事件发生期间，电视频道的节目编播也应及时做出反应。对于可以预测的重大事件，例如“香港回归”、“邓小平诞辰100周年纪念”、“奥运会”等，应事先做好充分准备，有计划有步骤地进行设计、安排。应相应增加主题性报道和相关节目的比重，并合理调整播出时间，使整体编排井然有序而又重点突出。

如为配合中国申奥，中央电视台和地方电视台都会有大量的相关节目。尤其是在2001年，仅就我国申奥是否成功，中央电视台就安排了相应的两套方案，一旦成功，等候在世纪坛的庆祝晚会立刻开始。

再如2004年“邓小平诞辰100周年纪念活动”期间，湖北卫视于2004年8月20日和8月21日晚上黄金时间播出专题片《小平您好》；上海东方电视台文艺频道也于2004年8月22日晚间黄金时段（19:58）播出《小平您好——纪念邓小平诞辰100周年大型歌会》。2005年“五一”长假期间在上海举行了第48届世界乒乓球锦标赛，因而中央电视台体育频道于2005年5月2日至5月6日每晚22:20都安排了体育专题栏目《海上乒乓——第48届世界乒乓球锦标赛专题报道》，对白天直播的赛事进行评论和总结。这些有目的、有计划的编播设计满足了观众对重大事件的关注和收视需求，同时也是节目策划的重要选题来源。

对于突发性事件，要求策划人具有较高的政治素质、敏锐的新闻触觉和极佳的应变能力，同时还要求频道内部各机构相互协调、及时交换信息。例如在1999年5月8日我国驻南斯拉夫大使馆被炸当天，湖南卫视撤销了当天与凤凰卫视中文台合办的一期《快乐大本营》特别节目《两地情一家亲》，尽管这一期节目已经经过了很长时间的准备，并进行了攻势较大的宣传。湖南卫视随后加大了新闻节目的宣传力度，不仅安排了配合性的新闻、专题节目，还迅速集合全台之力在60个小时内推出了一台大型晚会式《快乐大本营》特别节目《我们不会忘记》，最终取得了极大的成功。由于在突发事件期间湖南卫视编播工作灵活有序、组织得力、节目质量稳中有升，结果使其频道实力得以体现，信誉和形象有所提升，真正实现了社会效益和经济效益的双丰收。与此相似，在2001年“9·11”事件突发时，凤凰卫视立刻停止了所有正常播出的节目，连续直播与事件有关的报道，与其他媒体的迟钝形成鲜明对比，使凤凰卫视迅速成长为观众心目中的权威媒体。

二、引导观众的收视行为

栏目编播设计要以受众的群体特征、收视习惯、心理特征为依据，但栏目编播设计并不是完全被动的，通过优秀栏目的科学编排，可以培养和引导观众形成新的收视习惯，增加新的收视点，开拓新的收视群体，进而提高整个频道的实力。如长期以来，收看中央电视台的《新闻联播》成为人们每晚的重要活动；而1983年以来春节联欢晚会的收看逐步成为受众春节期间的民俗活动之一。再如中央电视台的《新闻30分》已使很多人养成了看完《新闻30分》再睡午觉的习惯；而《新闻30分》之后的《今日说法》则充分利用了午间收视空间赢得了较好的收视率;《东方时空》栏目也使很多受众养成了早上收看电视的习惯。

目前栏目编排总体的引导规律是“大板块编播”策略，即使频道内不同类型的栏目尽可能主题集中、节目形态错落有致，最终构成编排的转折与节奏。如上海卫视的节目就大致由财经板块、新闻板块、深度报道板块、电视剧板块、自办栏目板块等组成，在编排上形成逻辑性和绵延不断的节目流，让节目之间相关联、有过渡，同时每个板块内部由不同形态的节目组成，尽力不让观众换频道。

在整体编排中，如果出于塑造频道形象和社会责任的考虑，应当把最好的时间段留给品牌节目或承载教育功能的节目。例如在一段时间内，浙江卫视每天的19:37分别有《海外》、《风雅钱塘》、《了解》、《卫视在线》、《看法》、《纪录》等栏目，充分体现出频道的文化韵味。而湖南卫视在20：08则分别是《音乐不断歌友会》、《新青年》、《真情对对碰》、《快乐大本营》、《玫瑰之约》等栏目，更具娱乐性和时尚感。凤凰卫视、湖南卫视还特意在较好时段安排《世纪大讲堂》和《千年论坛》，以体现对知识的追求。

另外，无论国内国外，电视节目的编排都有一些政策性的措施，政策性的编排是实行舆论导向的重要手段。对于一些政策性强的节目编排，有关部门甚至会有非常细致的文件予以界定，如广电总局就规定各省电视台必须转播《新闻联播》，以保证政府的精神及时得到传达；一些国家电视台一般会明文规定不得在黄金时间播出国外电视剧，我国电视管理部门也有类似要求；还有许多文件或通知是根据电视播出整体状况来制定的，如近来明文规定黄金时间不得播放涉案剧等。

三、利于竞争

与设置频道的要求一样，各频道在制定栏目（节目）编播方案时也必须考虑竞争的因素。要在充分了解自身和竞争对手——地位、实力、特色和收视率的基础上制定本频道的编排方案。

在进行频道具体设置的时候，不可避免地要面对许多竞争对手——上下左右的频道。对手有很多，要与他们争夺收视率，但不可能也不能与所有对手为敌。首先要清楚主要竞争对手是谁，所争夺的观众是否是同一群体；其次要清楚自己与对手是否是同一级别。这就如拳击比赛，轻量级的选手不可能与重量级的选手正面交锋。地方台的实力、资金、技术和覆盖率不可能与中央台平起平坐，其受众也处于不同的层面；同样，城市台也不可能与各地卫视台旗鼓相当。因此，我们要在充分分析对手的实力、频道特色、受众群体等等条件的基础上再进行频道编排，并采取相应的战术。

1．正面出击

这是强势频道的编排方针，即节目编排完全依据自身发展目标、受众需求来设计，以强大的感召力和高质量的节目建立节目编排秩序。比如中央电视台综合频道内容的编排，他们可以依据自身实力和覆盖率赢得收视高位。他们在总体的节目编排上不用避让其他对手，自己反而是其他频道回避的对象。

2．强拳出击

安排最为精良的节目投入竞争，这是各频道普遍采用的手法。特别是在频道数量多、节目繁多、观众换频道频繁的状况下，对于没有实力进行全局竞争的频道来说，可以由几个甚至一个特别突出的节目拉动收视和塑造频道形象。如崛起期间的湖南卫视就是以《还珠格格》、《快乐大本营》闻名全国；凤凰卫视则以《凤凰早班车》、《锵锵三人行》、《时事直通车》、《非常男女》等争夺收视群。

到了频道数量众多、各频道争夺入户率的时代，仅靠少数节目带动整体频道的形象和收视就不可行了。整体实力弱的频道根本就没有入户的机会，这时强拳节目应该是冲击和压制竞争对手弱势栏目和新栏目的有效办法。如2005年下半年湖南卫视全力打造《超级女声》，整个频道都紧紧围绕该节目大做文章，从而极其有效地吸引了观众的注意力，使几乎同时并行的中央电视台的同质同类节目《梦想中国》的收视效应大打折扣。

3. 反向编排

即反其道而行之的编排策略。编排与竞争对手、特别是强大对手不同内容或类型的节目，是地方台或系列频道出奇制胜的重要办法。如绝大多数电视台会在傍晚6:30左右播出本地时政新闻，而此时一些台以《娱乐现场》等娱乐新闻取胜。再如绝大多数电视台在晚间黄金时间以播出电视剧展开竞争，而江苏电视台则以《天天90分》这样的综艺节目取得成功。

4. 抢先一步

即抢在对手前面吸引受众。它讲究的是先入为主，或打时间差，在竞争时段开始之前提前播放节目。如两个相似的栏目，其中一个提早5分钟播出便很可能就占得了先机。这种状况往往出现在电视剧播出的竞争中，对信息类节目则不一定适合。只是我们要清醒地意识到这仅仅是一种手段，更重要的是节目是否能真正吸引观众，并将抢先吸引来的受众留住。

5. 搭便车

一种是好节目前后衔接相对弱的节目，借好的节目拉动较弱节目的收视力量，也有人称为“桥梁策略”、“搭帐蓬策略”。另一种是在两个好节目间放置相对弱的节目，通过两头拉抬中间节目的收视状况，也有人称为“吊床策略”。但如果节目质量悬殊太大，反而可能对好节目造成负面影响。

6. 精心导视

在竞争激烈的时代，导视也是留住观众的重要手段。一种导视方式是用专门的小片或栏目（节目预告）告知观众，如湖南卫视在韩国电视剧《大长今》的播出期间不断播出节目宣传片和即将播出的内容预告，甚至在中午安排相关的导视栏目回顾上集、预告下集，使晚上黄金时间后才播出的《大长今》获得了很好的收视效应。另一种是在节目和节目之间对后续播出的节目进行简单预告，使节目之间的衔接过渡更自然流畅。还有一种是在栏目开头告知观众即将看到的节目的精彩内容，尽可能留住观众。导视本身手法很简单，但能使观众感受到尊重和体贴周到的服务，因而应该引起策划人的重视。

以上谈到的一些所谓“策略”的运用，其实哪一项都不是“放之四海而皆准”的，而是需要针对自身情况综合考虑使用的。例如曾经存在的中央电视台西部频道是一个特色频道，从策划角度说它本身是一个为西部大开发战略服务的电视宣传系统，其宗旨在于为西部大开发营造强有力的舆论氛围，向世界宣传西部，向西部宣传世界，是有一定价值的。当时西部频道节目的编播集中于《西部新闻》、《12/12》、《新闻夜话》等新闻栏目以及《魅力12》、《旅游黄金线》、《天天快乐》等文艺栏目，节目有一定特色，而且形成了一些拳头品牌。在长假期间，西部频道的“相声小品日”、“西部电影日”等编排独特，创下了不错的收视成绩，2004年该频道的春节联欢晚会也品质优秀……频道在局部编播上有不少可圈可点之处，但就频道的整体生存发展和具体播出环境来看，西部频道则处在一个较为尴尬的境地：新闻的权威性、重要性和深度难及央视综合频道和新闻频道，贴近性、时效性又不及西部本地频道；文艺节目仅靠《魅力12》一枝独秀难以支撑频道的整体形象。当然西部频道的下马还有由频道定位带来的市场表现等问题：与其他西部省份的频道相比，难以争得较大的表现空间，而且该频道的政治任务又不是仅靠市场化运作就可以承载的，而是应该有一定的政府投入；频道采取自负盈亏的政策，自然很难以与其他有历史积淀的频道竞争。

四、台和频道一盘棋

频道节目的编排不仅要考虑频道自身的利益，还要站在维护整个台的形象的角度科学地进行。一个台的整体形象是由其下属的所有频道的节目共同支撑的，因此各个频道间应信息共享、互相配合，以保证全台整体利益的最大化，同时避免造成观众分流。不能因为频道的个体利益而对台的整体形象或利益造成不良影响。

1. 频道与频道间的协调

比如中央电视台一套综合频道，虽然其架构频道的节目内容可以有电视剧，但应该考虑与同处一台的电视剧频道所播出的剧目是否发生冲突，时间节目编排上也要适当考虑互让互补。再如在同一时段，同一台内各个频道应该安排针对不同受众群的栏目，以保证本台的节目总有观众：在晚上黄金时段，有的频道播出电视剧，有的频道播出体育节目，还有的频道播出娱乐节目……而且卫视和地面各频道的节目也应当呈现出互补状态：例如卫视频道更多参加全国范围的竞争，而针对本地区的服务类节目更适合地面各频道。在宣传方面，台和频道也应该全盘考虑，而不是各自为政。凤凰卫视就经常在一个频道宣传或预告另一个频道的节目，这不仅为本台整合了收视资源，更是在全面树立大台的形象，显示出整个媒体的实力。

下面是随机抽取的2003年上海东方电视台新闻综合频道和文艺频道的节目编播表，两个频道同时段的节目搭配均衡，既给了观众更多的选择，又抑制了本台观众的外流。

时段＼频道	东方新闻综合频道	东方文艺频道
18:00—19:00	新闻类节目	电视剧
19:00—22:00	电视剧	综艺类节目
22:00—23:00	娱乐节目	谈话类节目

2. 品牌栏目的编排要相互呼应

在这个问题上，2005 年湖南卫视围绕《超级女声》做了不少文章，不仅有比赛节目本身，还有新闻、音乐、访谈……一段时间以内整个频道的中心就是“超女”。而在《超级女声》播出的同时，逐步又推出即将播出的韩国电视剧《大长今》的宣传片，还在“超女”最后的比赛中让决赛选手共唱《大长今》的主题曲。在《超级女声》的最后大结局中，节目还借评委之口宣传“超女”们将于当年 10 月举办首次演唱会……频道内资源被充分整合，策划全面又周到。

3. 适当重播

重播是媒体资源整合的一个行之有效的方法，一方面可以满足观众的收视需求，另一方面也可以提高节目的利用率，降低制作成本。重播可分为本频道重播和本台重播两种。本频道内重播一般是前一天晚上的节目第二天白天重播，也可以在下一次播出新节目的当天早上重播。重播的时机一定要以更广泛地满足受众需求为原则。比如《晚间新闻》在第二天早上播出可以满足上夜班的观众，周末重播可以满足因工作日没有时间看电视的观众的需求。另外，优秀栏目还可以在同一电视台的不同频道重播。比如中央电视台一套 2004 年 9 月 1 日改版后，在中央电视台其他频道热播的七个精品栏目——《新闻调查》、《实话实说》、《艺术人生》、《幸运 52》、《曲苑杂坛》、《同一首歌》、《开心辞典》每天晚上 21:45 在综合频道又逐个登场，有效地利用了中央电视台现有的栏目资源，使名牌栏目的影响力得到了进一步提升。

在现实操作中，有的台的指导思想有问题，导致各频道为各自利益进行竞争：节目编排相互撞车，广告价格恶性下压，节目宣传盲目自夸甚至打击对手……这无异于自相残杀，最终必定导致全台利益受损。我们必须清醒地认识到，媒介产业化并不意味着所有的频道和节目都可以在一个起跑线上竞争，更不是都去竞争同一群受众，就像所有的商品不能都卖一个价格和不能只卖给一个人一样，而且有的频道和节目还需要扶持。

第四节　台与频道的视觉形象设计

台与频道的视觉形象设计是电视媒体整体形象策划的具体表现，也是策划环节中策划人不可忽视的环节。当今，产业化发展趋势下的电视媒体越来越具有企业的形态，于是我们可以借鉴现有的企业整体形象设计方面的做法，在此先探讨一下企业形象设计方面的概念。

一、CIS 概念的引入

CIS 是英文 Corporate Identity System 的缩写，意即“企业形象识别系统”。它将企业经营活动（Behavior）以及该企业的文化通过传播媒介传达给企业的相关者，运用视觉沟通技术（Visual），以视觉化、规范化、系统化的形式塑造良好的企业形象，为企业带来更好的经营绩效。目前 CIS 已经在企业界得到成功运用，并且也参与到逐步作为企业来运作的电视媒体的经营管理中来，使电视媒体间的竞争逐步由单一的节目质量竞争过渡到了“品牌竞争”阶段。电视形象设计或包装也正是 CIS 参与电视媒体经营的直接体现，它对电视媒体树立形象、提高知名度和美誉度、扩大市场占有率以及提升自己的社会地位等都起到了非常重要的作用。

1. CIS 的三个系统

CIS 由三个系统组成：“MIS”理念识别系统（Mind Identity System）、“BIS”行为识别系统（Behavior Identity System）、“VIS”视觉识别系统（Visual Identity System）。这三部分密不可

分，形成了一个统一的有机体。

理念识别系统（MIS）主要是指通过对企业经营理念的定位来传达企业的宗旨、企业精神和目标，它是企业具有独特个性的基础，同时，它也是另外两个识别系统得以确立的前提。行为识别系统（BIS）是指在经营理念的指导下，通过表现企业对外参与、对内组织经营、管理等活动来展示企业独特的形象的设计系统。BIS 的功能具体体现为对企业战略的策划，对经营目标的管理、管理方法以及组织机构的设置，产品的开发、促销和公关活动等等，它是企业识别系统中最本质的环节，是企业识别系统能否真正建立的关键。视觉识别系统（VIS）则是在经营理念和目标的支配下，运用视觉传达手法，以企业的识别符号来展示企业独特形象的设计系统。它包括设计制作企业的名称、标识、标准字、图形、色彩等，并将之应用于产品包装、广告、办公设备用品、公关用品、礼品、交通工具等所有可以成为媒介物的东西上。VIS 是形象的直接传达系统，因而在电视制作过程中也是电视包装工作具体落实的环节。

2. CIS 概念在电视媒体形象设计中的运用

电视媒体形象设计也是一个包含了三个子系统的系统。首先，电视媒体的理念识别系统是电视媒体的灵魂，它包括电视台或频道的经营理念、服务宗旨、精神诉求和行为准则等。电视台或频道自身的经营理念、发展目标、服务宗旨的定位是其进行一切经营活动的依据，因而电视媒体形象设计工作必须围绕经营理念和定位来展开，目的也是为了凸显台和频道的经营理念和内在精神，以给观众留下深刻印象，获得观众的信赖。例如中央电视台的经营理念为“传承文明、开拓创新”，其包装上无论是画面的设计还是色彩的运用、语言的加工，无不显示出国家大台的气魄和精神诉求。

其次，电视媒体的行为识别系统是电视媒体整体形象塑造的重点。它是电视媒体理念外化为电视台工作人员对内对外的活动规范，包括组织、管理、教育、销售等方方面面的内容。观众就是通过电视台员工和相关活动的行为来识别电视节目、频道、电视台的。这些行为是传达电视媒体理念的最重要途径。

再次，电视媒体的视觉识别系统是电视媒体形象的最直接的传达系统，它有基本要素和应用要素两个系统。基本要素包括标识、标准色和标准字等基本视觉识别符号，以及由这些要素组成的各种形象宣传片、片头、片花、定位宣传广告语、公益广告片等；应用系统要素包括办公建筑、演播室、机房等外表标志、装置，以及采访车的图案、工作服、名片、证件、信封等识别符号。

相对于电视媒体企业的运营来说，CIS 的整体策划与企业的运营过程整体密不可分，所以在前面谈到的媒体的整体设计中，我们也早已讨论了与电视媒体的理念识别系统和行为识别系统相关的策划问题，而且在后面也仍会涉及。由于整体形象设计系统庞大而复杂，在此我们将着重讨论其视觉识别系统的形象设计——即狭义的电视媒体形象设计。

二、电视媒体形象设计的原则

1. 电视媒体形象设计的核心是着眼全局、维护形象的统一性

电视媒体视觉识别系统的形象设计对象往往是一个相对完整的系统：电视台由若干个频道组成，频道是由若干个栏目组成的，栏目又是由若干个节目构成的——台、频道、栏目、节目，不同层次相互包容，共同构造电视媒体的整体形象。因此它们应该是密不可分的统一体，从大到小、从高到低，下一层次的设计都要能够体现上一个层次的理念，而每一个小设计都是大设计的依据和基础。它们相互包容并依存，因而它们在包装上必须协调、规范。

全台整体形象设计要有内涵并统一，包括台标、台的总体形象宣传片、媒体呼号等；其次，台内各频道形象在风格上要与电视台整体风格保持统一，包括各频道统一使用代表全台形象的标识，各频道符号特征的规范，所使用的组合色彩、声音文字，都要有相对统一的形象依据。

需要强调的是，各频道内的栏（节）目是台与频道的具体产品。在进行系统的形象包装设计时，一定要坚持台的形象永远大于频道形象，频道形象永远高于栏目形象的原则，这样才会对电视媒体整体形象识别系统的建立起到推动作用。如果每个节目甚至栏目小板块都自行设计诸多风格各异的标识，那么诸多零散的信息将会对台和频道的整体形象起到瓦解作用。

2．有独特的符号意义，形象鲜明而简洁

之所以对电视媒体的形象进行设计，就是为了树立独特的经营理念和个性化形象。因此无论在标识设计、形象宣传片的设计、宣传语制定还是基准色和标准字体、片头、片花的设计上，都要坚持“特色”原则。在这一点上做得较好的是凤凰卫视。以往各电视台及频道在标识设计上，一般多半采用英文字母缩写加上数字或汉字的形式，而且多用冷色或中性色调，而凤凰卫视的台标却是高度暖色调的一凤一凰变形为火焰的组合，既富有动感，同时又含有阴阳交汇、祥和安康、东西方文化、传统与现代的历史性融合的寓意，视觉冲击力强，真正做到了与众不同。

由于台或频道形象的标识经常与其他形象并存于画面之中，因此要求其具有易于与其他视觉元素普遍结合的适应性，所以要简洁、明晰，便于识别和记忆，但同时也不能过于直白而导致索然无味，要注重制造形象的吸引力和冲击力。

3．时尚

即使有了一套完整、特色鲜明的形象包装方案，也不可能一劳永逸。电视媒体生存环境在不断变化，电视技术的发展日新月异，观众需求也在不断变化，电视媒体的形象设计自然也应与之相适应，不断地发展、变化，而且不仅体现在一个品牌的树立时期，还体现在对其进行维护和巩固的阶段。因此，台与频道在更新形象包装时还应注意以下方面：

首先，更新包装不要太过频繁，否则将不利于电视台和频道稳定的整体形象的塑造。其次，进行包装改革要注意保留原有品牌的特征性元素。对于视觉元素起着重要作用的电视媒体来说，形象改变太大会极大地影响内容性质的传达。如果要推出一个全新的包装，一定要注意时机和方式，时机选择上可以借新建频道、频道改版、重要纪念活动或机构重组等重大变革之机，或借重大事件的轰动效应树立新形象。同时一定要强化形象与实质之间的联系，并不失时机、相对高频率地加以宣传和强调，以免突然更换面貌造成观众不知情，进而导致品牌忠诚度的下降。

4. 针对市场

形象塑造不是单纯的媒介信息传递，它应该具有市场竞争内涵，是为了取得更大的社会影响和更好的经济效益而主动与市场进行的一种沟通行为。项目宣传的对象是维持自身运营的支持团体：受众、节目经销商和广告客户，要针对他们而设计。另一方面，媒体的形象塑造要与同类项之间划清界限。“这一个”和“那一个”之间不可混同，而且所有活动都要选择最有效的方式，找到宣传投入和宣传效果之间的最佳结合点。对最终设定了的形象，还要不断进行宣传和推广，强化其在观众心目中的印象。

目前电视媒体的包装总体上还存在一些问题，如风格趋同、忽略自身的独特性，理念过重、负载过重，视觉设计水平低、过于写实，台标、频道标识、栏目标复合呈现，多重标识破坏了信息解读、导致受众视觉疲劳，片面追求视觉表象冲击、缺乏内涵等等。这些都要在相关创作人员专业水平进一步提高的前提下加以解决。

三、台与频道形象设计的具体内容

电视媒体的视觉形象设计包括台、频道和栏目等层面的包装。台和频道的包装包括台标或频道标识、形象宣传片、导视等。栏目包装包括节目形象宣传片、节目标识（logo）、演播室设计、片头、片尾、片花、主持人造型及语言风格设计等。在这里我们先重点针对台与频道的形象设计来谈。

1. 台标与频道标识

台标与频道标识，是视觉识别系统的核心，是电视台展示形象特色的最显著标志，往往运用在台或频道的画面上和采访车、话筒、摄像机等制作设备上，还有对外交往中使用的信函、各类证件、工作服上等。这类标识还会被广泛灵活地延伸使用，如标识的基本形态、主色调、风格、局部形态等可以延用在相关建筑、主持人形象与风格定位、形象宣传片以及个体节目的形象设计上等。

在具体设计时，台标设计以能凸显本台特色为原则，要做到易于识别又具有美感，可采用汉字、字母、数字或当地具有视觉特性的景、物等的变形，图案应尽量简洁，色彩、色度和亮度一定要掌握好。在形象上应令人易于接受，太突出会分散观众在收视过程中的注意力，太黯淡又会因看不清楚而形同虚设。色彩的搭配也应以视觉上和谐为标准，它可以使观众在运用遥控器进行搜索时一下子就判断出是哪个台、哪个频道。做得较好的台标如浙江电视台的台标，将开头字母“Z”设计为蓝色背景中飞翔的鸟，既有蓝色带来的高雅气质，也有飞鸟象征的活力。

目前，标识的设计概念又有了新的拓展，如媒体的标志性建筑物也具有很强的标志性，它可以成为形象识别系统的一部分，还可以具有其他功能。只要善于宣传和利用，媒体的建筑物就不是“死的”钢筋和混凝土，而是电视台活的品牌和资本。诸多电视台的标志性建筑就可以同时作为当地的景观供群众参观。如上海的东方明珠塔以468米的高度成为亚洲第一电视塔，它集观光、餐饮、购物、娱乐、住宿、广播电视发射为一体，不仅是上海电视台的标志，也已成为上海城市的标志性建筑和旅游热点。标志性建筑物的图案还可以在形象宣传片和相关印刷媒体、信封、证件、礼品、办公用具等物品上使用。

2. 形象宣传片

形象宣传片的任务就是要在众多电视台（即相似产品）充斥市场的情况下，把本台或频道的传播、经营理念、特色以及优势有效地传递给观众。同时形象宣传片还可以充当一种提示符号或重要的节目衔接元素，频繁地在每天的节目编播中运用，规格长短不等，可根据编排的重要性和衔接需要来安排，一般至少半小时出现一次。其形象内容设计可以有多个角度：

（1）对台与频道标识的演绎

在电视设计的早期，台与频道标识往往仅仅处于平面思维层面，随着技术的发展和观念的更新，一些新频道的标识在设计初期就同时考虑到了三维的运动，甚至同时落实到形象宣传片的形态和结构。这样的形象宣传片一般控制在30秒内。

（2）对台和频道特色与宗旨的展现

大批形象宣传片是有特别意义的内容形态的展现，从多个角度宣传台与频道的特色。例如广西电视台形象宣传片《山篇·水篇·海篇》就是分别以山、水、海来展示广西的地域、人文风情、物产特色和该台的总体性格。“山篇”中有生机盎然的梯田、回眸远眺的壮族少女、展翅的雄鹰和遥望苍穹的小男孩……具有立足本土、胸怀壮志的意蕴；“水篇”是漓江美景和出嫁的新娘，展示了广西的灵性与美丽；“海篇”是观海弄潮、追风逐浪的京族少女。由于其中极具“东方神韵”的凌波踏浪的中国功夫迎合了西方世界对东方的印象，所以该片曾摘得美国莫比广告大赛金奖。

(3) 优秀节目或优秀主持人形象的组合

节目作为台与频道的基石，是台和频道特色、理念的具体落实，其形象和台与频道的总体形象互相影响，有的优秀栏目甚至能提升台和频道的总体形象，扩大其感召力。因此一些形象片是以其拳头产品——优秀节目的形象为基础来构成的。

台和频道是主持人的生存空间，而优秀主持人的形象本来也是一种视觉符号，其个人魅力也有助于扩大台与频道的感召力。因此不少形象片以主持人的个人特质展现媒体——用他们的形象串成宣传片，这样的做法很普遍。

3. 导视片

用于导视的节目有导视栏目和导视片：导视栏目如《一周节目预告》之类的节目；导视片如频道每天对当天全部节目的导视、频道全天播出结束时对次日节目的导视、频道播出进程中对下一时段主要节目的导视以及字幕预告等。但这里所涉及的是既宣传内容又宣传形象的一些导视片。如凤凰卫视几乎在每个节目之间都有导视片，有的很精美——节目精彩部分的集锦，有的很简洁——台标配解说，还往往引出插播广告。这些导视片声画讲究，制作精美，并有规律地编排播出。对观众来说，这既体现了周到的服务，也是强化形象的好时机。

第五节 媒体营销的策划

电视媒体营销落到实处就是电视节目和广告时段、媒体衍生品的营销。

一、电视市场观念的建立

无论是节目还是广告，其营销首先要建立在正确的市场概念上。前面已经分析了电视节目和受众的关系，阐述了节目应该对应于不同层次受众的需求；而广告产品和广告受众本身就呈现出“细分化”趋势。需要强调的是，媒体营销不仅可以迎合受众，也能引导受众，并根据不同的目标确定市场范围层次，从而生产相应的产品。

在这个过程中，策划人必须关注四个方面：电视节目（商品）、价格、促销活动以及营销渠道。所谓电视节目的商品意义，应该从两个角度来理解：对于受众而言，它是消费品；对于广告商而言，它是吸引受众的产品。电视台向观众“卖”节目，向广告商“卖”观众。因此策划人必须考察和把握不同消费群体的需求，策划出相应品质的节目，并把握其价格。

策划人要把握的价格包括买卖节目的价格（成本投入 + 利润），也包括广告时段的价格。这样才能在策划环节中正确地进行预算，在市场中准确地评估整体营销策略。

策划人经常直接参与策划具体的销售活动，他们不仅要在节目中设计与商业有关的环节，为节目拉来投资，还要涉及如何提高收视率，向广告商提供服务以及向受众推销节目产品。这些活动的方式和角度是多样的，除了在自己拥有的媒体（电视播出平台、相关文字媒体、互联网平台）上直接进行宣传，还可以举办多种促销活动，如可以举办针对广告商的媒体广告招标会、媒体形象推广会、客户联谊会等，在各地召开针对观众的见面会、节目调研会、观众联谊会，在行业内召开节目交流会、问题研讨会，建立媒体联盟或举办联谊活动等。一些电视台还利用“三产”机构或设施举办各种有益于客户和观众的活动。

在电视发展的初级阶段，由于电视处于国家舆论工具的地位，而且产量较小，因而其营销对象比较单纯——基本上自产自销，即使有交流，也是以计划调控为主。随着产业化进程的不断深入，目前电视市场在逐步拓展，产品不仅要面对受众，还要面对广告商和其他媒体。电视营销逐步发展为庞杂的系统工程，整体市场也正在逐步建立。目前节目营销的主渠道是行业内的发行网络——台与台之间的往来，同时辅以专业的发行公司和节目制作公司与电视播出单位（电视台）进行交易。广告时段的营销渠道主要是代理制，其合作伙伴主要是广告商。

二、广告时段的营销

这里所说的广告时段的营销，是指电视媒体向广告商出售广告时段。

目前广告收入是我国电视媒体收入的主要来源。因此，如何拓展广告业务，以便更好地吸引和稳定广告客户就成了每个电视机构所面临的重要问题。由于目前电视频道和节目众多，广告商投放广告的选择空间更大，导致电视媒体广告经营竞争非常激烈。策划人必须懂得，广告主选择媒体看重的不仅是观众的数量和质量，更看重节目是否能对应所投放广告的消费群——受众是否具有购买力。当然，一般来说，好时段应该对应好广告——无论是广告的档次、产品的占有率和品牌地位，都应该在时段的优劣上有所体现。

1. 转变营销理念，提高服务意识

过去，电视媒体广告时段属于稀缺资源，但现在各媒体的市场竞争已发展为对广告客户的竞争，广告商成了电视媒体的消费“上帝”。将广告时段视为自身重要的市场资源已成为媒体的共识，越来越多的媒体通过拍卖竞价的方式提高广告时段的价格，而中央电视台是这一做法的最大受益者。例如在 2004 年，为准备 11 月的招标会，中央电视台从 9 月中旬开始在全国各地举办了 11 场推介会，到会的企业家可以听到策划人员的精辟分析和成功企业的现身说法。11月18日，在短短十几个小时之内，中央电视台从黄金时段的招标会上就获得了52.48亿元的广告收入。目前，各地方媒体对于广告营销也十分重视，服务意识极大增强，一些台和频道的推介会甚至主动到外地举办。如湖南卫视的推介会办到了香港，广西卫视的推介会办到了哈尔滨……

电视产业与其他产业一样，优质的服务总是能够为企业自身带来良好的信誉、更高的声望和忠实的客户。因此，电视媒体要想扩大广告营销额，就必须向广告客户提供系统、优质、规范的服务。如在广告客户投放广告之前，应对客户的咨询给予详细解答，通过各种渠道向客户提供其需要的详尽资料，诸如本台或频道的受众群体情况、收视率等，为客户提供广告投放方案。一些电视台的服务已经做得较为周到，如在安徽电视台的网站，有关广告的内容编排得十分详细有序，有广告需求的企业可以便捷地了解到各种信息。在广告主开始投放广告以后，媒体同样要做好服务工作，不能只顾收取广告费，如果由于某些特殊原因而无法及时播出或无法播出客户的广告片，要及时与广告客户沟通，协商解决。

2. 认清目标广告客户

尽管我们一再强调消费者和受众群逐步细化的事实，但许多频道的决策者仍然期望将对应于所有层面的广告收入囊中。地处不同的级别、面对不同的受众群、拥有不同的广告客户资源，是媒体进一步发展和细分化的必然结果，在此就不再赘言。

3. 多种广告形式

电视媒体中常见的广告形式有以下几种：普通广告、冠名广告、大型直播活动的赞助播出、套装广告[①]等。此外，还有很多其

① 这类广告主要是为了满足广告客户主要投放和辅助投放相结合的要求，或者在同一频道的黄金时段和非黄金时段配套播出；或者是在同一台的不同频道组合播出，其广告形式、价位更加合理，到达率也较高。

他广告形式：比如将企业或品牌巧妙地融入到节目环节之中，以道具、奖品、话题等形式发布；主持人服装、造型、主持场地的提供；利用专题报道的形式对企业进行宣传等等。总之，媒体可以通过不断探索，开发新的广告形式，为电视媒体创造新的经济增长点。

4. 尝试媒体联合营销

这与国内电视媒体的竞争形势有关，中央电视台的强势地位迫使各地方台不得不考虑联合造势、整体营销，已经有多家电视媒体合作形成营销网，以期制造强大的宣传效益。2003 年 10 月，28 家省级卫视台整合出黄金时段的广告时间进行整体销售，取得了不俗的销售业绩；2003 年 12 月，20 多家省会电视台在沈阳联合召开广告招商会，以联展的方式向广告客户推介黄金时间的节目；2004 年 3 月，安徽影视频道、山东齐鲁频道、浙江教育科技频道和湖南经济电视台又在黄山召开“媒介金牛市场发布会”，走的也是联合出击的路线……除对广告资源进行整合外，他们还将在节目资源上尝试合作。目前在一些具体项目中，还有跨媒体的合作，如电视台与电台、报纸、杂志、网络等多种媒体进行联合。这些举措都说明电视媒体市场的观念在不断更新，新的整合传播平台在不断建立。无论是电视媒体还是广告商家都在开拓经营的新思路。

三、衍生品的营销

作为一个真正融入市场的电视媒体，其生产和销售绝不仅仅限于节目和广告这两个领域，而是以这两个领域为主体，科学、有效地利用电视媒体的无形资产，积极而又理智地开发其他相关产品市场。因此电视媒体可以经营和销售与媒体有关的图书杂志、音像制品、游戏软件、服装、食品、玩具以及其他与媒体资源相关的产品。

电视衍生品的营销将是电视机构进行集团化、多元化、产业化经营的必然，也是电视产业低成本扩张的明智选择。本书在前面章节已有论述，在此不再赘述。

本章小结

本章内容包括电视台和频道的定位、频道设置、栏目编播设计、台和频道的形象设计以及媒体营销等。本章首先对中国电视以及电视台的状况进行了分析，接着讨论了电视台下属频道的设置和频道内部节目的设置。在频道内节目编排部分，讨论了日、周、长假及重大事件期间的节目编排方法，并对媒体如何引导观众的收视行为、如何在竞争中处于主动地位进行了分析。在第四节“台与频道的视觉形象设计”部分引入了企业形象识别系统的概念，对电视媒体形象设计的原则和具体内容进行了论述。本章的最后部分阐述了媒体营销的市场观念、广告时段的营销、衍生品的营销等问题。

思考题

1. 电视媒体如何进行准确的定位？
2. 电视台设置频道时要考虑哪些因素？
3. 你如何看待频道专业化？
4. 利用节目编播与对手竞争的方法有哪些？
5. 分析某一个频道包装宣传的成功或失败之处。

附1：中央电视台行政机构图

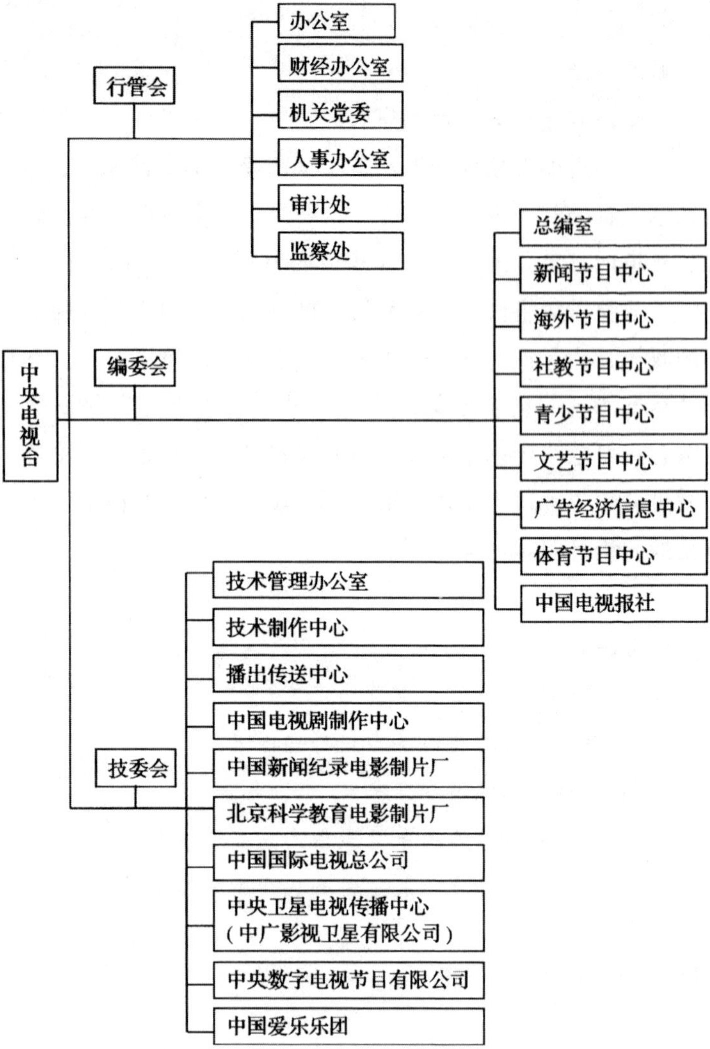

附 2：上海文广新闻传媒集团产业架构图

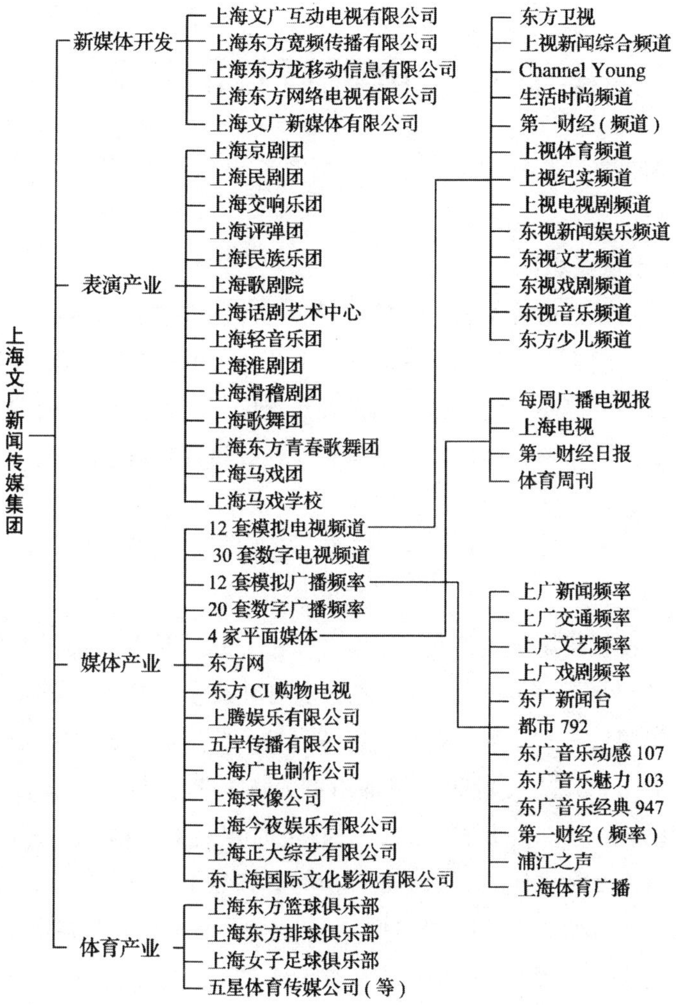

第五章　电视栏目的策划

【本章提要】

栏目化是电视发展的必然阶段，这不仅是播出形式的变化，更是节目理念、运作机制等的深刻变革。无论是电视台还是频道的建设，都离不开优秀的品牌栏目作支撑。本章将论述电视栏目化与制片人、栏目设计、栏目包装、栏目经营管理等问题。

第一节　栏目化及制片人制

电视栏目源于报纸的“栏”。“栏”是一种版面编排形式，电视“栏目”将其意引申为通过分割时段来形成不同的节目。栏目有两层意义：第一层是电视节目被分门别类、定时定点地制作和播出，其从策划到制作都由制片人负责，与“制片人制”紧密结合；第二层是指节目，所有定时定点播出的节目都叫栏目。后来受杂志样式的影响，即所有时长短小、内容相关的节目均被划入“板块”，进入栏目，打包成为一个整体进行播出。

电视“栏目化”，就是对大多数日常性节目进行格式化——以栏目的样式播出。其实早在中央电视台建台之初，就有栏目的雏形——专栏，可将此理解为为某一主题制作的专门的节目。专栏已是一种能把多个内容集合在一起的相对固定的系列节目形式，基本上定时定期播出，经常需要有播音员串连（后来叫“主持人”）。20 世纪 80 年代初，一批真正意义上的栏目登台亮相。当时中央电视台的播出安排更多地考虑以“天”为循环单位。不过与现在相比，当时的节目安排显得比较零碎，有10分钟、15分钟、25分钟、30分钟、50分钟、120分钟等规格。一般栏目多为15分钟……这样的做法也许很不成熟，但这是电视节目产量和频道增加，观众有了对节目进行挑选收看的可能之后的必然结果，它使从业者日益意识到节目编排与播出的重要性。90年代初，“栏目化”已成为日常节目运作、播出的必然模式和形态，也是一个电视台节目制作、管理与播出走上正规化、成熟化的标志，它使电视创作整体有了深刻的转变。

一、栏目化的意义

1. 有利于观众收看

可以说，早期的电视媒体拥有者是“精英”阶层，而现在看电视已成为普通人日常生活的一部分，栏目体现出电视人“服务”意识的逐渐觉醒，促使节目创作有了“时段”意识。于是，服务特定的受众群成为栏目创立的重要依据，而且节目开始主动追求高收视率，以品牌吸引受众——栏目争取最好的播出时段和尽可能多的观众收看，栏目播出周期与观众的生活周期、收视习惯相呼应。另一方面，在电视发展的初级阶段，由于制作能力、技术条件有限，电视节目的编排无法规整。而随着电视产品的日益丰富，节目产量剧增，竞争日益激烈，电视生产呈现出规模化、大工业化的特点。栏目化使节目的长度、时段、主持人逐渐固定下来，具体的节目以栏目板块的形式衔接，形象鲜明，方便生产，同时也有利于内容实现有序传播，为培养忠实观众、树立栏目品牌提供了保证。

2. 有利于管理

栏目的定时定点播出也给电视媒体的管理带来了方便。不固定栏目时，节目负责人之间、部门负责人之间常常因为节目时长和播出时段而争吵，栏目化实行后，这个问题不复存在。而且，由于栏目时长基本一致，遇到特殊情况时调整、替换也十分方便。同时，由于栏目的工作人员是相对固定的，栏目的成功与集体的智慧、团队的通力协作有直接关系。目前诸多电视台对栏目的时段安排采取了宏观调控和市场竞争结合的方式，因而栏目化还带动了节目与节目之间的竞争，有利于节目整体质量的提高。

3. 催生了新的运作机制

1993年中央电视台的《东方时空》一炮打响，栏目制片人制从此浮出水面，这在一定程度上标志着中国电视运行机制由单纯的事业型向市场化的转变。而在此以前，基本上实行的是"导演负责制"，具体节目创作也以导演为中心。制片人制，就是以制片人为中心的电视节目制作和经营的管理方式与体系，这是社会主义市场经济发展到一定阶段后对电视业的客观要求。同时，"栏目组"的建制也基本替代了过去的各类节目组，成为电视台内最基本的组成单位。于是有时"栏目化"也成了"制片人"制的代名词。栏目化就像催化剂一样，不断促使"制片人制"对传统的节目宣传、经营、管理机制带来冲击。

电视行业对于栏目制片人制的实行，是与"特区制"、"中心制"、"双轨制"、"频道制"等一系列相关的管理模式联系起来运用的。所谓"特区制"，即利用政策上的倾斜，以点带面，以一些栏目为试验田对管理模式进行摸索；"中心制"即结束体制上的分而治之，采取人事合一、人机合一、事权合一的"一体化"管理模式；"双轨制"即让新旧体制在一定阶段内并存，通过两者在实践中的较量来证明哪种管理更加科学有效，从而实现新老交替；"频道制"即尽可能减少中间环节，在不同频道中采取相对一致的政策，建立真正具有竞争意义的制片人责任制……不论是哪种模式，都不同于以往的规模较小的台采用的部门下属的科、组长管理制。反过来，体制的变化会给整个电视创作带来变化，先进的管理模式可以会给拦目发展带来新的动力。

4. 使主持人的作用凸显

栏目化之前，由于节目的定位不够明确，主持人无法固定自己的形象，在节目中的位置也可有可无。这不但不利于观众识别，也不利于栏目的品牌塑造。栏目化使节目被分门别类地制作和播出，主持人的作用便凸显出来。例如，1983 年中央电视台《为您服务》调整内容，扩大服务范围，固定播出时间，设立了专职节目主持人——沈力。这次调整对促进我国电视节目主持人的发展产生了积极而深远的影响——节目形象与主持人形象结合起来，主持人的特色更加鲜明。接下来的《话说长江》、《话说运河》等栏目，主持人的设立则成为主持人在电视专题片中的新尝试，主持人的个人观点与节目观点有机结合，与观众的交流更具体……同时，由于不同类型的节目对主持人素质要求各不相同，栏目化还有利于对节目和主持人进行专业方向的分类，更明确节目的宗旨、对象、特点，便于主持人在了解、熟悉该节目的基础上更好地驾驭节目。

二、栏目化带来的问题

“栏目化”是节目发展的必然，但勿庸讳言，其也在某种程度上限定了节目内容、风格和样式的发展——传统栏目更多诞生于服务类节目。尤其对于擅长抒情的文艺节目而言，栏目反而成了巨大的约束，这也必然限制了编导的创作，而且，并不是所有的内容形式都有合适的的栏目可进。

就某个栏目来说，编导必须在一定的时间长度和内容形式框架内制作节目，因而难免要因这个框架对节目内容形式强行进行调整——内容、形式、风格、表现手法要符合栏目的总体要求。而不管是纪录片还是文艺片，栏目化是它们与电视结缘后的主要存在方式，它们与电视磨合后的结果是，不可避免地要遵循电视的制播规律、顺应电视的传播要求。栏目化后，由于时间和框架的限定，制作者难免要为此对节目进行强制性调整：内容必须符合栏目范围；形式必须符合栏目的具体要求以进入相应板块；表现风格向栏目贴近。这就必然会在一定程度上削弱节目的艺术个性，使艺术创作自由发挥的空间受到限制。

随着我国电视产业化进程的加快，电视节目的商品属性日益凸显出来。栏目化意味着节目的定期连续播出，节目创作越来越多地表现出工业化生产的状态。栏目化的流水线生产模式虽然能够提高节目制作的效率，但由于播出压力使创作周期不可能很长，创作者常常无暇思考，作品也就容易流于平庸和匠气。周期长不一定能出精品，但充足的时间是艺术创作的必要保证。然而艺术水准和创作周期之间很容易出现矛盾。另一方面，如果栏目之间和栏目内各板块之间水平参差不齐，同样也不利于栏目的长期发展。栏目如何在现有条件下尽量发挥出节目的个性，是电视工作者应该经常思考的问题。

同时，由于制片人是栏目的决策人，所以其能力也决定了栏目的生存和发展状况。

三、栏目制片人

我国的电视制片人不同于西方的“独立制片人”。目前各大电视台栏目的管理模式普遍采取的是制片人和监制两级管理的模式。而在这两级管理模式当中，制片人的角色十分关键。从管理的角度来说，电视制作过程需要制片人的组织协调；从节目制作的角度来说，只有强化制片人制，才能保证产品保质保量按时完成。随着改革开放的深入，我国的广播电视市场与国际逐步接轨，运作规则也逐步与国际统一。实际上，制片人制还给栏目带来了一种全方位的策划，这种策划将为栏目运行提供更为有力的保障。

1. 制片人的素质

作为一个栏目的总策划人，制片人的职责体现在组织、人才、财务三方面。而且随着电视节目生产日益市场化，电视制片人除了负责节目的生产和供应，还要促成节目的交易。因此，制片人必须具有较高的素质：

◇ 制片人要有长远的、发展的眼光，能够准确把握电视市场行情，掌控栏目发展方向；

◇ 制片人应该是电视节目制作过程中的“通才”，精通节目创作规律，掌握电视节目制作各环节的基本知识；

◇ 制片人应该懂得如何组织、调动全体成员的积极性和创造性，具有高超的识才能力和用才艺术；

◇ 制片人必须具有突出的执行政策的能力和丰富的相关法规知识；

◇ 制片人必须懂得市场经济的基本理论，能够准确把握经济活动规律，能够科学地把电视节目的经济效益和社会效益结合起来，是电视营销方面的专家；

◇ 制片人要有全局的眼光，懂得服从台与频道的整体利益。

目前不少栏目制片人都要经过激烈竞争才能上岗。这样的机制使栏目中融入了他们对栏目的构想和情感；同时制片人能够有相对灵活的人事权与财权，这样才能调动主创人员的积极性，也给栏目的发展提供较为自由的空间。

2. 合理运用制片人制

“制片人制”在全国得到广泛推行，使制片人成为栏目的总指挥，能决定节目的形态与制作方式，并享有一定的人事管理权和财务管理权。以制片人为首的制作团队建构起了电视媒体最基本的组织构架。不过，由于我国绝大部分栏目由电视台自己创作并播出，因此国内制片人不像国外的“独立制片人”那样需要把更多的精力放在栏目的推广与发行上，他们的职能是有限的。这也导致了目前我国的电视制片人普遍缺乏经营意识和全局意识，而这恰恰对占领电视节目市场、提高市场占有率尤为重要。相比之下，国内少数私营制作机构的制片人的职能就要全面得多。

但仅仅有限的权力，已经足以从根本上对栏目产生影响了。如果对这些权力缺乏相应的监督，便很可能出现漏洞，滋生腐败，给栏目造成无可挽回的损失。因此，现阶段电视台加强对制片人的培养、监督和管理是非常必要的。

制片人制在我国仍然处于起步阶段，仍有许多不完善的地方，这牵扯到电视媒体总体的运行机制和环境，非一朝一夕所能改变。但无论如何，制片人制已经是电视媒体必然采取的管理体制，我们仍然要强化制片人的分量，即一方面明确制片人的作用，推动电视节目总体走向市场，一方面提高制片人的策划素质，建立和完善制片人的上岗、监管制度。

第二节　电视栏目的设计

一般常提到的“栏目”有“日播”、“周播”两种，而特别节目可以有“月播”、“节播”甚至“年播”的安排。从这个意义上讲，如中央电视台每逢长假的《欢乐英雄》、每年的《3·15特别节目》、《春节联欢晚会》等都可算是栏目。不过一般说到“栏目”概念时，往往是“日播”与“周播”的编排形态，这也是本节主要探讨的形式。

一、栏目的特色

在电视传媒领域，频道与节目已发展到数量相对丰富的阶段，不仅要进行专业细分，而且还要争夺受众。如何获得受众的青睐？如今无论台或频道，只有“独特”的，才是最引人注目的。而台和频道特色的形成，更多地依赖于具体栏目的特色，因此在电视栏目设计中，塑造“特色”便成了创作的首要问题。

所谓栏目特色，就是栏目各构成要素区别于其他栏目的表达方式。栏目的定位关系到栏目在电视市场及观众心中的位置，从而为创造品牌奠定基础。栏目特色的设计可以从以下几个角度入手：

1. 符合频道特色

频道的特色往往是设定了专业范围或方向，而栏目是其专业范围或方向的具体表现者。处在频道中的所有节目应该建立在完善频道特色功能的基础上，相对全面——在专业主题下的节目能够体现相关观念和反映角度，对应各层面观众，每个节目各司其职。

在综合性频道中，栏目的专业特色更为重要，其内容形式更多对应播出对象所处的地域，受众层面是频道所对应的层面，相对较为广泛。栏目需从各个角度构建“综合”的势态，新闻、娱乐、服务、教育等等是各个不同栏目的内容核心。新闻类栏目要真实和严肃地反映社会事实，娱乐类栏目要承载审美和消遣功能，服务类栏目要承载资讯和实用功能，科教类栏目要承载知识……不同节目有不同的职能。例如中央电视台在综合频道的栏目，面对的是全国观众：除了整点新闻和电视剧外，《新闻联播》、《焦点访谈》、《东方时空》《新闻调查》、《艺术人生》、《幸运52》、《曲苑杂坛》、《同一首歌》、《开心辞典》、《大家》等等，都是该台的优秀节目，力显大台风范。

随着电视传播的越加广泛，综合频道发展到一定阶段后也会逐渐呈现出一定特色。这样的特色主要建立在特定的受众层面上，于是我们看到了湖南卫视、凤凰卫视在诸多媒体中脱颖而出。湖南卫视除了新闻和电视剧之外，主打节目有《快乐大本营》、《金鹰之星》、《音乐不断》、《娱乐无极限》、《背后的故事》、《谁是英雄》、《真情》、《新玫瑰之约》、《乡村发现》等，体现出娱乐时尚的特色。凤凰卫视的节目则显示出对应年轻观众的特色，在新闻和电视剧之外，还设有《时事直通车》、《凤凰早班车》、《相聚凤凰台》、《锵锵三人行》、《时事开讲》、《完全时尚手册》、《有报天天读》等，以新鲜的题材、清新的风格，使凤凰卫视走在了传媒时尚前沿。

面对激烈的竞争，许多省级卫视频道干脆打出了专业特色招牌，如海南卫视成为了旅游卫视，广西卫视成为了民族女性频道。广西卫视重点打造了几个彰显其民族、女性特色的栏目：《寻找金花》寻找全国乃至全世界的美丽少女，展示一方水土养一方美人以及她们的人生故事；《大开眼界》展现全国乃至全世界民族聚居地的自然美景、奇风异俗和民族文化；《风起南方》打造中国与东盟经贸与文化的桥梁，同时展现东南亚各国风情；《唱山歌》基于广西民歌的品牌效应，努力展现各地民歌，并特别鼓励民歌与流行音乐的结合……在专业频道中，在相同方向或主题范围下，栏目的内容特色更多地对应不同观众层面而设。

2. 根据市场环境设计特色

从全国的范围来看，成为品牌的栏目都是因为其特色。换句话说，特色就是别人没有的，别人没有的就是创新。有的栏目内容形态也许并不属于最好的电视节目，也不是决策者或创作者的最爱，但它在某一方面是“唯一”的。如凤凰卫视的《有报天天读》，似乎更像个广播题材，但因其形式独特，于是很快被观众记住；2003 年 12 月 14 日在上海揭晓的“2003 年度新锐榜”颁奖典礼上，凤凰卫视《有报天天读》获得了年度电视节目奖。而广西卫视的《寻找金花》，在诸多迎合“大众消费”的节目一浪高过一浪，许多媒体都沉湎于火爆的娱乐节目和制造“大众快餐”时，其清淡、高雅的民族文化特色在全国大环境下释放出独特的魅力，节目开播不到一年就在第十届全国少数民族题材电视“骏马奖”的评奖中获二等奖。再如纪录片的收视率一直不好，但近年来随着数字电视在上海的逐步普及，国家地理频道的精选节目在上海慢慢浮出水面，科教类节目《神奇的地球》、《生灵的呼唤》等节目吸引了众多观众的眼球——当普通受众被充分开发时，高学历收视人群就会成为新的收视增长点。

面对诸多同质同类的节目，观众当然要看声誉好、质量高、影响力大的。如《快乐大本营》出现后，全国电视台纷纷效仿，但不出几年，又纷纷消失，最终仅存少数几个相对高品质的。如果同质同类节目太多，独特性就会丧失。而凤凰卫视《凤凰早班车》的“说新闻”，在起初一定是创举，但在全国上下风行“说新闻”后，也就不那么吸引人了。

随着电视频道和电视节目的不断增多，我们必须认清受众资源日益稀缺的现实。随着竞争的日益激烈，栏目特色的设计不仅要符合本频道的宗旨，还应站在考察电视节目整体收视市场的高度来考虑。由于在同一时间能看到的节目越来越多，受众的遥控器可以不停地选择，对他们来说，节目属于哪个频道并不重要，重要的是节目是否真正令自己满意。所以我们看到在中央电视台二套这个主要方向为经济的频道中，《幸运52》、《开心辞典》异军突起，给该频道带来了浓重的娱乐气息。而本来这类节目更应该出现在以综艺为主打方向的中央电视台三套。当中央电视台二套又出现《非常6+1》、《今晚》、《鉴宝》等极富娱乐色彩的节目后，尽管中央电视台三套也开办了《星光大道》等一系列娱乐节目，但终究难以抵挡中央电视台二套的强大冲击力。中央电视台二套的节目最终组成了娱乐节目“组团”，使观众的视线难以离开。

3. 界定目标受众群

以往我们的栏目力求囊括所有受众，而今天栏目的收视对象被界定为目标受众群。实际上，当栏目满足了某一特定受众群的需要时，同时也就呈现出了特色。例如中央电视台的栏目，自然与其台与频道的覆盖率有关，是最有力的宣传工具，相对于其他台来说投入多，经济效益好，节目也因此显出大台气派，所以绝大多数节目就要立足于全国。例如《焦点访谈》，要反映“领导重视、群众关心、普遍存在”的问题，基层群众通过这个窗口了解党和国家的方针政策，中央领导和各级政府通过这个窗口了解基层的社情民意。因此它必须把坚持团结、正面宣传作为栏目主旋律，对社会阴暗面的揭露只能占少数。该节目建立起的绝对权威，是地方台所难以企及的。

作为有极强产业属性的电视媒体，必须认识到目标受众由宽泛到分众化是大势所趋。在受众需求与媒体竞争的双重压力下，电视媒体要在“坚持正确的舆论导向”的前提下，从“媒体中心”向“受众中心”转化。实现这一目标的最重要手段就是窄化受众——落实到频道分众化、栏目分众化，以期锁定不同的收视人群。

栏目分众化意味着所设置的节目不再面面俱到，不再讨好所有的观众，而把为特定观众服务作为栏目的目标，并针对这部分人群设置出一套行之有效的传播方案，从而占据特定的受众市场。市场指向明确的栏目有利于深入挖掘特定领域的题材，有利于培养观众的忠诚度，其结果可能事半功倍。例如湖南卫视的《快乐大本营》曾经风光无限，但实际上其目标受众是相对集中的群体——收视群主要集中在年轻人，然后是“蓝领”阶层，他们的文化程度为初级或中级。就是这样一个群体，已经足以支撑起《快乐大本营》长期傲视群雄的收视率了，因为这个阶层最热爱电视，也最依赖电视。每一个观众在社会中都不是孤立的，他们有亲人、朋友、同事，节目的良好形象也以可通过观众之间的交流进行传播。再如中央电视台的《夕阳红》，目标受众是老人，但他们的孩子会因为老人从节目中得到了安慰和陪伴，而对节目产生好感，从而可能关心节目。

由于节目针对了某个收视群体，因而服务性便成为栏目的必然属性——所有栏目服务于受众的精神和物质需求，特别适合包容专业的服务类题材。事实上，在所有栏目中，服务节目与栏目的杂志式形态的结合是最到位的。如凤凰卫视的《完全时尚手册》，主要向观众提供全亚洲最新、最快、最时尚的流行资讯，它每天一个方向，分“天桥云裳”、“我的家”、“科技宽频”、“经典生活”、“车元素”等板块，每个内容在栏目中都表现得非常自然。中央电视台的《为您服务》也是如此。

4. 与主持人特色的融合

所有的栏目都有主持人，但对主持人运用的方式不同，会导致栏目的面貌不同。有的节目主持人仅仅是一个符号，对节目起到简单串联的作用，若换另外一个人主持，节目的品质也不会有多大改变；有一些节目主持人深度参与，个人特质极大地影响节目的整体风格，如果换了另一个人，节目的收视率都会受影响；还有一些节目是被主持人的感召力带动的，观众是为了看主持人而看节目。内地目前对节目有极大影响力的主持人有李咏、崔永元、朱军等，他们的形象、表达方式、思维方式都成为节目特色的重要部分，观众中有相当一部分是他们个人的追捧者。

当然，节目出现这几种情况与目前的主持人机制有关。一般来说，电视台会限制主持人的作用，不让主持人完全自由地发挥，有的制片人会故意不让节目受主持人的影响，以免主持人的个人魅力超过节目本身。但凤凰台却恰恰大力挖掘主持人的潜力，同时充分利用主持人的个人感召力。如现在读报类的电视栏目越来越多，但谁都难以超越《有报天天读》。这档低成本的午间节目之所以能够脱颖而出，除了信息量大以外，很大程度上归功于它有着鲜明的个人印记——杨锦麟犀利的语言风格、幽默风趣的谈吐、看新闻独特的视角以及他对待新闻特有的真诚和敏锐打动了观众，他将一张张普通的报纸读得光芒四射，从而使节目被称为电视版的《参考消息》。在凤凰卫视的其他栏目中，品牌主持人一般都把握着三个左右的节目，这不仅仅是节约节目成本，更是栏目和主持人的深度互动——节目造星，星又带动节目，一举多得。

二、栏目的编排

栏目的编排，就是为内容找到最适合的形式。而内容与形式密不可分，内容为实，形式为皮。

1. 内容要有“实”

栏目创作不应该是为了填时间，而应该做实事，见效益。在生活节奏加快、空闲时间不多的现代社会，百姓越来越要求电视节目具有服务性——服务于精神与物质需求，在相对短暂的时间内解决一定的问题。这也是节目的接近性所要求的。栏目内容可以或重大——有关生计、前途，或有趣——有情有爱、有奇观等，或解决实际问题。例如我们看到，同为综艺节目，以经济为中心的中央电视台二套的节目声势却盖过了以综艺为核心的中央电视台三套，原因就是中央电视台二套的节目大都与实际生活需求挂钩，如《绝对挑战》解决就业问题，《鉴宝》抓住了受众想寻出身边宝物的心理，《超市大赢家》与百姓身边无处不在的超市紧密结合……而中央电视台三套的节目经常为艺术而艺术，离观众相对较远。

目前，一般的日播栏目时长30分钟，综艺类栏目时长60—90分钟，更长的为电视剧或特别节目。由于时间有限，所以一般栏目要想解决问题，只好让内容相对单纯，这也是突出特色的需要。从电视总体发展来看，我国的电视节目经历了从单一到综合再到单纯的历程，这是电视从卖方市场转向买方市场、从

"节目中心"转向"受众中心"的必然。节目内容越单纯，针对性越强，观众的忠诚度就越高。

目前还有许多节目让人感到"似曾相识"，究其原因，就是内容贪大求全，大杂烩的结果可能是谁都不满意。如当初《东方时空·金曲榜》与《东方时空》中的其他新闻性节目毫不相干，所以在观众心目中的地位是独立的，最终抽离出《东方时空》也是必然。再如有一阵盛行反映普通人生活的纪实性节目，各电视台基本上都开办了类似节目，甚至在一个电视台内部的多个栏目中存在，如中央电视台就有《东方时空·生活空间》、《生活·百姓》、《金土地》人物版等等。这些节目，从内容到形式都没有太大区别。这种栏目内容的重复设置，即使栏目数量再多，也令人感到节目单调。

在时间相对较长的栏目中，内容可能相对丰富些，但也要有主有次，在主题集中的前提下，突出重点——栏目最擅长的、观众最喜欢的板块。太杂的内容会彼此削弱，而且由于时间长，观众的记忆有限，最终也只记得住部分内容。如春节联欢晚会，节目多达40个，其中好节目不少，但最终观众记住的往往只有几个；再如曾经的《综艺大观》，节目中观众最喜欢的是"请你参加"、"开心一刻"；而当年的《为您服务》一度归到《九州方圆》，后来又归入《与你同行》，但观众记住的仍然是《为您服务》。

要使栏目能够长时间地吸引观众的注意力，需要利用逻辑的层次递进和节奏变化来避免观众的欣赏疲劳。节目不能总是紧张火爆或平铺直叙，要有张有弛、有快有慢、有高潮有缓坡。除了根据节目的内容逻辑解决节奏问题之外，还可以通过适当的形象或语言调整来设置悬念，如主持人适当卖卖关子，将悬念延长；节目内外景交错、单个形象与多个形象交错、动与静交错……不过，要注意不能处处"抖包袱"，否则会让人觉得是在故弄玄虚。

2．形式与内容相吻合

栏目的形式有时也被称为形态，可以分为结构形式、表达形式、播出形式等。

（1）栏目的结构形式

栏目的形态是与内容密切相关的，也是栏目设计的重要组成部分，大致可分为通栏型和杂志型。

通栏型是指一期栏目讲述一个内容，即使中间有主持人串联，其上下文也有逻辑关系，如《焦点访谈》。这类栏目主题突出，针对性强，长于故事性、客观性的叙述，可以将某个问题分析得十分透彻。如《魅力12》栏目的某一期，可以从各个角度去表现阿诗玛——阿诗玛的故乡、阿诗玛的电影、电影中阿诗玛的扮演者、表现阿诗玛的歌曲、歌曲的挖掘者，再加上外景、现场歌舞、现场访谈等丰富的表现手段，使观众对阿诗玛有了全面立体的认识。

杂志型又称板块型，是指一期栏目由若干个板块构成，板块之间各自独立成篇，可以没有逻辑关系，如《东方时空》、《生活》。这类栏目将不同内容或形式的节目编排在一起，其最鲜明的特色是综合性。它可以有多个主题，各成一板块，为观众提供多方位的服务。

在某种意义上说，杂志型栏目比通栏型栏目显得更为丰富，但同时也要避免杂而浅、杂而乱的弊端。不仅每个子栏目的内容要服从栏目的宗旨，包括节目大片头和子栏目片头等形象也要协调一致。

以上我们说的是每一期相对完善的栏目结构，还有一种栏目是由多期栏目组合而成的，一周的节目共同构成一个大栏目，每天的一期犹如一个板块，如凤凰卫视的《完全时尚手册》、江苏卫视的《天天90分》等，它们实际上可看作通栏型与杂志型结合的产物。这类栏目统领一系列的不同内容，这些内容必须有近似的内核，如主持人、目标观众、风格特征、包装形式、制作特点等。与一般单个的栏目相比，这类栏目更容易形成集体力量，特别有助于形成品牌效应和树立频道整体形象，同时还可以把节目做得更加深入；而且由于每天的节目是独立成篇，因此其表现手段无需迁就其他板块，主题性更加明确，个性色彩更加浓厚。

(2) 栏目的表达形式

栏目的表达形式是从制作角度来看的。栏目采取什么样的表达形式，一定是从适于内容表现出发，同时还要考虑节约成本。栏目的表达形式关系到栏目的总体面貌，是栏目表现力的重要方面。有时我们说“形式就是内容”，更多地就是指的这一层面。即栏目采用电视片的形式，还是谈话的形式；是以外景采制为主，还是以演播室录制为主；是采用游戏竞赛的形式，还是专题片的形式，等等。

过去杂志式栏目的表现形式比较单一，基本就是采编人员将一个个板块的节目做好后，由主持人在演播室内将它们串联起来，这是栏目的常规做法。演播室制作便捷，还可以创造脱离现实的氛围，但行动受环境局限，不可能太复杂和太大。外景制作受光、景、气候限制，接近自然，可以表现复杂和大型的行动，画面变化丰富……不同的表达形式各有优劣。

当然，栏目的表现形式不可过分追求繁复，调动的手段多，场景花哨，并不一定就能博得观众的喜爱。简单明快、制作便捷的栏目整体形象更突出，并且可以大量节省成本。如谈话类节目，室内谈话是最节约成本的形式，如果能够承载一定的内容，何乐而不为呢？如果内容需要，适当插入外景行动，既丰富了内容，还可以调剂节目现场的气氛。如《艺术人生》栏目，其以现场的访谈为主，随时插入短片或录音，现场观众可以与嘉宾互动，栏目组准备的一些小道具常常起到转场或点题的作用，整个栏目显得生动活泼。

任何一种形式都有其局限性，例如谈话这种形式，会使节目显得理性、高深、形象单一，但运用得不好也会适得其反。当《动物世界》栏目改版为《人与自然》，采用主持人与嘉宾两个人之间的谈话形式时，编导的本意可能是想增加节目的理性色彩，提高节目内涵，但这样的改变反而使原本生动的节目变得冷清了。而同类题材的北京电视台的《东芝动物乐园》栏目，采用演播室观众交流与外景插播结合，其现场气氛相当热烈，无疑造就了节目的感染力。

因此，任何为表现而表现的做法都是不可取的，切忌因为一种形式大行其道，就不考虑自身情况而盲目跟风。某些内容的节目有其最适合的表现方式，如自然探索类的节目就最适宜用纪录性专题片的形式表现，因为这种形式能够深入、有逻辑地叙述专业事件，换了别的方法就会削弱其表现深度。另外，对有的表现形式的采用还要量力而行，如外景晚会形式或野外的长期跟拍，这些都需要大投入，不是日常栏目应有的形式。

(3) 栏目的播出形式

栏目的播出形式可分为直播和录播两种。

直播，指把事件或节目的进行过程记录性地直接播出。当然，所直播的内容本身要具备一定的直播条件，如重要性、同时性、一次性、热烈的现场气氛等等。由于在表现时效性和悬念感上有绝对的优势，直播成为电视节目中最有趣味性的节目形式，也最能发挥电视手段的优势。同时，由于直播没有后期制作，不需动用昂贵的后期设备和有关制作人员，故能降低制作的成本，节省制作时间。另外，由于直播是拍摄和制作同时完成，全体创作人员知道节目进程不可能打断重来，因此会拿出最积极的工作状态。不过，现在栏目都是固定时间，准点播出，由于直播节目不存在后期剪辑，因此其对时间的控制更难，从而对主持人、编导提出了更高的要求。另外，直播栏目的安全性差，不可控因素很多，一旦出现事故就很可能是灾难性的。因此一般栏目多采用录播形式，这样更为安全可控。录播的内容可以做简单的后期编辑，如加字幕、做片头、节目之间特技衔接、压缩整体节目时间、删减节目或环节等等，以保证获得最好的播出效果。

3. 与播出时段相对应

要达到高收视率，“黄金时段”的作用是不可忽视的，栏目要尽量争取在“黄金时段”播出，但黄金时段资源是有限的。同时，在某些情况下，栏目被安排在“黄金时段”也不见得是好事。因为此时是竞争最激烈的时刻，如果一个栏目没有出奇制胜的本领，即使被安排在黄金时段，也会被其他栏目淹没。

前面我们讨论过“相对黄金时段”的概念问题，在此不再赘述。对于非黄金时段的栏目，只要做出了特色，时段上对应了目标观众，就同样有市场。例如《李敖有话说》是凤凰卫视一档非黄金时段（16:45 播出）的栏目，李敖在节目中针砭时弊的评说一如他的文章一样尖锐犀利，他的名气与超凡的口才使这档低成本、制作简单的栏目仍然能够取得不凡的成绩。

当然我们还要强调，节目播出的时段一定要是目标受众看得到电视的时段，否则就是浪费。比如《实话实说》，从早间节目移至晚间造成了多达 80% 观众的流失。另外一些不可控因素也会影响到栏目的播出，如中央电视台 21:00 的黄金时间经常被各种临时安排所占用，对原本在该时段播出的节目来说必然会产生负面的影响。

第三节 策划主持人

主持人是栏目内容形式构成的重要组成部分，但因为该问题内涵丰富，故单独在此讨论。

一、主持人与栏目的关系

前面我们谈了主持人特色对节目特色的重要性，谈了对主持人不同的运用观念。实际上，主持人的形象在很大程度上决定着栏目的形象甚至台、频道的形象，同时主持人的社会角色以媒体工作者和社会公众人物为主要属性，为此，我们应对主持人的屏幕形象给予充分的重视。

作为栏目化的产物，主持人与栏目有着最为直接和密切的关系，他们之间是一种相互依存的关系。不同于播音员的是，播音员是“公众形象”，一般代表了频道或台的形象，可以出现在所有新闻的播报中，节目中不会有出自个人角度的言行；而主持人被相对固定在某个栏目或某类节目中，如倪萍、朱军一直在文艺类的节目中做主持人，白岩松、水均益与新闻类节目密不可分，崔永元成为谈话节目的代言人，他们在节目中经常站在个人的角度，以“我”的口气发言。另一方面，由于主持人的自身特点及长期从事某类节目的制作，他们掌握了更多相关节目的知识和内在规律，甚至成为这方面的专家而深入参与内容创作。一些成功的主持人往往成为节目的品牌标识，例如赵忠祥的《动物世界》、陈鲁豫的《凤凰早班车》、李咏的《幸运52》、李湘与何炅的《快乐大本营》、刘仪伟的《天天厨房》等等。尽管后来他们中的某些人不再担任该节目的主持人或同时主持其他节目，但观众提到该节目时仍会想到这位主持人。可见主持人与栏目之间的密不可分，栏目是主持人赖以生存的土壤。

由于主持人是节目形象的代表，因而往往也容易受到批评。此时可能并不仅仅是他自身的问题，无论是“主持人与所在栏目定位不符”还是“栏目与主持人个性风格不符”，都会反映到节目中，成为问题。主持人与节目是相辅相成的关系——好的节目本身推出了主持人，好的主持人也使节目踏上新的台阶；内容不精彩的节目会限制主持人的发展，而糟糕的主持人也会导致节目失败。

电视台可以根据主持人的个性、语言、形象，为他们量身打造富于个性的栏目。李咏的《非常6+1》、崔永元的《小崔说事》、刘仪伟的《东方夜谭》、窦文涛的《锵锵三人行》、杨锦麟的《有报天天读》，都充分发挥了主持人的内在潜质，是栏目与主持人浑然一体、相得益彰的典型，具有不可替代性。这样的栏目形式可能会被其他媒体模仿，但这些主持人却是可遇而不可求的，是形成栏目个性的重要元素，也最终成就了栏目的不可替代性。

另外，有的主持人身兼数职，集采、编、播于一身，不少主持人同时也是策划和制片人。这种“主持人中心制”的模式在广播节目的制作中可能较为适宜，但在电视行业中却不具有普遍性。不可否认，主持人参与策划和创作可以加深其对栏目的了解，但细致的分工、专业化的操作无疑更适合多工种协调合作的电视行业。特别是播出频率较高的节目，主持人非常辛苦。当然不排除有一些采、编、播一体的成功案例，但没有必要大力推广这样的模式。

二、主持人的分类

从主持人的出现到现在，随着主持人队伍的日益成熟，我们必须从策划层面清醒地认识到优秀主持人对台、频道、节目的意义。在一个台内，优秀的主持人是台的财富；在一个频道内，优秀的主持人是栏目的形象符号；而栏目与栏目的不同，往往体现为主持人与主持人之间的差异。

我们可以将所有的节目分为两类：非主持人类节目和主持人类节目。

1. 非主持人类节目

非主持人类节目是指可以没有主持人的节目或主持人并不起决定性作用的节目。这类节目的策划并没有把主持人的个性充分考虑在内，主持人往往只起到被动串联内容的作用。他们在新闻节目中个性化评论较少，在晚会中只起报幕员的作用，主持的思维也相对理性、冷静，对内容的理解基本处于念稿状态。这类节目在策划中不能给主持人太多的任务。

2. 主持人类节目

主持人类节目指主持人在当中起到较大的推动作用，节目在策划中充分考虑主持人的能力与个性，甚至为个性极强的主持人量身定做内容形式的节目。这样的主持人对节目的意义，就是前面所说的具有“不可替代性”。当他们有变动时，节目的面貌也会随之变动，甚至会影响节目的生存。某些节目形态一定需要这一类主持人，如一档谈话节目，主持人可以成为整个栏目的创作核心。

不过，一个主持人哪怕再优秀，也不可能成为适合所有节目的“万金油”。在现实操作中，主持人应该有与栏目相应的类型划分。

（1）新闻政教类

指以主持新闻类节目为主的主持人，内容包括政治、社教、经济、法制、军事等题材严肃、形式相对严谨的节目，主持人以相对严肃的面孔出现。以中央电视台的节目为例，节目有《焦点访谈》、《经济半小时》、《军事天地》等，节目主要分布在新闻、经济、军事、法制、社教频道。

这类主持人因节目特性的需要，个性沉稳，思想深邃，外表端庄、干练、大方，语言准确、逻辑性强，发音字正腔圆，随时注意情感的控制。他们应该给观众以规矩 、可信、沉稳的感觉，不宜表现得太年轻和幼稚，对内容的揭示要注重社会性。我国的这类主持人年龄明显偏低，影响到节目的分量；而在美国，这类主持人有的会工作到七八十岁，如沃尔特·克朗凯特、拉里·金、芭芭拉·沃尔特斯、华莱士等，他们以其丰富的人生阅历和社会经验掌控节目，造就了节目的深刻思想和丰富内涵。

（2）生活服务类

指以服务类为主的与人们日常生活密切相关的节目的主持人，如一般性的生活、服务、经济、社会活动或群众性娱乐活动节目的主持人，还包括一些日常体育转播节目的主持人。他们主要承袭了过去广播中解说员的功能。典型节目有《为您服务》、《天天饮食》及气象服务、女性栏目等。节目主要分布在经济、生活、社教等频道。

这类主持人个性亲切、自然、大方、活泼、快乐、随和、亲切、热爱生活。外表也更贴近生活——不一定很漂亮。主持人要在节目中展现个人的生活经验，同时对所主持节目的内容应具备较深入的专业知识和鉴别能力，使节目更为可信。近年来，随着电视整体服务性的加强以及节目的增多，这类主持人正形成较大的群体。

（3）娱乐类

主要是指包含文艺节目在内的、形式活泼、题材浪漫的节目的主持人，如综艺晚会、文艺栏目或艺术性较强的专题片、少儿节目等等节目的主持人，他们在主持节目的过程中修饰性或扮演性较强。这类主持人多才多艺、灵动、活泼，形象甜美、清纯，充满活力。而体育与娱乐结合的节目的主持人也在随着体育成为娱乐业的转变而转变，更强调形象和表达，走向娱乐化。

这三类主持人可分别把握住真（新闻型）、善（生活型）、美（艺术型）作为创作的出发点。同时要说明的是，主持人的类型划分一定要依托节目类型的变化发展：当节目呈现复合形态时，主持人也需要具备综合的素质与表现力，所以有的节目主持人不能简单地被划归某一类，我们也没有必要一定要将某个主持人限定在某种类型里。

三、策划对主持人的把握

当主持人成为需要认真对待的创作元素时，策划人就需要充分了解主持人应具备的能力，而且要对主持人提出要求。

1. 具有正确把握问题的能力

主持人可以随时将观点、行为寓于节目中，特别是互动交流形式的节目，主持人对问题、交流者的引导，对现场气氛的掌控，都建立在正确的世界观和高尚的道德水准上，这就要求主持人有高度责任心。

2. 具有一定的现场组织、调度能力

前面我们也提到，传媒人应该具有一定的社会活动能力，特别是在一些节目的录制过程中，主持人往往成为编导的代言人——调动参与者的言行，因此主持人的组织和调度能力还体现在能否带来有序的现场工作状态。特别是在现场录制节目中，现场气氛由主持人来掌控，而非由编导来掌控。

3. 具有外向而热情的性格，勇于表达，善于表达

具备社会活动能力的人往往都有表现欲——对社会、生活充满兴趣，性格内向的人做不了主持人 。而“社会活动能力”具体则体现在“会”交流上，主持人应该是与人交往的高手，应该善于和各类人打交道，还会在契而不舍的同时掌握好表达分寸。这就要求主持人做到真诚、亲切——善解人意，准确领会，反馈及时、准确并能随机应变。

新闻类主持人锋芒毕露，生活类主持人富于奇思妙想，娱乐类主持人活泼开心……他们的确与众不同。策划人要懂得挖掘他们与节目吻合的潜质，同时注意避免暴露他们欠缺的地方，使他们扬长避短。

4. 具有充分的“合作意识”

电视节目的成功，要依靠集体——由各工种、演职员等等组成的工作团队的共同努力以及社会力量的配合，主持人更是如此——节目创作中主持人先要对节目内容采取积极主动的合作态度，还要把握每个环节，这其中要和各种各样的人打交道：制片人、编导、撰稿人、嘉宾、演职员、观众……每一步成功都要靠大家的密切配合与帮助。主持人要与合作者建立起互相理解、信任、支持、帮助的关系，在创作团队中起到推动作用。从这个层面来说，策划人与主持人有着密切的关系。如果主持人过于锋芒毕露、或抗拒原有的整体设计，那么策划人有责任与之沟通，以保证节目基本环节的完成和整体效果。

5. 与节目相符合的个性和知识结构

个性就是独特性，也是风格、特色。一档节目的个性应该包括内容与形式的独特性，同时主持人的独特魅力也是形成节目鲜明个性的重要组成部分。书法家是“字如其人”，作家是“文如其人”，那么主持人则是“节目如其人”。

另一方面，主持人要具备与节目相符的知识结构，否则无法自然进入深度的表达。作为节目的形象代言人，主持人应该具备较高的文化知识修养，可以从书本上、生活实践中、社会关系中多方汲取营养。“专”、“深”与“广”、“博”相结合，才能在工作中对节目驾驭得游刃有余。优秀的节目主持人还应该成为电视节目的创作专家，要对电视节目制作业务有一定的了解，懂得节目生产的基本规律，这样才有利于自己真正参与节目的创作并密切配合各个创作环节。

但策划人也要意识到，具备与节目相符合的知识结构并不意味着主持人就是万事通，主持人不必等同于专家，而且并非学历越高、不说错别字，“文化”水平就越高。如果不懂专业知识，策划完全可以依赖于专家或嘉宾来完成。主持人最重要的心态是真诚，其最基本的职责是成为表达或交流的“桥梁”，策划一定要给主持人以“真实”的身份与心态。

6. 演播条件

要对观众产生较强的吸引力，为节目带来竞争力，主持人还需具备一定的演播条件——在声音、形象及相关表达方面具备较高水准。电视是视听兼备的媒体，因此主持人应该嗓音洪亮、字正腔圆、五官端正、姿态优美……符合观众的审美要求，符合节目的风格要求。

不过要注意的是，如果一档节目要想在激烈的竞争中脱颖而出，那么对主持人的挑选便应以给人印象深刻最为重要，而印象深刻与漂亮、英俊潇洒不是完全划等号的，所以形象的“特色”可能比“完美”还要重要。

四、主持人形象塑造

主持人的形象包括栏目内和栏目外两个方面。

1. 栏目内的形象

在栏目内，主持人的表情、语言、体态、化妆与服饰都是对节目形象的直接呈现，要引起策划足够的重视。

（1）表情

表情是无声的语言，在人际交往中往往是衡量交流真诚度的一个重要因素。主持人的表情应该自然、亲切，并与交流对方互动，发自内心。这当中，“眼睛是心灵的窗户”，眼神的表达尤为重要，目光游移、没有明确指向或低头看稿，都会令观众反感。而只有当策划给了主持人切实的节目内容，主持人才能有真实的感受基础。例如新闻主持的凝重，必然依托于事件的重大和严肃；而主持人在娱乐节目中的欢笑，也一定来源于与参与者的愉快交流。现实中，我们看到一些主持人故作深沉或带着职业的微笑，结果给观众以做作的感觉。

（2）语言

语言是主持人与观众最为直接的交流工具，语速、语调、语气都是影响表达的重要因素。一方面，主持人要重视语言基本功的训练，努力做到清晰、自然、准确、精彩和有个性，并与节目的风格结合；另一方面，策划人或撰稿人提供的稿件、提纲和背景资料是主持人言谈的基础，对主持人的语言构造起到重要的作用。同时策划人还可以对成熟的主持人提出语言风格的要求。

（3）体态

体态动作是最能体现主持人整体面貌的，应该引起我们的足够重视。主持人的体态动作也应该清晰、自然、准确、精彩和有个性，还应该追求健美，并与节目风格结合。目前主持人体态还存在单调、模式化或频繁、夸张等不良倾向。实际上，动作过多或拘禁都会给人留下不稳重、不自信、不成熟的印象。除了自身紧张的原因外，这些问题还来源于行动的空泛——缺少依据和目的性。尤其是一些少儿类、综艺类主持人，片面以自我设计的行动来硬性调动现场气氛，这样容易给观众以虚假、做作的感觉。

（4）化妆与服饰

化妆与服饰都是形象表达的重要元素，不仅能表现主持人气质，也承载节目内容讯息。化妆的风格、服饰的款式、穿着的场合、色彩的搭配、与交流对象的搭配、与演播环境的搭配、如何让主持人形象扬长避短……等等，诸多问题都值得策划人重视。例如中山装显得含蓄，西服显得开放，休闲装显得舒适；色彩对比强烈显得活泼、刺激，色彩过渡柔和显得协调、高雅……这些都是节目传达给受众的信息，能直接影响受众的收视心态。

2. 栏目外的形象

主持人在栏目外的形象也会影响到栏目或媒体的口碑。

现在资讯十分发达，主持人在公众面前的一举一动都有可能被传播，甚至成为街谈巷议的话题。主持人在栏目外的形象塑造也应当被列为媒体策划的工作之一，而且应当精心安排：一方面要让主持人所参加的社会活动与媒体活动协调统一，另一方面主持人也应该主动参加社会公益活动。在电视节目竞争激烈的时代，只注重节目内的形象策划已经不足以在受众心中争得重要的地位，主持人更应该和社会活动紧密联系起来，一些名牌栏目现在就经常举办主持人和观众的见面会。另外主持人写书、出传记、出席各种活动也都能给栏目带来新的关注。与此同时，策划人也要清醒地认识到，如果主持人的言行不慎，也会给栏目带来负面效应。

就主持人与节目的发展来看，主持人在得到观众认同后，还需要保持形象、行为的连续性，以塑造和强化栏目品牌。在品牌稳定之后，可以适度变化，以配合节目的创新和给观众制造新鲜感。但我们还要警惕的是，主持人变化若有不当，则会导致品牌形象的损害，甚至观众的流失。

第四节　栏目包装

包装的目的是要增强栏目的感染力和竞争力。对电视栏目进行包装，是体现栏目良好品牌形象、对栏目进行有效宣传的重要手段。在众多栏目内，具体的包装工作往往也是在策划人的直接指导下进行的。

策划包装首先要明确包装的目的——使栏目整体协调，使外在形象和内在品质相符，所以无论宣传语、色彩风格、演播室装饰、话筒标志、字幕、主持人等等都要统一进行策划，使其风格一致并彰显栏目个性。

包装是一项庞杂的工作，要分步骤、分阶段完成，最终由多方面元素构成栏目的形象识别系统。包装一旦完成就不应该随意改动，即使改进，那些栏目最突出的、最本质的符号也要尽量保留。

一、名副其实

在节目极大丰富、竞争严重、观众资源稀缺的时代，栏目的名称很重要。

栏目名称是栏目给观众的第一印象，既是对观众的第一约请，也是品牌实质的直接体现，应在符合频道宗旨和风格的前提下，做到简明扼要，并显示出节目的大致方向。如大家熟知的《新闻调查》，栏目如其名，简洁有力，一看便知是一档对社会生活中出现的重大事件及人们关注的新闻事件进行深度报道的栏目。《凤凰早班车》是凤凰中文台早间档的品牌栏目，它的名字突出了播出时段，强调了新闻的时效性，给清晨打开电视的人们提供第一时间的资讯。《实话实说》是民平参与的谈话类节目，这一栏目名称强调了开诚布公和平等交流。其他再如《曲苑杂坛》，必定是曲艺类综合内容的栏目，《综艺大观》是内容宽泛、强调观赏性、娱乐性的文艺类节目。这样的名字，使观众对节目性质、内容、形式能够一目了然，节目也能很快找准知音。好的栏目名称能起到先声夺人的作用，否则将不利于栏目的宣传推介，也不易给观众留下深刻印象，最忌讳名不副实和不知所云。如《东西南北中》，就容易令人误解为反映各地风情的节目，看上去与文艺没有多大关系；还有一些诸如“大精彩”、“雪落心灵”、“大观园”之类的名字，极易有故弄玄虚、言过其实之嫌。如果名不副实，就会让观众有上当的感觉。这种设计实际上对节目的形象树立很不利。节目有如商品，可想而知，在商品过剩的情况下，一个空闲时间不多的消费者会不会去购买一个听起来不知是什么的产品。

与此同时，栏目的名字还要好记、上口、响亮。栏目名称以四字为佳，一般不超过五个字，可以是成语、俗语或口语，言简意赅，便于记忆。不仅栏目要有好名，其中的段落、板块、具体片名也应该意义明确。

二、栏目的结构包装

策划人要懂得给栏目设计接口相对宽松的结构。栏目的结构包装是对栏目具体内容的整合，是要使内容在一定时间内完成。

在未实行栏目化时，节目长度随编导的兴致所至，但后来栏目长度的限时越来越精确：早期可正负 10 秒，1988 年 5 月 1 日改为可正负 5 秒，1993 年 3 月 1 日又改为只可负 5 秒。目前实际制作中由于栏目一般都以字幕为结尾，所以能做到内容非常准时地完成——正负 0 秒。实际制作中，字幕可最后定格多留出约 5 秒，由播出人员机动处理，以防由于播出设备的问题出现误差。

在杂志式栏目的制作中，节目的具体段落在最后包装之前都已经基本完成，而且要比实际需要的长度长出一段时间，以备节目编辑在最后解决由于包装原因可能产生的时长不够的问题，还可以通过主持人串联部分来灵活增减时间。有的栏目有一定特殊性，如有些文艺节目片段往往已经有固定的时间长度，如歌曲、舞蹈，其长度由音乐创作者掌握，包装上没有太大的调整余地；但是小品、相声等语言类节目能够有一定时间伸缩性。

在通栏类节目的时间和结构把握上，要注意节目逻辑性的设定，即问题的层层深入，并在节目中逐步解决。每解决一个问题，可以看成一个段落或层次。为了表现节目的节奏，可在问题的转折或新问题展开之前加入片花或插播广告，也可用节目标、字幕等丰富视觉形象。同一栏目的字幕形式也要规范，如大小、排列方式、上法等等，都要讲究一致性。在进行段落衔接时，为使节目更好看，可使用特技衔接方式，以使衔接流畅，如叠化、渐显渐隐、黑起黑落表示缓慢的过渡，翻滚出入则表示急剧快速的变化。

目前，所有的日常栏目在制作上都趋于采用流水线生产方式，每周或每月节目集中录制，有的节目编导与后期剪辑分开工作，要求在结构上形成利于大生产的流水线模式。因此，在策划出固定模式之后，导演的作用大大减弱，剪辑职能加强。同时，所有的导视片、片头、片花、片尾等等既是一种信息，也可以充当剪辑的接口。

三、宣传导视系统

栏目的观众构成可以分为三类：忠实观众、游离观众、潜在观众。节目宣传导视的目的在于邀请这些观众，与观众定点约会并强化观众记忆，促成品牌效应的产生。因此，宣传导视系统也相当于栏目的宣传和广告片。

1. 栏目形象宣传片

栏目形象宣传片的任务是让观众了解栏目的主题、内容主体、风格样式，希望观众提高对它的关注度，树立栏目的品牌形象。它可以在栏目外宣传栏目整体形象，也可以在栏目内起隔断作用，使栏目更有节奏感。宣传片一般不会超过 30 秒，根据需要可以反复播出。

栏目形象宣传片首先应该把栏目的特色与宗旨进行简明的表达。如凤凰卫视《小莉看世界》栏目宣传片，第一版是 1997 年播出的，以个人形象为主体构成，宣传词为“当大事发生时，我存在；有中国人的地方，就有我”。这句出自吴小莉之口的话，深刻地表达了一个传播工作者的境界。[①] 作为台与频道的主打栏目，该栏目的宣传片同时也表达了凤凰卫视中文台的奋斗目

① 其原话是“做一个新闻记者，是我从小的志愿，秉持见证历史、眼见为凭的工作信念，我来到香港，求真相、求知识、求进步。对未来我的自我期许是——当大事发生时，我存在；有中国人的地方，就有我。”（凤凰网页《凤凰人语》）

标，这是一个个人形象和集体形象结合得非常完美的宣传品。

栏目形象宣传片的策划讲究构思巧妙，常换常新。其风格不拘，可以写实也可以抽象。栏目特点不同，其宣传片的诉求点也不同。例如，大多数栏目宣传片依托于节目主持人和场景宣传节目，宣传片形象与节目具体形象一致，可进一步强化栏目整体形象，或借用主持人的感召力；有的栏目宣传片更突出与其他节目的差异，如《开心辞典》的宣传片，是某学校某教室内老师向学生宣布考试的特殊性——考试方式非常宽松，甚至可以打电话求助……学生欢呼雀跃。其宣传脱离节目具像，使节目的“开心”理念更深入人心。

2. 片头

片头是播出信号，意味着栏目的开始；同时也是节目内容的引导者，放置在内容的开头。它还是标题——内容的窗口，视听综合的作品的标题不仅仅以文字的形式出现，还要有形象和声音的综合运用，是栏目的整体形象代表——“脸面”。

片头的长度没有一定之规。大型晚会或大型系列节目的片头较之普通栏目的片头略长，在 30 秒左右；栏目中还可能有小的片头，如板块片头、小节目片头等等，长度在 10 秒以内。

一般片头的画面有文字标题，它是片头形象的主体，出现的时长根据片头总长度来定，一般不少于 5 秒。出现时机以片头结尾部分为主，而且要以其稳定的形象结尾——整幅画面定格或单独把字作静帧处理。

片头画面的其他形象有时由栏目各个段落的代表形象组合而成——从节目的具体画面中选取或拍摄相关的、最能体现栏目宗旨的、最具可看性的、最有代表性的画面；有时由能代表栏目的符号形象或主持人形象构成；有时片头与栏目内容没有直接关系，但贴切地表达了栏目标题的含义；有时是用实景拍摄与电脑动画结合制作而成。片头声音的设计也非常重要，有时完全由音乐构成，尽管它很短，但必须是一个完整意义的作品。

3. 栏目导视片

栏目导视片是栏目具体内容的预告，是将节目最吸引人的地方提前告诉观众，但又适可而止，将“包袱”留到节目中去揭示，是吸引观众的一种有力手段。

导视片的形式多样，有的栏目直接利用主持人表述该期节目内容，有的直接截取该期节目的精彩片断，有的用该期内容配解说进行推介……在节目开始或进行到一定时候预告和提示后面的精彩之处。

4. 片花

片花是节目形象视听综合的代表符号，同时也是观众了解整个栏目的“提纲挈领”的窗口，一般都比较简短，在5—10秒左右。片花一般在节目与广告间隔处使用，它既能使观众的情绪在广告播出前有一个缓冲，又能更好地宣传栏目内容与特色。另外，当节目需要停顿、转折时，片花的使用还能改变节奏。

由于要持续用在多期节目之中，片花的画面构成一般不刻意追求表达内容与某一期具体内容相联系，而是讲究具有栏目系列形象的象征性，制作方面则往往以实拍与电脑动画结合完成。

片花的声音设计也许因时长限制无法运用完整的音乐乐句，一般以音响为主。如北京电视台《环球影视》栏目曾经用过的一段片花，设计得非常有动感：画面内容是翻滚流动的电影胶片，伴随着合成器制作的打击乐轰鸣效果的音响，男播音员用浑厚的声音说道：“您现在收看的，是××环球影视!”文字形象也同时定格。另外MTV音乐频道所使用的一系列片花，也都颇具匠心。

有的片花与栏目片头、板块片头通用，比如有时可以从片头截取一段作为片花。

5. 片尾

片尾为很多人所忽视，认为不过是上个字幕而已。但实际上，片尾也是体现栏目特色的一个重要窗口，是栏目形象的必要组成部分。片尾画面除了上字幕外，还可以对栏目内容作简单回顾，也可以干脆利落地直接以节目内容的渐隐作为开放性结尾。为了增加节目的信息量，有的栏目片尾会接着提供其他信息，比如主持人之间的谈话、节目本身就涉及的 MV、节目中一些没有用到的素材如 NG 画面等。

栏目类型不一，片尾风格便各异。新闻类栏目结束时多短促有力，服务类栏目结束时多轻松随意，娱乐类栏目结束时多活泼跳跃。片尾画面形象构图要注意与字幕协调，音乐也要尽量与片头、片花的风格保持一致。

6. 栏目标识

栏目标识指栏目固定的的视觉形象小标志，有栏目标、板块标。它们应当是画面的有机元素，而不仅仅是一个固定标签。它们有时位置固定，有时以滚动方式出现在画面边角，故亦称“角花”。

标识的含义等同于“吉祥物”、商标、广告，设计巧妙的标识非常有助于栏目形象的树立。

标识在进行设计和运用时，首先要注重形态的特异性，然后要考虑其形象与节目画面构图结合后的效果——与节目形象整体统一、和谐，与其他形象配合使用，不可太大，以免遮挡节目内容；不可过于突出，以免淹没画面表达主体。

一般来说，为了栏目整体风格的统一，所有的包装都应该尽量采用同一创作者来进行设计，这一点不容忽视。另外，直播节目的包装在演播现场当时完成，所有的问题要在演播之前预想到，并做出周密的设计。

第五节　栏目的经营与维护

一、栏目的经营意识

1. 栏目的生命周期

当电视成为商品，节目就和其他消费品一样，有了使用周期。而电视节目或电视节目类型也就有了产生、发展和消亡的过程，会经历一定的生命周期。不同的栏目或节目类型面向不同的观众群体，其生命周期的表现形式也不尽相同。

栏目的生命周期是指栏目从进入观众视野到淡出的这一全过程，具体分为导入期、成长期、成熟期和衰退期四个阶段。体现在收视率的不断变化上：通常在导入期收视率缓慢上升；成长期收视率迅速增长；成熟期收视率达到顶峰，但增长幅度较慢。当一个栏目由于各种原因不得不被淘汰时，也就到了它的衰退期，收视率下降，慢慢淡出观众的视野。

当然栏目的表现形态是多种多样的，并非所有的栏目都会经历同样的生命周期。生命周期只是栏目发展变化的一种基本模式，也有一些栏目到达成熟期后，并未进入衰退期，而是又进入了另一轮的成长期。而有些栏目由于定位不准，节目制作粗糙，从开播就一直处于被淘汰的边缘。例如娱乐类栏目，相对而言它们的生命周期就要比新闻类的栏目更易进入成熟期并较快淡出。

栏目的生命周期在不同阶段各有其特点，策划人员对此应有清醒的认识。

（1）导入期

导入期是新栏目亮相的最初阶段，此时栏目处于初步成型阶段，观众对栏目认知度低，更没有养成收视习惯。此时的主要目标是迅速提高知名度，并使栏目形态稳定下来。因此首先要在栏目制作上多下工夫，多方面地完善自身是产生创造活力的重要途径。同时需要进行大量的形象宣传：如制作栏目形象宣传片在各台播出，到相关受众层中举办联谊活动，联合其他媒体进行宣传……还可以利用主持人的感召力带动节目收视。

虽然新栏目一时难以具备较强的竞争力，但电视观众不断求新求奇的基本属性一定会给新栏目带来发展契机。同时要懂得，新栏目往往会有一个逐渐被接受的过程，必须经过反复宣传才能养成观众的收视习惯。

（2）成长期

成长期是栏目形态相对稳定、被观众接受后收视率逐步上升的阶段。此时栏目开始展现出市场潜力，能够吸引广告或其他投入。此时栏目的主要任务是稳定质量、完善细节并努力彰显特色。同时栏目宣传重点应放在举办各种推广活动上，逐步建立品牌形象，并吸引更多的投入。

（3）成熟期

成熟期是栏目的鼎盛期。此时品牌成熟，收视率处于相对稳定的状态，具有一定竞争力。

在成熟期，栏目的主要任务是牢固地把握住忠实观众，尽力巩固成果，以满意度巩固现有观众并争取潜在观众。还可以以现有的感召力举办一系列与节目内容紧密相关的大型活动，同时节目形态要针对竞争对手不断进行小幅度的改进——常变常新，对其他的模仿者也要具备抵御能力——以实力战胜模仿者。

（4）衰退期

衰退期是栏目收视率持续下降，无法吸引广告商的注意，即将被淘汰的阶段。

节目衰退的根源在于节目同质化现象泛滥和创作实力不强。此时不要埋怨，而应当更理性地思考：是改版还是拓展新的领域？如果是栏目内容过时，就没有必要再浪费时间；如果是编导水平、管理机制的问题，则可通过人员调整进行改革……而对于人员的调整，不少人经常把重点放在底层创作人员的替换上，其实影响一个栏目生存的关键人物还有栏目的决策层，如部门领导、制片人、主编、策划人，其观念、水准制约着栏目的发展。

作为一个策划者或决策人，要对一个栏目的生命周期进行客观考量。仅站在自身的立场进行市场调查和分析数据是远远不够的，应当站在整个市场的高度，以发展的眼光来进行判断和抉择。节目不应当盲目上马，也不要草率停播，尤其是传统品牌节目，必须对市场状况进行综合考察，慎重考虑其存在价值。

2. 栏目的价值取向

在媒体竞争日益激烈的时代，尽管大多数人都能意识到栏目应有相对的生存周期，频道不可能永久不变，但大家都在为拥有更多的生存时空而努力。当媒体步入数量相对丰富的阶段，栏目的特色与质量便成为其生命力的根本保证，专业化趋势不可阻挡；而当电视同时又成为一种谋利手段时，与所有的产业经营一样，决策者必须做出选择，甚至可能是对“矛”与“盾”的选择。

许多卫视既想要本省的收视率又想要全国范围的广告，但现实是本省收视率需要节目高度贴近本地受众，这又恰恰难以满足地域广阔而又千差万别的全国观众的需求。目前绝大部分频道的栏目都想追求最火爆、最吸引广告商、最吸引收视率、成本最低、最利于流水线大生产的内容与形式，而各台对栏目评价实行收视率末位淘汰制。这些做法在当今无可厚非，但我们必须明白：有的节目可能在短时间内很快拥有高收视率，但是以牺牲社会效益和媒体形象为代价的；制作成本的一降再降可能打击创作者的积极性，从而导致节目的粗制滥造；流水线模式化生产导致节目的千篇一律和枯燥无味，今后也没有再次观赏和利用的价值；收视率末位淘汰制往往意味着拥有一定文化品位、可能更具精品特质、以社会精英为对象的栏目逐步被赶出荧屏；收视率高并不意味着观众的消费能力强，而在商品极大丰富的时代，广告商不得不注重观众是否对产品进行了切实消费……毋庸置疑，实际上无论哪一种价值取向都是一把“双刃剑”。所以栏目的决策人要清醒地选择栏目的近期价值和长远价值。

我们不能回避民众对娱乐的极大需求，这是目前社会生活劳动强度加大的必然结果。但诸多迎合“大众消费”的节目一浪高过一浪，而且创作人员还在挖空心思制造高潮，已经出现了媒体整体浮躁的现象，最终必然导致观众的收视疲劳。因此针对大众都沉溺于火爆的娱乐节目和“大众快餐”的现象，也许清淡、高雅也是一条打造特色的出路；可能对民族文化的内容，该民族受众本身不一定感兴趣，但当放眼全国乃至全球、放眼未来时，则一定会释放独特的魅力。媒体对节目效益的评价也就不应该是本地收视率，也不是在短时间内吸引了多少广告。众所周知，BBC 几十年前的素材在今天成为珍贵的资料，而 DISCOVERY 的节目在现在和以后都仍然可以播放——其社会效益和经济效益都是长久的。再如广西电视台的节目在决策人的坚持下追求文化品位、追求制作精良，节目以民族性——自然清新、通俗而不流俗的民族题材为主，因而在国外的展播中赢得热烈掌声，这是《非常 6 + 1》和《超级女声》一类的节目所达不到的境界。而事实上，我们很容易发现节目失败的主要原因：越是急功近利，就越是目光短浅，一些卫视栏目越是只顾身边的收视率，最终越会变得本地人不爱看、外地人从不看。

由于目前国内电视观众的总体素质还较低，因此电视节目不能为了收视率而一味迎合观众，而应该在促进全民文化水平提升方面发挥作用。同时，由于媒体经济环境发展不平衡，电视产业还处在转型期，若在全国“一刀切”地急速推行电视产业化，仅靠收视率和广告决定节目生死，不仅是急功近利的表现，更无异于“杀鸡取卵”。在电视受众细分化的时代，节目职能和性质也应细分，一些电视台和频道还需要政策和财政扶持，电视节目也应该有形象工程，媒体决策人需认清赚钱渠道。一般来说，眼下的广告收入主要依靠电视剧和娱乐节目，而不是文化类栏目，有品位的节目需要政策扶持。一些台曾经有过很好的自办文化栏目塑造其文化品格，可惜被经济利益驱使而陆续放弃了。这样做实际上是同时放弃了良好的社会效益和长久利益。在现阶段的中国，媒体应当重视并承担起教育和引导观众的责任。换句话说，栏目要坚持社会效益与经济效益相结合，这是历史赋予的责任。

3. 栏目品牌

目前我国城市的观众平均可以收看到 50 个左右的电视频道，每天约收看 180 分钟，但在这段时间内平均换频道高达 100 次。观众们能看到多少个栏目？每个栏目能看多久？毋庸讳言，如果受众看电视的时间有限，那么频道和节目数量的增加只会加剧栏目在未来电视发展中的竞争——媒体的竞争直接表现为栏目的竞争，而且这种竞争不再是简单的这种内容和那种内容、这种形态和那种形态、这个主持人和那个主持人之间的竞争，而是上升到较高的层次，即品牌竞争。可想而知，在节目极大丰富、同质化严重而且受众资源稀缺的时代，只有品牌是生命力的象征，栏目的目标自然应该是成为品牌。

与一般栏目比较，品牌栏目更具感召力——更吸引受众并得到他们的认同；品牌栏目一般在资金、人才、设备多方面都具有一定的优势，节目的良好品质能得到保证。更重要的是，品牌栏目具有较高的市场价值，占据着比较好的播出时段，广告价格较高，而且更具备相关产品的开发价值。或换句话说，栏目只有拥有独特的品牌和强大的核心竞争力才可能在激烈的市场竞争中立于不败之地，才可能最大限度地吸引、拥有观众，才能使栏目的长期经济效益最大化。“创立品牌”、“打造品牌”已成为栏目生存和发展的必然追求。

品牌建设与节目制作不同，不是只针对单期节目内容形态下工夫，而是要把栏目的长期建设看成一个整体，认真设计节目的发展战略，进行品牌的建设、培育及发展、维护。

4. 成本控制

虽然我国的电视台名义上还属于财政拨款的事业单位，但实际上不少栏目已实行承包制，已成为独立核算的经济单位。在市场经济条件下，电视经营和栏目制片人的行为必然与市场、与成本意识联系在一起。成本意识是指节约成本与控制成本的观念，它包括注意控制成本，努力使成本降低到最低水平并设法使其保持在最低水平。制片人不但应该核算每一期节目的成本，合理分配人员的劳动报酬，还要学会栏目营销，收回成本，实现利润以便再生产等等。策划人的策划不能不看投入，不顾可行性。成本意识不仅仅意味着节约开支，取得较多的盈利；还体现在提高有限资金的利用率和科学地使用资金；同时，还要有投入，为节目储备发展能力。

成本控制最关键的是员工的成本意识与降低成本的主动性。首先要使员工树立成本可控的思想，让大家意识到成本控制不只是部门的事，也是每名员工的事。只有在思想上统一了，降低成本的各项具体措施、方法和要求才能顺利地得到贯彻执行。当然，电视栏目不同于普通产品，由于节目类别、长短、制作方式不同，它们的成本结构、收视效果也不完全一样。例如，一般来说综艺节目的成本高过电视专题节目，但收视率也相对较高。再如，真人秀等赛季节目每期投入可能不一样，其收视率起伏较大；而一般栏目每期投入相对接近，收视率也相对稳定。众所周知“谈话”样式最省钱，但一般来说收视效果也较差……要加强电视节目的成本管理，但不能采用“一刀切”的方式，必须充分注意到栏目的差异性，搞好不同类型节目的成本管理。

随着媒体市场发展的逐步成熟，轻轻松松做出“万人空巷”

节目的时代已经过去了。在节目发展相对成熟的阶段，节目的投入与产出应该趋于正比。为了栏目未来的发展，节目还应该有一些不能直接看到效益的投入。例如，为了解决实践中不断出现的创作与磨合问题，栏目应该有一系列的团队培训活动，以统一思想和步伐，并深入传达创新观念，增强团队的战斗力。节目创意作为前期策划中的重要部分，必须有相对精确的市场研究做支撑。为了激发栏目的创新能力，应该经常举办策划活动。不过，并不是每一个优秀的节目创意都能付诸实践，也不是每一个创意都优秀，但栏目需要有一定投入维护自己的创意策划队伍的建设，不断鼓励优秀创意。在此，笔者非常赞同广西电视台对《寻找金花》这类节目的投入和鼓励。实际上，作为一档面对全国少数民族的节目，《寻找金花》的创作投入是较大的：为了使节目流畅、生动，主创人员在内容设计上很下工夫，还不定期组织相关研讨。节目拍摄时大家不仅要在全国各地奔波，而且经常去的还是比较艰苦的边远地区。例如有的金花家住交通极不方便的贫困山区，拍摄人员要翻山越岭，其艰辛程度可想而知……所有这些投入，很多台都做不到。我们更经常看到的是，随着竞争的日益激烈，许多台和频道对节目投入越来越少，甚至完全以节约替代创造，逼迫频道或节目自负盈亏。栏目收视不好，制片人就算起了小账——削减甚至取消宣传费用，取消出差，取消培训，取消策划会，经费和工资一降再降……其实一段时间以来，广播电视行业对人才和节目的成本投入越来越少，已经打击了从业人员的积极性，节目质量有所下降，从而出现了恶性循环：减少投入，人才、节目质量下降——难以吸引收视和广告——没有投入，节目质量更加下降——没有收视率和广告收入……

我们必须意识到，随着电视市场的逐步完善，节目经营一方面要控制成本，另一方面要重视投入。在竞争中，栏目是否处于成本领先地位，并不能简单地用某个绝对值或短期效益来判断，而应当以经历了一定阶段后获得的效益成本比例来判断。如果看起来是在某一方面增加了一些费用，但总体上却使效益有了较大幅度的提高，就应被认为是成本领先。只有把成本控制与提高栏目竞争力联系起来，成本控制才不会偏离方向。同时，好的节目往往是由创作者“创作”出来的，应该有合理的投入保障其运行，保护创作能力，这才符合正常的发展规律。即使创作出了成熟的品牌节目，巩固江山也一定要看编导水平和持续投入——投入的资金、人力、物力、时间。但与此同时，在行业内还有不少不合格的人不能被淘汰出局，这还要依赖行业整体市场化的深入、专业水准的提高和管理体制的逐步完善。

二、栏目的运行与管理

1. 经营就是处处服从受众需求

经营服从受众需求，即随时站在观众的角度来思考问题。只有获得了观众的青睐和忠诚，才能产生节目创新的动力，才能保障收视率和满意度，获利才是顺理成章的事情。服从受众需求应该落实到经营过程的方方面面，例如播出时间是否对准目标人群，报道是否及时，资讯是否实用，形式是否新颖……

要做到了解受众，就必须经常进行科学严谨的市场调查活动与研发。社会的发展进步、同类栏目的竞争、观众喜好的变化都会拉远栏目与观众的距离，所以调查与研发应是贯穿栏目经营始终的一项持续性的活动：不仅调查受众特征和需求——调查不同性别、年龄、职业、收入、教育程度、社会阶层、地域的受众的需求，通过与观众见面、发调研表等方式收集观众的意见，组织专家和节目主创人员综合研究，找出有规律性和代表性的意见作为节目改进的参考；在节目播出后，还要进行收视指标——收视率、满意度、收视时间、收视时段的调查，总结节目在哪些方面还有待改进和提高。研发的力度越大，栏目的专业竞争力就越强，在同类栏目中的观众信赖度就越高。

而服从受众需求，绝不是对受众的被动跟随，应该是主动了解和研发前卫、时尚的需求，这样节目才能做到不断创新。

2. 栏目的建制

栏目的建制首先要看栏目对应的播出方式。如果不是在电视台有规律播出的日常节目，其制作队伍建制可较为松散。如一些制作机构的节目既可以播出也可以作为素材进行交易，还可以在交互式频道内播出，节目形态往往也相对松散。一个定时、定长、定规格的栏目，整体建制应该相对固定。

一个栏目的规模与工作人员数量应该足以保证节目的正常运转。当然，栏目会因节目的性质、内容样式、规模不同而决定其岗位和人员数量。以《开心辞典》为例，在制片人领导下，各工种被整合为几个组，每个部门和每个人都能各司其职：制片人负责节目的整体安排、政策把关、广告创收、业务指导；主编组负责节目的录制切换、现场调机和后期编辑指导；策划组负责栏目整体发展方向、环节的增减和设计的相应变化；导演组负责落实策划组制定的各项工作、构架具体节目环节和进行后期编辑；题库组负责每期题目的设计拟定；选手组负责选手的遴选；网络组负责节目与网站的日常联系、录制现场的技术支持；宣传推广组负责节目的整体宣传与包装；制片组负责提供节目所需的奖品、实施剧务……由于各组的专业分工很细致，程序整体上又有着科学的协作机制，因而整个栏目的职业化水平越来越高，节目的生产效率也同步得到了提高。

当每个岗位落实到人时，就应该把合适的人安排在合适的岗位上。一些栏目已经出台了岗位说明书，建立起岗位管理制度，对领导岗位、普通管理岗位、专业技术岗位、后勤岗位进行科学安排，不同岗位又有具体的管理办法，这也是人力资源管理规范化的具体要求。

当然，不同栏目可以因不同的工作方式而产生不同的建制，而且往往是因人而异的。例如某导演不仅会摄像，还会做舞美设计，那么他在节目中起到的作用就更大，而且也为栏目降低了成本。如果有的人员素质不够，就只好增加岗位进行弥补，例如有的栏目设有专职撰稿人，甚至设有专门检查错别字的人（不少台规定发现错别字扣栏目经费）。但这些本不该是栏目特别投入的，试想一个不会写稿、经常写错字的人怎么能够具备当编导的资格呢？

有了合理的建制，接下来就要看管理，而栏目管理的关键在于建立有利于发展的奖惩机制，设立科学的绩效考核制度。绩效考核是媒介人力资源管理的重要环节，即给员工提出相应的工作量和质量要求，并以此决定对考核对象的任用和其应得的报酬。一般来说，收视率也应该成为衡量节目创作者工作绩效的指标之一，而且许多栏目都采取了人员报酬与收视率挂钩的方式。在此，我们还要注意电视行业整体工作的特殊性，绩效考核表的设计是否合理，也对每个的团队发展有极大的影响。总体上看，电视行业是一个相对不稳定和更辛苦的行业，从业者要付出较大的脑力和体力劳动。我们的考核指标要有利于调动创作者的积极性，有利于维护从业人员的创作能力，有利于保障员工的安全和健康，有利于留住优秀人才，因为最终决定栏目质量和效率的是优秀人才。

3. 栏目生产模式

目前，较为常见的栏目生产模式有编导负责制、流水线作业制。

（1）编导负责制

编导负责制也可被称为导演中心制，即节目的制作从策划选题到最后合成送播都由编导来统筹安排，编导直接对栏目的制片人负责。这种模式特别适合通栏式、内容形式前后延续性强、有递进关系或逻辑性强的栏目。一般栏目都有编导若干名，分别制作各自的节目。

编导负责制使每期节目责权明晰，能够充分发挥编导的能力：可以由编导自报选题，也有些栏目设立策划组（也叫选题组），专门为编导提供可操作的选题，以便把编导从烦琐的资料收集中解脱出来；选题通过后，编导联系落实采访，对所拍内容掌握得足够详细后即着手录制；这期间与拍摄对象、嘉宾、观众的联系都由编导负责，编导还要与各工种进行协调，同时经过充分的前期准备，设计好要拍摄的内容；在节目录制现场，编导要与摄像等工种充分沟通，把握好每一段画面与声音，演播室节目则要与导播配合默契，如在节目的录制现场，嘉宾、主持人都可能漏掉有趣的细节，编导则提示节目进程并及时弥补过失；录制完成之后，由编导进行编辑合成；之后送审，若无需修改，制片人和部门主任签字并送播。

可见，编导负责制能最大限度地激发编导的热情与能量，有利于编导创造性和主动性的发挥，而且能在节目中体现出个人风格，并保证每期节目的完整性。但任何事情都有两面性，有了编导负责后，可能其他制作人员就不会对节目投入太多。因此，在这一模式下编导的领导才能尤为重要，要在充分发挥自身主动性的同时也能调动其他工作人员的热情，在做到人尽其才的同时又保证集思广益。

（2）流水线作业制

顾名思义，流水线作业就是把节目的制作过程分成若干个不同的工序，每个工序由不同的工种负责，每个工种的人各司其职。节目制作过程就像商品的组装流水线一样，在进行完最后一个工序时，节目就自然而然地完成。这种模式特别适合板块化的栏目，要求每期节目有固定的模式和环节，总体内容可以拼贴而成。

"流水线"是大工业化生产的产物，这种模式有利于规模生产，而且由于整体形象的相似性，栏目的整体风格更为统一。

例如中央电视台的《开心辞典》、《幸运52》等娱乐节目，它们在内容构成、布局、编辑等方面都采用了流水线模式：每期节目由选手组、嘉宾组、题库组提供节目资源，如选手、嘉宾、问题与答案；编导组将节目设计报给主编，主编负责协调解决制作过程中出现的问题；节目录制完成后，交给后期剪辑人员剪辑……如果把节目制作看成是一个工业链条，则任何一个环节出现问题都会给节目造成损失。运用这种方式的关键在于，要能够充分地调动每个岗位的人员的工作主动性。

流水线模式特别适合益智类节目，这类节目环节固定，看上去每期都很相似，其差异更多地依赖于选手和主持人的发挥。这类节目一般在演播室完成，经常采取集中录制的方式：一般每月集中2—3天录制完一个月的节目，也可直播。

由于制作快捷，目前日常栏目都在尽力追求采用流水线作业制。但策划人必须认清两种作业制的特点，并不是所有的节目都能运用"流水线"方式，如专题、纪录片、剧类等等要突出导演独创性和进程逻辑性的作品，就更宜采用"编导负责制（导演中心制）"。

4. 生产流程

所谓电视节目的生产流程，是指节目在生产过程、生产方式和生产机制等方面具有一系列基本的操作规范，在这种规范的调整之下，节目的生产、设置、播出及改版、创新等均能科学、合理而有效地进行，从而降低运营成本、整合有效资源、提高资源利用率、扩大节目传播效果。栏目的生产流程因栏目性质和制作方式的差异而有所不同，但大致环节是差不多的：

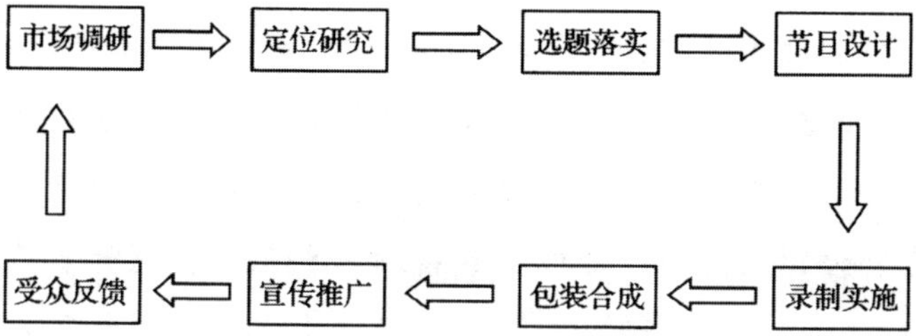

在流水线模式下，生产流程的相对固定会显得更加重要，如益智类节目。在这类节目的制作过程中，任何一个环节出现问题都势必影响整个节目的顺利录制，从而造成资源的浪费和成本的提高，因此制片人要对每个环节进行高度监控。在《开心辞典》的生产流水线上，约有118道“工序”，每道“工序”都是节目运作中的一个必要环节，要有专人负责：从准备阶段的选手选拔、题库出题、导演形成节目方案、制片落实录制场地，到录制阶段的选手培训、题目电脑录入、网络技术支持、演播室现场切换控制、后勤保证，再到后期制作以及选手奖品发放、题目校对审核、剪辑合成、包装送审，直至节目宣传、节目播出。不论环节大小、主次，均需环环相扣。

5．盈利模式

电视台作为目前中国电视节目的主要制作单位，其财政收入的主要来源是广告。曾有数据表明，大部分省级电视机构和地市级电视机构的广告收入在总收入中的比例超过了90%，中央电视台的广告收入也占到总收入的85%以上。一些有节目制作能力的公司由于没有播出平台，只得卖节目给电视台；而电视台若拿不出现金，便可以向这种公司提供“贴片广告”，即电视台向制作公司提供一些随节目播放的广告。

实际上，电视台的盈利主要靠不同收视时段的广告销售。另外，栏目还可以通过冠名、标板、鸣谢等方式获取广告。

在许多电视台，广告时段价格是公开的，经常被代理的广告公司批量买走，在一段时间以内，栏目的质量会直接影响广告公司的盈利。若栏目收视率一路攀升，意味着广告公司将盈利；反之，则可能亏损。受众大多会反对高频播出广告，而实际上插播广告的时候也正是观众容易换频道的时候。如果广告位置放置不当打断了节目进程，或广告插播过于频繁或集中，都将会影响栏目的形象甚至导致观众放弃收看。如一些地方台的节目广告过多，节目演播环境中无论天上地下，满眼大大小小、花花绿绿的广告，节目播出过程中还一边不停地滚广告字幕，节目间歇也继续插播广告，无论食品、招生、减肥、医药……来者不拒。特别是在本质高雅的文艺表演节目中，蚊香、火锅、化肥、脚气膏、鞋袜、减肥药……这些产品不但不能帮助栏目树立形象，反而会自毁形象。我们要清醒地意识到，当一档节目被认为庸俗化时，不见得仅仅是内容环节出了问题，还可能是广告和节目风格、主题不符的问题，或是因为广告过多、破坏节目视觉和整体形象而导致令人生厌。因此，编排什么样的广告、如何编排广告，便成了栏目策划和创作时应该认真考虑的问题。

栏目与广告经营的互动，从根本上说首先应该考虑的是节目内容与观众的互动——凭借节目的高质量并设计观众参与的环节来拉动收视率。目前，一般电视台栏目的广告表现方式主要为三种：冠名、插播广告和滚动文字广告。影视剧、娱乐类节目由于其戏剧性、悬念感强，相对更受广告商的青睐，节目中也更容易设计盈利元素。如《幸运52》节目中的短信互动、产品品牌推介、竞猜内容，节目内外的广告、奖品、商标竞猜，还经常感谢赞助商对某环节的支持等等。新闻类栏目能够赢得广告，但是广告又容易使节目丧失公正公平的立场，故应该谨慎插播甚至杜绝广告。经济生活类栏目由于与受众生活联系紧密，很容易与广告互容……无论软硬广告，都要注意不要使节目自身的品位降低。如果要保持节目的个性、品位，宜尽量采用插播广告。

发达国家的一些电视台，其主要收入是受众交付的收视费，而我国也正逐渐推行付费电视和交互式点播——观众有更大的节目选择权，为爱看的频道或栏目付费，因而今后频道或栏目的质量会更直接地影响电视台的收入。

另一方面，广告商希望栏目自始至终都保持高收视率，这也是栏目创作者的愿望。于是收视率改变了节目的创作观念：以前的作品曾追求“最后高潮”，但现在如同小品讲究“30 秒一个包袱”，栏目也被要求高潮迭起、节奏明快，先抑后扬的作品可能在一开始就没有竞争力了。

6. 栏目的品牌延伸

栏目经营战略的核心和目的是树立品牌，而品牌延伸则是其中的一个重要内容。所谓品牌延伸，就是一个品牌利用其知名度将原来的业务拓展到更新更广的领域——栏目衍生品的经营。如《生活》栏目曾与德国威娜公司联合举办美发大赛，《绝对挑战》与《北京青年报》联合举办人才招聘专栏，《天天影视圈》与首都各大影院联合送电影票给热心观众，《鲁豫有约》出版相关书籍，《开心辞典》节目题目结集出版……品牌延伸无疑是栏目拓宽收入渠道的手段，更是巩固品牌形象、使栏目形象更加深入人心的办法。

栏目品牌延伸有其自身的局限性，但同样是首先要求品牌自身具备足够的感召力——每个名牌栏目都有其独特的核心价值与个性，若这一核心价值能包容所拓展的产品，就可以大胆地进行品牌延伸。品牌延伸应尽量不与原有核心价值与个性相抵触，如果衍生品与品牌风格迥异甚至没有实质联系，整体品牌就无法给观众留下统一印象，甚至可能对已有品牌形象起到削弱作用。还有的栏目最后把重心放在节目外的营利活动上，结果是其延伸的活动做得不专业，又没有精力来保证栏目质量，最终栏目也会被停办。

不过总的看来，我们一些著名品牌栏目的多元化开发还远远不够，开发得也不专业。我们需要加强开发的意识和机制，需要更专业的开发队伍。例如节目演播场所、场景可以为商业观光所用，节目的游戏项目在节目外也可吸引大量参与者，一些服务栏目可以与商家联合制作……

7. 栏目的品牌维护

俗语说，“打江山易，守江山难”。对于一个栏目来说也是如此。倡导创新精神是品牌维护的实质，只有在创新中推进品牌发展，才能实现由一般品牌向强势品牌的飞跃。品牌维护可以从以下三方面入手：

（1）及时采纳正确的反馈意见，对局部不够合理、不够完善的环节进行检查和修补，在品牌生产的自我循环中完成逐步升级。

（2）依据品牌的个性，不断翻新包装，保持新鲜感。通过形象包装、节目推介和周期性社会活动，宣传口号语、主题曲和节目主持人，让受众熟悉品牌。

（3）阶段性调整内容，谨慎改版——常变常新。把改版落到实处，就是密切跟踪受众的潜在需求和市场变化，发掘地域性、对象化、时尚的因素，使品牌及时更新换代，实现自我超越。

但要注意，无论是改版还是翻新包装，都应当充分尊重品牌的原有核心品质，不要搞得面目全非；要考虑受众旧有的欣赏习惯，保持节目视觉识别系统的主要元素，以保证品牌累积储存记忆的连续性和稳定性。应采取延伸、活化等手段，以提高质量为重要指标，否则就是重新打造另一个品牌了。

本章小结

栏目化的实行对于策划有着重大意义，我们应该趋利避害，使它更好地为内容形式的表达服务。在栏目的设计与包装上，除了要与所在台、频道相适应之外，还要进行全方位的规划。栏目的策划是一项系统工程，品牌的形成也决非一日之功。准确的受众定位、富于个性的内容、时尚的包装、颇具吸引力的主持人、黄金的时段及完善的市场运作等，这一切都需要严谨细致的策划。另外，良好的经营和有效的管理也是整体策划的重要一环，它不仅是栏目有效运作的前提条件，更是有力的保障。

思考题

1. 谈谈你如何看待栏目化的利与弊。
2. 试分析某栏目定位的成功和不足之处。
3. 主持人在栏目中可以发挥什么样的作用？
4. 栏目的包装和宣传可以从哪些方面入手？

5. 栏目的生命周期包括哪几个阶段？栏目处于不同的阶段应采取哪些相应的策略？

6. 一个优秀的栏目制片人应具备哪些素质？

下　　编

从第六章开始，本书将进入到下编，对众多具体节目类型的策划实务进行分析，因此首先便会涉及对节目进行分类的问题。正确的节目分类无论是对节目的制作、管理，还是对节目的理论研究都有着重要的意义，当然也有助于对电视节目策划进行系统化、真正联系实际的论述。

应当说，对一门学科的研究对象进行分类，分类的结果越精细、越严谨、越客观，就越有利于研究工作有针对性地展开。但是，我们处于一个各部分相互联系、各种因素相互影响的不断变化的现实世界。因此，随着新的电视表现手段的引入和新的节目形态的出现，电视节目系统会越来越繁杂。多年来，理论界一直在为节目的合理分类争论不休。如《当代中国的广播电视》① 一书将电视节目分为新闻性节目、社会教育性节目、文艺性节目、体育节目、少年儿童节目、服务性节目、电视教学节目、少数民族节目、对外节目。应该说这种分类包容性很强，基本囊括了所有的电视节目类型，但是它的致命缺陷在于分类标准的混乱，从而也造成了创作实践中理解和运用的混乱。

要想把所有的节目进行分类，而且这个分类要符合不同的研究目标，实际上找不出一个放之四海而皆准的衡量标准。出于不同的角度或目的，为了不同的研究目标，就应该有不同的划分标

① 左漠野:《当代中国的广播电视》，中国社会科学出版社 1987 年版。

准，从而产生出相应的结果。

1. 从媒体功能和受众需求角度划分

以电视媒体在当今社会的功能和受众的基本需求为出发点进行划分，这是运用比较广泛的划分方式。电视媒体的传统功能划分也大致决定了相应的节目内容性质划分，并形成综合性电视台节目的基本内容构架。

（1）新闻信息：传播信息是传媒建立的最重要的目的，也是电视受众对电视媒体的第一需求，故这类节目被称为立台之本。新闻的政治性、严肃性、实用性和时效性有利于塑造电视台的权威形象，信息发布者以播音员为主，他们应稳重大方，表达严谨……

（2）文化娱乐：娱乐是传媒受众的本能需求，因此文化传播和交流是传媒不可推卸的责任，同时其内容形式的丰富多彩、轻松活泼、跌宕起伏也造就了电视总体内容中最具可看性的部分，受众在接收的同时也是在享受、消遣。一般来说，文化娱乐节目占据了电视台最长的播出时间。这类节目的主持人或靓丽时尚，或风趣幽默……

（3）生活服务：这类节目最能体现对受众的呵护与关怀，最能直接体现电视的亲近性。只有在电视发达、观念开放的时代，电视服务节目才可能有深入发展的空间。这类节目的主持人应有较强的亲和力。

（4）知识教育：在不发达的地区，电视的知识教育功能显得尤为重要，而且由于传播的广泛、便利、直观，使电视成为教育的有力手段。这类节目讲究专业性和权威性。不过传统教育节目的形式较为单调、内容也相对枯燥，因而应当更加注重传播方式。

（5）经济手段：当电视的产业化时代来临，电视还担负起了获取经济利益的责任。因为不再得到国家的财政支持，许多节目成为获取经济效益的重要手段。在这样的情况下，追求高收视率自然成为节目编排的基本目标，甚至出现了一些以盈利为主要目标的节目。但这样一来，节目的性质必然会发生改变，从而必然影响到具体的内容形式。

换一个角度说，其实从电视媒体的根本功能上讲，现在每个节目都可能同时具备以上五方面的效应，只是由于自身目标和专业方向的不同而各有侧重。同时，不同的内容性质会决定相应的节目样式与风格。

2. 从目前节目样式划分

目前电视上常见的节目样式有新闻、剧、栏目、专题、纪录片、晚会、广告、谈话、竞赛……

(1) 新闻：也被称为信息节目，是对最新事实的纪实报道。一般来说篇幅很短，在几十秒至二三分钟之间，对事件进行“短、平、快”的陈述。多个新闻可串联成系列的新闻栏目。对这类节目的评价以“真”为基本出发点。

(2) 剧：可包括电视剧、电视电影、电影等，篇幅较长，行业规定单本剧或集长度45分钟，短于30分钟称短剧，再长可分上下集，长篇连续剧可长达几百集。对这类节目的基本要求是：有人物，情节曲折，富于传奇色彩。

(3) 栏目：定时定点播出，一般规定长度为30分钟，有杂志式、通栏式，每期模式相对固定，是日常节目的最基本的样式，所涉及的内容非常丰富，杂志式还特别适合生活服务类内容。如果是日播栏目，则非常适合信息源丰富的内容；如果是周播，则具有盘点意味。时间相对较长的栏目往往是综艺或娱乐节目。

(4) 专题片：夹叙夹议的形式，有一定长度，传达一定的主题或编导思想，特别适于表达主观的创作意识。

(5) 纪录片：按照真实时空发展顺序纪录人物和事件的发

展过程，因其平实、朴素，可能没有超凡的声画和强烈的情绪节奏来愉悦受众视听，节目一般显得较为平淡。

（6）晚会：一般长度在一个半小时以上，特殊晚会可长达数小时。越长的晚会，一般越具综合性，群星荟萃、气氛热烈。一般放在特殊的时段播出，如节假日、纪念日等。

（7）广告：广告是电视台重要的经费来源，长度一般在5、15、30、60秒不等，特殊广告可更长。广告必须在短时间内有效传达产品的宣传推广信息，其声画形象追求极端典型，语言精炼并具煽动性，力求给人留下深刻印象。

（8）谈话：以语言交流为主。这类节目的收视效果是有限的，因为画面相对单调，对于那些不感兴趣或不能理解话题而喜欢“看”电视的观众，则缺乏吸引力。

（9）竞赛：竞赛节目以前通常体现为体育节目，而体育之外的竞赛往往被视为特别节目。目前还兴起了借鉴“赛季”概念的节目，被称为“赛季节目”。相对于栏目化的固定日播或周播的日常节目方式，赛季节目往往因为一个特别的事件而在一定时间内举办并播出，而且往往以竞赛的方式进行，如歌手大赛、律师大赛、选美比赛、英语竞赛、真人秀等等内容。这类节目每次播出的内容因竞赛程序而定，由于竞赛的紧张感与悬念感强，一般都能起到较好的拉动收视率的作用。

……

在具体实践中，节目形态是会不断变化发展的，而且具体形态可以融合，如专题片和纪录片的融合、栏目与晚会的融合、新闻与专题的融合等，都是较为常见的。

3. 从受众状况划分

（1）以受众的年龄分：目前有少儿节目、青年节目、老年节目等。不同年龄段的受众有不同的需求，节目也应该有相应的最适合的表现形式。以上海为例，曾有2003年央视－索福瑞的调查表明，15—24岁年轻时尚一族喜欢收看音乐时尚类频道；25—34岁和35—44年龄组观众对体育节目和纪实频道的节目比较关注；55岁以上的老年观众以收看东方台戏剧频道为多。

（2）从受众的性别分：不同性别的人喜欢的节目样式不同。如男性偏爱新闻、政治、经济、体育、军事等频道的节目；女性观众相对更偏爱电视剧类频道和娱乐类频道的言情剧、音乐舞蹈及娱乐、时装等节目。目前已经出现了专门的女性频道或女性节目。

（3）从受众受教育的程度分：不同知识层对问题的认识不同，喜欢收看的节目样式也不同。可将节目大概分为“大众”节目、“精英”节目两大类。

（4）从受众所处的行业分：目前有农业、军事、工人、学生等节目的划分，主要针对数量较多的人群对专业信息、知识和相关社会问题关注的需求。

（5）从受众所在的地域、社会环境分：各地方台、区域台就建立在这个基础上，地方特色成为一些频道或栏目的生存基础。

4．从电视创作角度划分

（1）从表现层面分：电视节目创作有两种思维出发点：一种是电视成为内容的记录手段——体现为电视转播意识，对事物发展进行准确表达，着重展现内容本身的内涵；另一种是电视手段本身也是被表现的“主体”，从而参与到对客观世界的表达中——体现为电视创作意识，即创作时要充分考虑电视手段的特殊性，于是作品的形态可能是电视独有的，脱离电视便不可能存在。由此产生了电视创作的两类意识：“本体性”的和“电视化”的。

（2）从创作风格分：节目可以分为纪实与非纪实两大类。

纪实类如新闻、纪录片，要求记录者以客观的立场表现真实生活。在这类作品中，真人真事、同期声是节目的基本表达要素，而且节目结构基本以真实事件发展时空为依据。

非纪实类，创作者可在自己的独特理解的基础上进行创作和虚构，可有大胆的艺术改造和加工，并充分发挥创作主体的创造性。这样的创作往往更多地体现在电视文艺节目、专题片、情节剧等作品中。

(3) 从节目播出方式分：节目可以分为电视直播节目、电视录播节目。

直播节目注重时效性，并应当充分表现现场气氛；录播节目有条件在前后期进行精良的电视化制作。

(4) 从节目制作场所分：节目可以分为演播室内的——人工场景为主，可以是抽象化的；演播室外的——以自然光线为主……

在以上的分析中，我们可以发现，由于不存在一个绝对全面合理的划分和评价标准，因而在研究某类节目类型特性时，应该从多个角度全面考虑，评价不同类节目应当按照不同的专业标准。

在节目实行专业频道化播出的情况下，实践中已不可能以部门和专业的分工来决定节目的内容和形式。在节目创作中相对普遍、实用的角度，是以节目内容、性质、风格为划分出发点的。就本书而言，从便于策划的角度，也为了避免章节过于庞杂，暂把节目划分为三大类：新闻社教类、文体娱乐类、生活服务类。

(1) 新闻社教类

新闻与政治往往紧密联系，而且经常包含宣传、教育内容，其节目被作为一种舆论工具传达给观众。与社教节目风格一致，需要严肃的态度、精准的表述、纪实的风格和稳重的主持人形象。这种划分是将所有内容严肃的节目归为一类，即包括新闻节目与原社教节目中的社会、政治、法律等内容结合为新闻社教类。比如中央电视台的《新闻联播》、《焦点访谈》、《经济半小时》、《新闻30分》等栏目，形态上往往体现为专题片、纪录片、资讯谈话等。

(2) 文体娱乐类

指一般概念中的文艺、体育和群众参与的文化娱乐节目。这类节目的主要功能是供观众消遣，并寓教于乐、寓教于美，使人在愉快、放松的同时得到美的享受；主持人需靓丽、活泼、机智、幽默。这类节目播出量大，相对在综艺、电视剧、音乐、体育、生活服务等频道较多展现。由于这些节目功能的一致性和创作的相似性，一些电视台已经逐步取消了以往的文艺部、体育部，进而合并为文体部（中心）。

(3) 生活服务类

内容与百姓的生活密切相关，指导具体生活技能、引导日常消费、解决日常困难和困惑，还包括医疗保健服务的节目。这类节目主持人以亲切、风趣见长。比如中央电视台的《天气预报》、《前沿》、《为您服务》、《股市行情》等等栏目。

以上的划分也只是相对的，主要是为了寻找同种类节目策划的共同规律。实际上，一个节目往往可能同时既具有娱乐性又具有服务性，新闻社教类节目也可能呈现出娱乐化倾向。而且随着时代的发展、人类思维的丰富以及电视科技的进步，节目内容所反映的生活层面会越来越全面，形式也应该越来越丰富，节目划分的角度也应越来越多样。节目的内容形式应当是一种自然的结合与创造，有时刻意追求类型化反而会限制创新。另一方面，我们也不应随意给新的样式下定义。一个节目类型或品种的形成，一定以相对规模的作品积累和独特的创作特点为基础。

基于目前节目发展状况，本编将对三大类中具体涉及的节目形态的策划展开更详尽的阐述。当然，每一类节目有多种表现形态，为了避免重复，以下我们会尽量在每一类节目中选择最典型的节目形态策划来进行阐述：

新闻社教类——涵盖新闻类节目、社教类节目、专题片、纪录片。

文体娱乐类——包容了电视剧、综艺晚会、游戏类节目、赛季类节目、真人秀节目、电视文艺专题、体育节目。

生活服务类——收进了一般的生活服务节目、电视广告、电视谈话节目。

客观地说，这样的划分也不尽完善，特别要提一下的是广告节目和谈话节目。一些学术论著把广告从服务类节目中分离出来，与其他节目并列单独划为一类。但笔者认为，电视广告尽管是电视台播出的一种特殊节目，有着极强的社会服务属性，服务于广大受众和广大企业，因此应将其归入“生活服务类”节目。至于谈话节目，从内容上看，很难确切地将它归入三大类中的任何一类。从现有的电视谈话节目来看，它的内容涉及新闻、娱乐、经济等诸多方面，“谈话节目”这个名称更多地意味着一种节目形态，这就与我们以内容为标准的分类有着一定的冲突。但由于心理类谈话节目是最典型的谈话节目，为受众排忧解难，因此，在本书中我们将谈话节目放到生活服务类中，也是在各类节目的最后加以论述。其他还有真人秀，本应该属于“赛季类节目”，但由于近年来风头正劲，而且形态典型，故也单独讨论。

第六章　新闻社教类节目的策划

【本章提要】

从我国电视台现有的节目类型来看，新闻社教类节目最典型的有四种样式：新闻类节目、社教类节目、电视专题片、电视记录片。本章将结合这四种节目自身的特性对它们的策划要素进行阐述。

新闻节目品种很多，这里分信息类新闻节目、评论类新闻节目、深度报道类新闻节目和杂志类新闻节目来论述其策划要素。不同类型新闻节目的选题和节目形式都十分重要，根据其形态的不同，其策划还有各自不同的侧重点。

社教类节目的内容要能体现出时代特色，要在增强节目的趣味性、针对性和权威性上下工夫。

电视专题片的切入点、语言、结构、节奏、细节等都是在策划时需要考虑的因素。

电视纪录片的选题是最关键的，在确定了选题后，可以在真实性、结构、风格以及故事化等方面入手进行策划。

第一节　新闻节目的策划

电视新闻节目究竟能不能策划？如何策划？对此业界有着广泛的争议，有人认为新闻节目一旦进行了人为的策划就偏离了新闻客观、真实的基本原则；另一部分人则认为，在我国新闻节目是宣传手段的一种，为了获得理想的宣传效果，精心的策划是可行的。其实，从电视新闻节目的内容——新闻事实这个角度来看，新闻节目是不应该策划的，媒体的职责是客观公正地报道新近发生的事件，如果由媒体自身来“制造事件”，则可能会偏离新闻的客观性。不过，电视新闻节目的编排、报道形式等是可以策划的。而且随着社会的发展，各媒体的“新闻大战”，有愈演愈烈之势，比如南京市各媒体的“新闻大战”就直接促使了各台推出风格各异的新闻节目。要想在众多同类节目中脱颖而出，精心的策划是很有效果的。

从国内外新闻节目的发展现状来看，各种新的新闻节目形式不断涌现。而且各种类型的新闻节目在节目要素、表现形式等方面有着较大的差异，因此本节将新闻节目分为信息类新闻节目、评论类新闻节目、深度报道类新闻节目、杂志类新闻节目分别予以论述。

一、信息类新闻节目

信息类新闻节目指的是迅速、广泛、简要地报道国内外最新发生的新闻事件的节目形式，其内容以消息为主，辅以连续报道、新闻点评等节目样式。信息类新闻节目是观众了解国内外大事的主要窗口，也是电视台最为常见的一种新闻节目样式。这类节目也因其内容的广泛包容性被称为“综合类”新闻节目，其代表样式是中央电视台的《新闻联播》、《新闻 30 分》等经常安排在整点、半点播出的节目。2003 年 5 月，中央电视台新闻频道正式开播，每逢整点都会有综合类新闻节目的播出，使得信息类新闻节目无论是在播出信息量还是在时效性上都有了很大的提高。

和其他新闻节目相比，信息类新闻节目在节目内容上呈现出多样化的特征：从地域上看有国内要闻、地方新闻、国际新闻等；从新闻的性质来看，有政治新闻、社会新闻、文体新闻等。在节目形式上，信息类新闻节目相对比较自由，可以有简讯、述评、现场报道甚至滚动字幕新闻，凡是与新闻内容相适应的报道形式都可以出现在节目中。从这个意义上讲，这类节目最重要的立足点在于选题。

1. 选题

信息类新闻节目选题策划的基本要求是要有具备重要性、新奇性、贴近性、公正性、时效性的事件。重要性表现在对社会、对人们政治与经济的影响，如政局变动和决策、经济动态与政策、军事行动与战况、灾难与拯救等等。新奇性体现在满足受众对世界的好奇心，增加生活情趣。贴近性表现为服务于受众，为受众展现身边的问题并解决问题。时效性是所有新闻的基本属性，否则就是“旧”闻了。一个事件只要具备了以上某个方面的特质，就可以作为选题成立。

选题的大部分来自对社会事件进程的预计，而当选题确定以后，应结合选题从多个角度全方位地进行剖析，从而确定相应的具体的报道计划，安排好采访、组稿工作。节目组可以自行组织记者围绕新闻事件进行采访，也可以提前向相关单位约稿，如中央电视台在重要节日期间，都会要求地方台提供全国人民欢度节日的相关报道。最后确定播出时间，获得最佳的传播时机，达到最好的传播效果。

信息类新闻节目作为栏目选题的策划和单个新闻又有所区别：栏目更突出的是节目整体的传播效果，而单个新闻要体现自身的独特性。由于受单位时间的限制，信息类新闻栏目内容以动态新闻为主，不可能像深度报道一样将新闻的细节与内涵说清楚，但它时效性强、播出时间固定的特点同样产生了适合自己的报道形式——可以进行系列报道、连续报道，从一定程度上弥补深度不足的弱势。系列报道是围绕同一新闻主题从不同角度、不同侧面进行多次、连续的报道；连续报道是对正在发生、发展中的新闻事件及所追踪的事态进行及时而又持续的报道。系列报道适合成就报道或政策思想宣传等非事件性报道，如中央电视台《新闻联播》的系列报道"实践三个代表，加强党风建设"；连续报道则是对动态事件的追踪报道，如凤凰卫视的"9·11事件最新报道"。系列报道、连续报道作为综合类新闻节目特有的节目样式，能有效地提升动态新闻的报道深度，是综合类新闻节目中深度报道的载体。在选题策划时应结合综合类新闻节目这一优势，充分运用连续报道、系列报道的样式，给观众以全方位的、持续的信息满足。

如何以一定数量的动态新闻报道实现对某个重大新闻事件的展示，在连续报道多个信息的同时造就整体节目的节奏和连续的吸引力，这才是栏目选题策划的意义。如新千年、申奥成功、中国入世等重大事件，中央电视台《新闻30分》都进行了集中报道，从各个角度展示了这些新闻事件的动态发展，观众在连续收看中获得了相关事件的全面信息。

2. 小记者大编辑

信息类新闻节目丰富的内容给观众带来了巨大的信息量，但同时，如何将这些内容庞杂、形式各异的新闻报道有机地融合在一个节目中，则是信息类新闻节目策划需要解决的问题。从另一个意义上来讲，对同一地域同一个级别的媒体来说，新闻事件和来源渠道是相同的，信息发布渠道也是有限的，最终如何获得受众，关键在于报道的角度、观点和编排。由此看来，信息类新闻节目不应满足于记者的规模与现代化转播手段，还应当在编辑观念上下工夫。

(1) 客观、公正的角度与观点

本来客观、公正应该是新闻的基本要求，但为了急功近利提高收视率，不少媒体经常发布未经核实的信息，甚至提倡"炒作”新闻。当然，“炒作”能够取得一定的传播效果，但一个有一定水准、在受众心目中具有权威性的媒体一定不是靠“炒作”取胜的，甚至不需要有多大的传播范围。如近年来一个小小的半岛电视台，在世界范围内造就了极高的知名度，原因就是其报道不屈服于任何压力，坚持自己的新闻价值，无论是美国、英国政要的访谈还是极端恐怖分子的讲话，都予以发布。

当然，新闻具有不可回避的舆论导向性。事实上，所有的媒体都难以回避其为所代表的阶级发言的实质，同时媒体应该具有社会责任感，所以媒体往往会对新闻事实和报道分寸加以选择。但无论如何，新闻都要追求客观与公正。只有具备公信力的媒体，才有长久的生命力。

（2）编排

编排是将所有本不相干的信息进行有机串联，使之最终成为一个节目整体。成功的编排能凸显节目个性，并形成整体的传播效果；反之，即使单个新闻非常出彩，没有恰当的编排，整个节目也只是一盘散沙。从这个意义上讲，新闻节目的策划就经常具体落实在编排上。

体现重要性

一般来说，新闻按其重要性依次排列的做法曾经被各电视台广泛采用，这对观众来说是有益的，他们能在最短的时间里集中收看到所有重要的新闻。如头条的选择是综合类新闻节目编排首先要考虑的问题。电视新闻节目的头条犹如报纸的头版，它直接影响着观众的收看趋势。特别在网络媒体迅速发展的今天，从电视获取信息也已经不是受众的唯一选择，对于综合类新闻节目来说，精心挑选的头条还是吸引观众眼球的一个有效手段。因此在节目编排时应对头条的选择给予足够的重视。同时，头条的选择和节目定位又密切相关，《新闻联播》定位国内，因此它的头条多是国家领导人的活动或重要经济报道。省级台的节目如《江苏新时空》则定位于江苏，它的头条是来自省内的重大新闻；而凤凰卫视定位于两岸三地、面向世界，因此它的《时事直通车》头条的选择便以新闻的重要性作为标准，少了具体地域的限制。同时，事实本身的重要性和观众的兴趣点也是影响头条选择的重要因素，如当美国“发现号”航天飞机失事时，《新闻联播》就将这条国际新闻放在了头条。

除了要考虑内容的重要性，目前编排要考虑的还有新闻报道的播出次序对受众整体收看的意义。对电视台来说，重要新闻结束后它们将面临着观众的流失。因此，一种新的编排方式出现了，它将除头条以外的重要新闻散布在整个节目中，并在内容提要里予以介绍，给观众以收视期待。这样的内容安排能持续地调动观众的收视热情，有效地锁定观众。如中央电视台体育频道18:00的《体育新闻》，节目将当天的重要体育新闻按类别（足球、篮球、网球、田径等）散布在节目中，体育迷要想比较完整地看到所有的赛事报道，就只能在半个小时的时间里锁定《体育新闻》了。

在进行综合类新闻节目的结构策划时，各电视台还可以根据自己的内容选择适当进行调整。如《新闻联播》主要面向国内观众，所以国内要闻分量较大，文体、国际新闻的内容则相对较少。《中国新闻》是国际频道的新闻节目，因此国际新闻的信息比较详尽，此外还增加了对国际重大事件的述评。而对于省市台来说，国内新闻、国际新闻的内容又要进一步压缩，以重点突出本省（市）内的新闻。在竞争激烈的时代，新闻节目的编排一定不能盲目求全求大，而是要给自己的目标观众提供最有效的信息。

体现节奏

一般来说，综合类新闻节目时长大多为30分钟，大时段新闻信息的堆积，一方面可能会导致观众收视疲劳，另一方面由于电视新闻节目的线性播出，也不方便他们有选择地收看。因此，综合类新闻节目一般都会将节目分为几个板块，不同性质的内容往往会集中在不同的板块中播出。以《新闻30分》为例，它就是由国内要闻、文体新闻、国际新闻等几个部分组成。在不同的板块之间，《新闻30分》、《新闻联播》都采取了插播一个小片头的方式，使节目呈现出一定的节奏感，而不给相应的板块命名。也有个别的节目是60分钟，如中央电视台国际频道的《新闻60分》，由于其超大容量的内容构成，于是节目中每个板块都有自己的名称，如“综合要闻”、“国际新闻”、“财经报道”、“综艺在线”、“体育时空”等。

3. 节目风格

同样是综合类新闻节目，节目风格可以有着明显的差异。如《新闻联播》的严肃、《新闻30分》的明快、《南京零距离》的贴近、平和。这些风格各有千秋，都是为了满足一定传播效果的产物。在进行节目风格策划的时候，除了要考虑前面提到的编排理念，还需要考虑以下几个因素：

（1）新闻报道的形式

新闻报道的形式将直接影响到整体节目风格的确定，如果在前期策划中确定了节目的风格，就意味着相应的新闻报道形式的确定。在《新闻联播》中，每条新闻的处理都中规中矩、格式严谨，这些新闻的组接最终形成了《新闻联播》严肃的风格。《新闻30分》报道形式多样：记者暗访、现场报道、现场直播等，并安排一定数量的趣闻轶事的报道，形成了轻松明快的风格。以《南京零距离》为代表的一些城市台的综合类新闻节目则注重新闻报道的口语化，以唠家常的方式播报新闻，形成了其“贴近”的风格。

（2）播出时段

节目播出时段的不同，意味着潜在观众群的不同，从而也会影响节目风格的定位。早晨的观众一般是上班族；上午多半会是家庭主妇、退休人员；中午也是上班族的收视高峰；下午的收视人群和上午类似；晚上黄金档的观众主要是家庭主妇、学生和中老年观众；晚10:00以后，上班族、中青年观众是收视的主体。由此可以看出，对于新闻节目而言，早晨、中午和晚间是潜在观众最多的时候，是新闻节目播出的最佳时段。

早晨，上班族往往习惯于打开电视“听”新闻，繁忙的家务让他们无暇坐下来看新闻，只能一边忙着一边听着。因此，早晨的新闻节目应更注重口语化，应更多一些简短的新闻，以方便观众的“收听”，如《凤凰早班车》中的鲁豫“说新闻”。

中午是上班族的休息时间，可以一边看看新闻一边享受短暂的轻松时光，此时的新闻节目适合轻松明快的风格，《新闻30分》正是为他们量身定做的。

晚上黄金档是中老年观众的收视高峰，严肃、正统的《新闻联播》是他们的必然选择。

晚上10:00以后是新闻节目的又一个黄金时段，这一时段在以前是被各电视台所忽视的。近几年，各电视台都加强了10:00档新闻节目的制作力度，如中央电视台的《晚间新闻报道》、湖南卫视的《晚间新闻》等。这一时段的观众是忙碌了一天回到家中的上班族，他们此时需要大容量的新闻节目来满足自己的信息需求，因此这一时段的新闻要简短明快、信息量大。

从以上的分析可以看出，播出时段的不同决定了节目风格的选择。因此在前期策划中确定节目风格时，就应考虑节目的播出时段。

（3）播报者

播报者包括传统意义上的播音员和近年来成长起来的主播。播报者的风格与形态也是信息类新闻节目策划时应该着重考虑的因素，也是节目形象风格的重要组成部分。播音员是公众形象，是节目的直接代言人，如《新闻联播》的播音员罗京、李瑞英、张宏民等端庄大方，体现出大家风范；《南京零距离》的主播“光头孟非”极具亲和力，给人以“邻家大哥”的感觉。再如《新闻30分》在筹备阶段的时候来北京广播学院挑选主持人，他们的要求是形象清新、声线明快，最终选择了郎永淳，这和《新闻30分》的节目风格也是一致的。而曾经担任北京电视台《北京特快》的主播胡紫薇，创造了流行一时的紫薇播音语式——准确、机灵、干净利索，这其实也是《北京特快》节目整体风格的体现。

二、评论类新闻节目

评论类新闻节目是就新闻事实发表评论、见解的节目类型，它的主要任务不仅仅是报道某个事实，还包括通过对具体事实的分析提示，阐明对事实的见解、态度，借以影响、引导舆论。目前在国内，评论类新闻节目的代表是《焦点访谈》，它的出现曾经迅速推动了国内评论类新闻节目的发展，一时间，各级电视台都推出了自己的评论节目。但纵观这些节目，它们有很多雷同之处，几乎所有的评论类新闻节目都在走《焦点访谈》式的路线。其实，电视评论节目还有比较大的创新空间，大可不必拘泥于一种节目形式，各电视台在节目正式上马前，应结合自身的实际，做好相应的策划。

1. 选题

对于评论节目来说，由于这类节目的表达有偏于理性的特点，因此对选题的要求更高，选题如果没有吸引力，将会造成节目的枯燥乏味。从选题范围来看，抨击腐败现象和社会阴暗面的批评性报道固然对受众具有吸引力，但同样让他们感兴趣的还有具备贴近性、与实际生活密切相关的事情，比如衣、食、住、行、子女教育等，这些是地方台更好的选题范围。从展开评论的可行性来看，越是错综复杂、难辨是非的选题，越具有辨析的价值。

评论节目的选题范围大致有以下四类：

◈ 弘扬提倡的——主要是对先进人物、先进事迹的宣传，重在正面表述；

◈ 解疑答惑的——对一些新鲜事物或国家新的政策法规的阐述；

◈ 批评监督的——针对一些社会丑陋现象的批评和监督；

◈ 社会警示性的——对社会和自然环境中存在的问题进行分析和思考。

这四大类内容给了评论类新闻节目很大的选题空间，但早期《焦点访谈》的成功让很多人觉得批评监督性的选题最具有吸引力，也最具思辨性，所以《焦点访谈》扛起的“舆论监督”这面大旗迅速吸引了众多追随者，他们也采取了和《焦点访谈》相似的选题原则。但是不少台在经过一段热播以后（选题多为事先储备）却突然发现，真正找到一个合适的选题异常艰难，最后很多节目由日播改为周播，甚至有的最终只能选择停播。

实际上，由于我国的特殊国情，批评性报道所带来的各方面的压力尤其突出，甚至直接影响了节目的制作播出。往往，事件本身的错综复杂性使问题的解决，是只具有监督功能的媒体力所不能及的，中央电视台尚且如此，更何况省市级电视台。另外一方面是出于社会效应的考虑，如果只是批评报道，不但不会帮助实际问题的解决，甚至有可能影响到社会的稳定和民族的团结，因此，批评性报道应把握适度的原则。

因此，评论节目应该做到既要鞭挞不正之风，更要讴歌新风尚，既有重大事件的述评，也关注老百姓的生存状态，而不是一哄而上，“骂”字当先。这就要求节目的创作人员具有敏锐的眼光，能够深入实际，深入生活，深刻理解我国国情和民情，有较强的政策把握能力，从而真正体现评论节目的宗旨——解疑答惑，引导舆论。

2．节目形式

评论类新闻节目可以有多种表现形式：可以由单个主持人结合采访播报并加以评论，如中央电视台的《焦点访谈》；也可以由主持人和专家进行新闻访谈，如中央电视台的《国际观察》、凤凰卫视的《时事开讲》；更可以多人座谈，如杭州电视台的《假如我是人民代表》、凤凰卫视的《时事辩论会》。

在进行评论类新闻节目的策划时，应根据自己的节目意图选择恰当的表现形式。单个主持人结合采访播报的电视评论显得形式灵活、短小精悍，具有较强的倾向性，这类节目一般是对新闻事件的深挖，属于新闻报道的后续或补充，对一些大是大非的新闻事实进行述评，适用于社会对这些新闻事件的是非判断基本趋同的节目形式。主持人作为公众的代言人通过这种节目形式直接表达自己的观点，以引导舆论。电视评论除了应注重解说词的论点鲜明、论证充分、剖析透彻、以理服人外，更应发挥电视声画结合的特色，这也是电视评论的优势所在。

由主持人和专家进行的新闻访谈则有较强的客观性和权威性。在这类节目中，专家们可以针对一个新闻事件发表自己的看法，或分析新闻背景或展望事件的发展趋势。如中央电视台新闻频道的《国际观察》，由主持人水均益分别与几位专家对国际上最新发生的重大事件共同进行分析。这类节目的意图是通过专家的阐释，为观众释疑解惑，引导观众透过新闻事件的现象看到本质。而凤凰卫视的《军情观察室》请来军事专家以增强军事专业性与权威性，主持人董嘉耀和军事专家马鼎盛二人的迷彩服装扮更增添了趣味性。

多人座谈这种形式突出的是广泛的参与性，每个参与者都是不同观点、阶层、利益、角度的代表，很有贴近性。但必须指出，节目可能在追求贴近性的同时也造成了对权威性和专业性的削弱，因此这种节目形式特别适用于对有争议的事件的述评。

综上所述，由于内容决定形式，确定了选题范围，就应该有相应的形式与它匹配。如《焦点访谈》关注国计民生的选题决定了它的主持人新闻点评的形式，《国际观察》对于国际重大事件的分析必然要求众多专家的参与，而多人座谈的形式也和它的选题（家长里短的平常事）相适应。

3．评论员

评论类新闻节目的评论员有两种来源：

（1）节目主持人

评论类新闻节目主持人身兼播报员和评论员的双重职责。对于评论类新闻节目的主持人来说，除了要求其具备一定的主持功底，更要求其具有解读新闻事件的专业眼光。在国内的电视评论节目中，主持人大多具有丰富的新闻从业经验，对新闻事件具有敏感的洞察力和准确的分析判断能力，在节目中能有效地引导专家对新闻事件的本质进行评述。如水均益，他曾经是新华社的编辑、驻外记者，后又成为中央电视台的战地记者，曾专访过安南、普京、克林顿、布莱尔、金大中、穆沙拉夫、阿罗约、托莱多、阿拉法特、卡尔扎伊、基辛格等国际知名政治家。丰富的从业经验使他对国际新闻事件有着深刻的理解，因此主持《国际观察》显得得心应手。

（2）各领域的专家学者

国外的一些电视台有自己的专职评论员，每当有重大事件发生，他们便及时发表评论，在观众中很有权威性。目前国内的电视界也正逐步涌出现专家型的评论员，但专职的很少，往往是由电视台邀请一些在社会上有一定影响力的专家学者参与节目的制作，在人选上相对固定。如《中国报道》（中央电视台国际频道）国际问题专家阎学通和军事问题专家张昭忠，他们或许并没有新闻从业的经验，但他们对于本领域的了解可以提升节目的权威性，让评论变得专业而透彻。

在进行评论类新闻节目的策划时，一方面要为节目寻找一位高素质的主持人，另一方面还要建立起与专家评论员的联络机制，以便在发生突发事件或重大新闻事件时能迅速联系到相关专家，或进行采访或来到演播室担任节目评论员，这对节目整体质量的提高和节目权威性的树立大有裨益。

4. 思辨色彩

评论类电视新闻节目由于其声画结合的特点，相比其他媒体的评论节目，显得更直观、更生动。但电视评论同样要考虑叙事、采访、评论之间的关系，特别是要努力体现思辨性，让观众在生动的形象背后看到深刻的道理，这也是评论类新闻节目策划的根本所在。

（1）用事实说话，图文并茂

电视评论中的事实部分主要有以下几个方面：新闻事件的现场资料、当事人和目击者的讲述、记者的现场报道。

电视评论的优势在于它摆脱了单一文字叙述的限制，鲜活的现场画面让略显枯燥的评论节目变得更真实、更直观、更生动。作为电视节目，评论类新闻节目要善于用画面说话，如在前期采访中结合自己的论点获取充分的、有说服力的影像资料，在后期制作中合理运用画面来展示事实的真相，用生动的画面形象为自己的论点服务。

（2）述评结合，分析全面

评论类新闻节目“述”的部分来自对现场画面和背景等大量第一手资料的获取，这无疑将强化节目的客观性，同时也给论证提供了丰富的论据。不可否认的是，现场画面和背景资料与评述的有机组合最终可以产生强烈的针对性和鲜明的倾向性。从评论节目的特点来看，“述”应该是为“评”服务的，“评”是主体，是根本。因此在“用事实说话”的同时，应该加强主持人、评论员评论的力度，要评得准、狠、精彩，真正做到“述”与“评”融合、纪实性与思辨性结合，角度多样，且最终观点鲜明。

三、深度报道类新闻节目

深度报道类新闻节目是对重大事件、社会问题或现象进行包括背景介绍、分析解释、归纳预测的报道与评论。[①] 深度报道类新闻节目是对新闻事件的深度挖掘，详细展示事件的来龙去脉，带领受众寻找现象背后的原因和目的，挖掘现象背后的含义和理念。在国内，这类节目的代表作有中央电视台的《新闻调查》、《社会记录》等。

每一个成功的深度报道，从确定选题、决策谋划到制定报道细案，从分工协作到组织实施，都是一个系统工程。深度报道做得好，前提在于精心策划并组织运作。

1. 选题

从深度报道肩负的使命我们不难看出，它的选题应遵循以下几个原则：

（1）热点

社会热点是老百姓关注的焦点，也是节目收视率的保证。因此，社会热点理应成为深度报道选题的一个方面，也是深度报道的选题价值所在。其实在电视台或网络媒体的新闻中，观众对热点新闻已经有了大致的了解，但是深度报道带来的是对热点事件的全方位展示，是对热点事件的来龙去脉和新闻背景的系统报道，其故事性强，富于悬念，具有一定深度，因此观众还是有很高的收视热情。例如在远华走私案案发后，尽管各媒体争相报道，但《新闻调查》推出的“厦门远华特大走私案”还是赢得

① 叶子：《电视新闻节目研究》，北京师范大学出版社 1999 年版，第 174 页。

了很高的收视率。

（2）难点、疑点

对于社会“难点、疑点”的阐释是深度报道这种报道形式的优势所在，而且它也理应担负起这一社会职责。在世纪之交的时候，政府机构改革、减轻农民负担、农村民主选举、国企改革、惩治腐败、如何促进社会和谐等问题都是中国社会发展的“难点、疑点”，也是老百姓急于了解的新鲜事物。此时的《新闻调查》审时度势，及时对这些“难点、疑点”进行了阐释，很好地配合了政府工作的开展。在我国社会发展的不同阶段，各种新问题一定会不断出现，作为党和政府的喉舌，电视台应及时给予解释，而深度报道正是最适宜的方式。

（3）故事性

深度报道要求内容有深度，而要有深度，必须有一定的节目长度来保证。实际上对于深度报道来说，一期节目就是讲述一个故事，因此要想在较长的节目时间里锁定观众，故事自身必须具有一定的新鲜感和曲折性。《新闻调查》的选题大多都具有很强的故事性，如《眼球丢失的背后》、《海选》等等，它们都是通过讲故事的方式将“难点、热点”阐述出来。中央电视台《社会记录》在深度报道节目中独辟蹊径，它的选题有引人注目的社会事件，但大多是不为人知的凡人小事，它的事件大多新奇曲折，故事性很强，所以尽管节目播出时间已接近深夜，但还是引起了观众的广泛关注。近年来，“娱乐化”成为新闻表达中非常敏感的一个词汇。从选题和表达的原则上讲，新闻内容不可“娱乐化”，但其富于趣味性的表达效果却不该回避“娱乐化”的“故事性”内涵。同时，新闻深度报道形式正在日益丰富，可以对不同性质的事件适度采用“故事性”的叙述方式，如凤凰卫视的《文涛拍案》，就是故事化的深度报道，获得了良好的收视效果。

2. 调查方式

深度报道都是对事实的本质进行理性的揭示。但是这种深度的揭示如何才能达到呢?“挖掘深度的方向不是唯一的，但无论节目制作者选择了什么样的方向来寻求节目所要达到的目标深度，都必须首先寻求支撑这个深度的事实与证据。所谓深度就是对事实的占有，作为记者，你获得事实越多，你离深度越近。”①

深度报道中对于事实的占有是通过在新闻现场的采访获得的，“接近真相，从现场开始”——《新闻调查》的片头语就强调了记者在现场调查采访的重要性。要想了解事件的真相，必须深入采访，了解事件的方方面面，才能进行纵向和横向的分析、比较，最终达到对事物本质的认识。《无法掩盖的罪恶》是《新闻调查》为纪念抗战胜利50周年精心制作的特别报道。节目中，记者亲历现场，收集了大量第一手资料，采访了众多知情者和受害者，甚至还包括了当时的侵华日军。在如此详尽的事实面前，日本帝国主义的罪恶行径昭然若揭。报道不仅震撼了国人，而且在日本也引起了一定的反响。而在1998年播出的《透视运城渗灌工程》中，记者也是通过现场层层印证、步步追问的方式，揭开了山西运城这个欺上瞒下、耗资两亿多元建成的“形象工程”的真面目。

深度报道的选题涉及的事实一般比较复杂，记者在调查过程中应避免先入为主的情况发生，在事实的真相大白于天下前，应给予当事双方或事件的不同方面以相同的“话语权”。在掌握大量事实以后，再通过自己的理性思维来实现对事物本质的揭示。特别是对一些事实真相处于混沌状态的选题，更要注意给予持不同意见的各方以同等的发言权。1999年播出的《眼球丢失的背后》讲述了一个眼科博士私自到太平间，从一具尸体上取下眼

---

① 孙玉胜:《十年——从改变电视的语态开始》，三联书店2003年版，第93页。

球给病人做角膜移植手术，从而引起一场官司的故事。这个选题情、理、法的冲突非常充分，在节目中，编导兼顾了当事双方的均衡，双方的采访在节目中占据了相当的比重。节目播出后，当事双方对节目的立场都没有异议。

3. 表现手法

深度报道需要多角度、多侧面地挖掘事实的真相，反映事实的本质，这也决定了它在表现手法上的多样化。

首先从节目组成元素来看，在深度报道中，记者的采访、现场取证、主持人演播室的评论、专家点评、现实场景的记录等，都可以成为节目的一个部分，只要它能恰如其分地表现选题就可以了。《新闻调查》的《透视运城渗灌工程》节目中，记者王利芬敏锐地发现了渗灌井后面的秘密，她跳上井台，拔出插在地里的水管，观众可以一目了然地看见这节水管里面塞着的木头。原来这些所谓的“渗灌工程”充其量只是一种摆设、一个“政绩工程”，而没有任何实用价值。王利芬在现场独立的调查、发现、取证行为，成为了这期节目中让人过目不忘的出彩之处。

从结构上来看，逻辑清晰是对深度报道的结构最基本的要求，但是逻辑清晰并不意味着结构布局的单一。相反，由于深度报道选题涉及事实的复杂性，在调查过程中，往往需要多条线索齐头并进，最终在真相处交汇。如果要在节目中完整地展现调查的过程，节目就必须采用多线索的结构方式。只有立体化、多角度、多侧面地剖析事实，才能实现对真相的把握。另一方面，相对于单线索的结构方式，多线索、多角度会让报道更具思辨色彩。

悬念的设置对于深度报道也是至关重要的，不少这类节目用了倒叙、插叙甚至“情景再现”的手法。而且几乎所有的深度报道都会人为地将节目分成几个段落，在每个段落的最后设置一定的悬念或导视，以形成观众的收视期待。分段的方式在缓解观众收视疲劳的同时也增强了节目的节奏感，在层层递进中最终达到节目的高潮。各个段落的串联也可以有多种方式，《新闻调查》是通过类似节目导视的方式对下个段落的内容给予介绍，而《社会记录》则是通过主持人的串联词来实现，为数不多的串联词语往往是节目的亮点。

对于深度报道而言，加强节目的思辨色彩也是策划过程中应该考虑的内容，读者可参考评论类新闻节目策划中相关的论述。

四、杂志类新闻节目

1994年，随着《东方时空》的开播，掀起了早间新闻节目的收视高潮，同时也标志着一种成熟的电视节目类型——杂志类新闻节目正式亮相国内电视荧屏。在国外，杂志类新闻节目已有了几十年的发展历史，也产生了一批极具影响的节目品牌，如CBS的《60分钟》、ABS的《20/20》。

杂志类新闻节目，顾名思义就是指借助杂志的编辑方式组合起的新闻节目——消息、访谈、深度报道等不同体裁、不同形式的新闻，通过一定的方式融合在节目中，各板块或段落各具特色但又和谐一致。与其他单纯形态的新闻节目相比，杂志类新闻节目无论在内容还是形式上都有着特殊的要求，因此这类节目的策划也可以从内容和形式两方面入手。

1. 内容的策划

观众收看杂志类新闻节目，收视期待是获取组合后的信息。因此，杂志类新闻节目应首先在内容上给观众以极大的满足，内容在其节目定位的基础上尽可能做到丰富翔实，新闻、资讯、人物专访、深度报道、报刊摘要都可以进入节目的内容安排，于是这类节目时间相对较长。如江苏卫视长达一个小时的杂志类新闻节目《1860新闻眼》内容定位于“关注老百姓生存状态”，主要由《现场直击》《民情直通》《法眼无边》《资讯》四大板块构成。其中《现场直击》主要是一些动态的社会新闻；《民情直通》是调查类的新闻报道，内容上着眼于群众的生存状况、生存空间，如从2004年播出的《路人昏倒之后……》《寻亲》《追踪死猪肉》《掺假石灰流向高速公路》这些新闻报道的名称就可以看出，在这一板块播出的都是关系到人民群众冷暖安危的节目；《法眼无边》是一些法制类的新闻；《资讯》板块是一些与老百姓生活密切相关的资讯的报道，注重服务性，包括了时尚新闻、生活服务、观众互动等诸多环节。被有些学者称为"民生新闻节目"[①] 的《1860新闻眼》在播出后立刻得到了观众的热烈反响，好评如潮。

中央电视台的杂志类新闻节目《东方时空》主要由以下几个板块组成：《新闻看点》《东方之子》《时空调查》《百姓故事》《时空连线》《高端访问》。和《1860新闻眼》相比，《东方时空》的内容由于其中央电视台的背景而显得更大气。它将动态信息资讯、新闻报道、新闻人物特写、社会问题评析等内容融入节目中，形成了一个"新闻资讯大百科"。

在保证内容丰富的同时，还要注意各个板块内容的互补性，避免雷同。以《1860新闻眼》为例，虽然节目总的内容定位是"民生新闻"，但在各个板块内容的安排上，很好地做到了交叉和互补。在节目的开头和结尾都会安排播出天气预报；《现场直击》板块是社会新闻；《民情直通》则是和老百姓生活密切相关的事件的调查报道；《法眼无边》是法制新闻和一些法律援助信息；《资讯》板块主要是生活服务的内容。CBS的杂志类新闻节目《60分钟》由三部分报道组成：第一部分一般政治性较强；

① "电视民生新闻"是理论界对目前在各地方电视台争相做出的以民众生活为主体的新型电视新闻节目的概括，是指以广义社会新闻为自身定位，从群众日常生活中采制而来，内容上关注普通老百姓生存状态与心灵空间的节目类型。

第二部分比较严肃，常常涉及一些社会问题和现象；第三部分则是节目中比较轻松的环节，内容充满了人情味，风格也比较轻松。这些精心搭配的内容不仅很有层次感，而且给观众以全方位的信息满足。

2. 报道形式的策划

杂志类新闻节目在板块和内容上，相比其他新闻节目都有了显著的增加。国内的杂志类新闻节目的时长都达到了一个小时以上，长时间的节目如果形式单一必然会让观众感到乏味，因此各杂志类新闻节目应努力体现表现形式的多元化。以《东方时空》为例，《早新闻》采用综合类新闻节目的播出形式；《时空连线》则依靠现代化传播手段由主持人在演播室通过卫星信号连线各地的嘉宾；《东方之子》是人物访谈的形式；《生活空间》则是纪实的手法。在《东方时空》中几乎囊括了所有的新闻节目形式。

由于杂志类新闻节目采用的是板块结构，因此在注重各板块形式多样化的同时，如何将各板块组合成一个整体也应给予充分考虑，否则将会给观众以零碎、混乱的感觉。于是特技串接、音乐音响转接、主持人串联、节目花絮插入等手段被广泛地运用。

在追求新闻节目表现形式多元化的时候，一定要正确处理好形式和内容的关系，避免出现一味追求形式而忽略内容和传播效果的情况发生。例如《东方时空》曾经播出周末版特别节目《直播中国》，节目内容是“人文地理直播”，它采用了现场直播的形式。这种形式固然对观众很有吸引力，实现了对人文景观的“即时传真”，但从播出效果来看，《直播中国》更像一个旅游节目，没有对这些人文景观进行深层次的揭示，缺少细节的刻画；而且由于是现场直播，画面相对来说显得仓促而缺乏美感。另外还有节目的经费问题，《直播中国》每期节目投入巨大，换来的传播效果却不尽如人意。与之相比，江苏卫视《1860 新闻眼》也有一个内容和《直播中国》类似的板块，内容是介绍南京保留下来的民国建筑。它没有采用现场直播的方式，而是由主持人的现场介绍加上后期的剪辑。节目内容翔实，历史厚重感强，而且制作难度和经费都有了明显的下降，播出效果也不错。

另外，在杂志类的新闻节目中，由于对应其栏目形态，新闻节目主持人逐步成长起来，成为传播的核心。只有个性化的主持人才能够使纷繁复杂的内容串联为一体，在形象上更趋统一，并将个性化的观点寓于信息、访谈和评述中。在这类节目中，我们必须特别重视主持人的内涵与评述能力，塑造其权威、可信的形象。

上述四种新闻节目样式是电视台最为常见的，它们虽然在形式上有着一定的差异，但是在策划要素上还是有很多的相通之处。为了避免不必要的重复，有些共有的策划要素没有在所有节目样式中一一提及，读者在阅读时可以参考其他节目形式中的相关论述。

第二节　社教类节目的策划

一、社教类节目概述

社教类节目是以社会教育为宗旨的各类节目的总称，它承担了国家政策法规、道德规范、科学技术、先进文化等方面的传播职能。社教类节目在我国电视节目中占据了重要的地位，如在中央电视台播出的节目总量中，社教类节目就占据了约30%左右的份额。

从内容属性来看，社教类节目有以下几个类别：社会政治类、经济类、文化类、科技类。对于社教类节目来说，内容的科学、导向的正确是它追求的首要目标，在此基础上，再尽可能地做到节目形式的创新，以最大限度地增强传播效果。

随着传播网络的完善和电视机的普及，电视社教类节目的生存空间也不断拓展，新的机遇也意味着新的挑战，社教类节目必须加强内容和形式的创新，才能适应时代发展的要求。

二、社教类节目策划要点

1. 润物细无声

实际上，社教类节目是一种服务性质的教育节目。它吸引受众的首要因素是其知识的新颖或实用，内容相对严肃、权威。

长期以来，国内的社教类节目经常表现为政策宣讲和科教片——内容往往局限于有关知识的普及，形式上几乎都是用解说配画面，相对单一。《观察与思考》的出现是社教类节目电视化的突破——主持人亲切地与观众交流思想和生活经验，节目逐渐变得平易近人。后来随着社会的进步和观念的更新，还出现了《动物世界》、《科技博览》、《经济半小时》、《军事天地》、《读书》、《世纪大讲坛》》等等，社教类节目的内容形式日益丰富起来，一些新鲜的事物和观念进入了我们的生活。2004 年中央电视台十套开播，国内社教类节目有了自己的平台，而国外的 DISCOVERY 更提供了经验。社教类节目已经不是那种严肃刻板的说教，开始充满趣味性，而且能与日常生活更紧密地结合。

当然，社教类节目在实现知识传播功能方面还可以把步子迈得更大，如知识竞赛节目已经与娱乐游戏结合成为“益智类”娱乐节目，如中央电视台的《开心辞典》、《幸运 52》等，但因其娱乐性已被归入娱乐类。还有一些与日常生活紧密结合的内容节目形态变得更加亲切随意，也呈现出娱乐化倾向。如中央电视台的《天天饮食》、星空卫视的《星空妙管家》，它们逐步被拓展为生活服务节目。杨澜曾经策划了一档《成语趣谈》节目，节目画面生动，创意也不错，但节目最吸引观众的是邀请了大量明星参与，从而使一个知识类节目极具观赏性。MTV台和上海有线电视台联合制作的《听歌学英语》，则采取了英文MV播放和主持人点评相结合的方式，也很好地实现了寓教于乐。由于社教类节目的种类比较繁杂，它们针对的受众也有着较大的差异，因此在具体的节目策划过程中，可根据目标观众的水平加入适当的趣味元素。

今天我们提到社教类节目的时候，其内涵已经发生了一定变化，与以往相比，更多地是指经济或军事尤其是科教频道的节目。当今世界，科学技术的发展日新月异，每一个科技进步都可能在未来影响我们的生活。因此，社教类节目的策划人应具备一定的发展性眼光，力争使节目内容走在时代的前列，给观众以最新最快的知识补充。例如在经济领域，金融证券、投资理财成为观众关注的热点；在日常生活中，网络运用、计算机、自然科学等方面的知识也是观众所急于了解的。让受众懂得科学健康的生活方式也是社教节目的责任。

2. 针对性

任何电视节目都有其潜在受众群，都有着一定的针对性，但对社教类节目来讲，针对性显得更为突出，因为社教类节目承担了对观众的教育职能。节目的针对性有一个适度的原则，如果潜在受众范围太小，曲高和寡，节目播出后必然应者寥寥。如中国教育电视台《学术报告厅》“以传播国内外著名专家学者的学术演讲、学术报告为内容”，“及时将著名专家学者的学术思想与最新研究成果传播到祖国的每一个角落”，这样的定位实际是不适合电视这样的大众媒体的。但另一方面，如果目标受众范围太大，又会使节目丧失个性，空洞无物。凤凰卫视的《世纪大讲堂》是这方面的成功典范。它将节目的目标观众锁定在“海内外学子和那些具有一定知识积淀，而又时刻关注着国家命运的观众”，节目结合观众的需求，找到了学术理论和现实的结合点。

它的话题都是所谓的热点，比如“北京交通拥堵”、“关注艾滋病”、“北大改革”……在节目中，专家学者结合学术理论对这些社会热点问题一一做出解释。节目播出后获得了意想不到的成功，《世纪大讲堂》也一跃而成为凤凰卫视的王牌节目之一。

另外，对于对象性较强的社教类节目，应结合目标人群采取相应的制作方式。如面向中小学生播出的节目，应充分考虑到他们好奇、好动、好胜的心理特点，采取能够激发他们兴趣的方式，如讲故事、知识竞赛、动画片等，这样才能尽可能地锁定目标观众。以激发学生“创新”意识为目标的中央电视台的《异想天开》，针对中小学生采取了灵活的节目形式，做到了趣味性和知识性的融合，让同学们在游戏中学习，在实践中感悟。

目前社教类节目的拓展还有很大空间，如面向农村的社教类节目就非常有潜力。这个层面的节目应考虑到农村观众年龄层次和文化程度、生活环境等诸多因素。农村观众的收视特点与城市观众有较大的不同，他们喜欢通俗易懂、贴近农村生活、有实用价值的内容，希望电视节目对他们的生产或生活有所帮助。但在一些面向农村的社教类节目中，由于主创人员对农村电视观众了解不够，对农村政策理解不深，难以从农业、农村、农民的角度做出切合实际的选择，从而在栏目设置、播出时间安排、节目内容选择以及节目制作包装设计等方面出现了偏差。同时，一些创作人员没有理解农村观众向往城市的根本心理，以为把节目做的“土”就是有农村气息。实际上，他们应该把眼光和目标放到越来越现代化、时尚化的农村。

3. 可看性

（1）内容的深入浅出

社教类节目的内容相对其他电视节目来说由于内容相对专业，每一个节目的受众相对比较窄，而且一些内容的知识本身相对枯燥。因此，为了提高观众的收视热情，达到理想的传播效果，应设法做到内容上的深入浅出。专家在讲述深奥的人文科技知识的时候，宜采取举例子、打比方的方式，用观众最熟悉的例子将深奥的内容阐述得通俗易懂。在中国入世以后，《实话实说》曾请来龙永图担任节目嘉宾，在解释什么是WTO时，龙永图将中国的入世和进农贸市场设摊而不是沿街兜卖相类比，观众在大笑之后，也对WTO有了更为形象的认识。这种方式可以被我们的社教类节目所借鉴。

当然，节目也应该把对电视专家的培养放到日常节目的准备工作中来。社教节目专家往往不像影视明星那样有较强的表达能力和形象感召力，有的专家在镜头前甚至还会感到拘束紧张。为了获得良好的节目效果，就像新闻节目培养和发掘电视评论员一样，社教类节目也应当有目标地发掘自己的专家，甚至对他们进行一定的表达训练。

（2）节目形态的多元化

《学术报告厅》是中国教育电视台的一档节目，节目从头至尾都是一名专家在讲台上演讲，虽然这些专家都是国内外知名的教授学者，但单一的形式还是很难让观众有太多的收视热情。再看看凤凰卫视的《世纪大讲堂》，节目内容和《学术报告厅》类似，但它精心策划的节目形式使可看性大大增强。节目设置了一名主持人，嘉宾是国际知名学者，还有现场观众，大多是高校学生。节目开始后，主持人通过颇有趣味的开场白引出话题，然后是介绍嘉宾的身份和背景，并由主持人抛砖引玉地提几个简单的问题。这个环节看似简单，但却犹如节目导视。其实嘉宾的身份和讲授内容对吸引受众非常重要。随后由现场学生提问，最后是网友提问和专家一句话点评。整个节目形式活泼，互动性强，让观众看得饶有兴趣。此外，节目还可以结合影像的方式阐释话题中的难点疑点，如模拟动画、情景再现短片，使表现形态更加丰富。

4. 权威性

社教类节目承担着思想理论、文化知识、科学技术、专业技能等方面的教育职能，对提高国民的思想意识、文化科技水平，树立正确的人生观、价值观都有着不可忽视的作用，所以社教类节目应充分注重把握导向的正确和内容的科学，进而树立起节目的权威性。

作为一个社教类节目，权威性的树立来自两个方面：一是媒体本身在观众中的可信度。在国内各类媒体中，电视已经成为了人们生活中接触最多而且值得信赖的信息渠道，选择电视作为社教类节目的播出平台，将有助于节目权威性的建立。另一方面，节目权威性的树立在很大程度上由节目自身的内容所决定，如果屡次在内容上出现偏差，必然会影响观众对节目的信任，从而导致观众的流失。因此，在节目策划和制作中，应对内容进行严格考证，确保知识的正确性。另外，社教类节目的内容大多涉及思想理论、科学技术等较为严肃的话题，尽管我们提倡形式上有所创新，但绝不是为了哗众取宠，而是为了更好地传播内容服务。过于花哨的包装和形式可能有损于节目的权威性。社教类节目强调内容上的“深入浅出”，也应注重将“感性阐述”和“理性点评”相结合，在淡化节目说教色彩的同时体现出思辨的力量。

第三节　电视专题片的策划

一、电视专题片概述

长期以来，中国电视界一直在广泛使用“电视专题片”这个概念，有“专题节目”、“专题片”、“专题文艺”、“专题晚会”、“文艺专题”、“专题栏目”……但何谓专题？其实在某种意义上说，当一个节目不能确立其类别与形态时，就往往有可能被命名为“专题”。在广播电台的节目创作中也是这样界定的。

在电视实行栏目化之前，针对具有一定长度的节目，专题是非常重要的节目形态，曾经产生过丰富的成果。

在实践中，“专题”还往往与别的词构成词组，从而形成不同的含义。当“专题”成为一个词组的前缀时，则更多地体现出“专题”一词的广义：一切为某一主题创作的节目都可以称为专题。特别重要的是，它们能够较多地表达导演的主观思想与艺术上的主观创造，能够对现实中的事件进行高度提炼和概括，如“专题节目”、“专题文艺”中的“专题”——为某一专门主题而创作的节目，同时内容形式为主题表达服务，因此其构架往往是“夹叙夹议”的。专题既可以是一个单独的节目，也可以是栏目，还可以是综艺晚会。所以从风格上看，有纪实性的，也有非纪实性的。例如专题文艺，一般呈现出三种形态：一是以文艺为题材的推介、评价艺术人物或作品事件的节目；二是因某个主题将文艺与纪实手法结合，或较多地运用文艺样式抒发情感，纪实与文艺形成夹叙夹议关系的节目，如以刘郎的《西藏的诱惑》为代表的一批作品，众多春节晚会中类似《看看母亲河》《国土的汇聚》等所谓“四不像”段落以及“抗非典”晚会、“3·15”晚会等；三是非常纯粹的“电视文艺专题”——即与电视手段相适应的“电视化”文艺节目形态，如《杨丽萍的舞蹈艺术》、《扇舞丹青》等等。当“专题”作为一种节目“样式”时，意味着对主题的深入表达，而且“专题”可能是一种单独成篇的节目形态。这类节目往往采取录播的方式，不带现场观众，分段落或分镜头录制，与栏目、晚会等其他节目的创作有较大区别。在这里我们着重讨论被称为“专题片”的节目形态。

就形态来说，电视理论界关于“专题片”概念的争论从来没有停止过。有人说专题片是中国电视发展历程中的一个怪胎，有人说它与纪录片是一回事，有人说它与纪录片一点关系都没有，有人认为专题片是纪录片的一个分支，也有人认为纪录片包括在专题片内……

在界定电视专题片之前，我们先明确一个基本的原则——既然电视专题片已经是一个约定俗成并且被业界长期广泛使用的概念，我们就不能无视它的存在。同时也要看到，电视专题片与其他电视节目形态的交叉与融合十分突出，对它的界定的确有一定难度，这就使得电视专题片的概念相对其他电视节目形态的概念来说要宽泛得多。但当纪实型的节目进一步发展并呈现一定规模时，“专题片”与纪录片的重要区别便逐渐凸显出来。笔者认为，电视专题片这个概念可以从题材、观点与主题三个维度上来把握：

首先，专题的题材经常来自现实生活，表现真人、真事、真景、真情，是非虚构的，所以它的观点、思想都必须由事实生发，必须建立在事实准确的基础之上。而且，专题片也大量采用纪实的拍摄手法进一步强化真实感，这也是它常与纪录片混淆的原因所在。但专题片可以跨越时空，挑选有利于表达主题的事件，把史实当作创作素材，而记录片则尽力遵循客观的时空发展顺序，忠实地展现事实本身。

其次，允许作者表明观点，这是专题片与纪录片最大的区别。纪录片不等于没有观点，但纪录片的观点是隐藏在对事实的叙述当中的，更注重尊重史实，把观点寓于史实中，靠观众自己去体悟。而专题片更注重表达思想性，专题片的结构是史实与观点交融，夹叙夹议，更可以直陈观点，在反映社会生活的时候可以渗透较强的主体意识和主观色彩，大胆述评。

再次，主题集中。专题节目是与综合性节目相对的，顾名思义，它必须有一个专门的主题。一个主题不等于一个对象，在一个主题下，可以有多个叙述对象、多条叙述线索。比如专题片《半个世纪的爱》，纪录了十多对金婚夫妇，但都是在一个主题下——“真爱经得起时间的考验”。专题的实质是围绕一个主题展开内容形式，在这个意义上，专题的形式就可以富于变化了。

如果一个电视节目符合以上三点，我们就可以认为它是一部电视专题片。

上文说过，专题片的题材来源于现实生活，而生活的内容何其复杂，大千世界、人生百态、各行各业皆可入镜；同时专题片又可以直抒胸臆，因此创作者很有可能将主观意识凌驾于观众意识之上。不过在具体创作时，从题材的选择到语言的使用都应该谨慎，不能因为专题片可以发表主观感受就信马由缰、信口开河。实际上，专题片的创作在某种程度上对创作者的要求更高，因为它要观点正确、言简意赅，并且言之有物，否则便容易忽视传播规律，走入自说自话的误区。专题片创作者应时刻牢记：电视是大众电视，它不是作者电视，不是为某个人服务的，也不是为被报道的单位服务的；它面对的是千百万观众挑剔的眼光，特别是在市场化的背景下，其观点、理念必须符合大多数观众的利益。

从文体上讲，专题片与纪录片最为接近，其区别主要在于编导主观色彩的多少。勿庸讳言，有些电视纪实作品（以历史文献片、地理风情片为主）介于专题片与纪录片之间。这些作品融入了较多的主观色彩，又是用纪实的手法表现出来，它们的内容都由现实而来，只不过加工的程度不同而已，故较难界定。因此，两者的创作也必然有许多共通之处，很多创作方法可以互相借鉴，读者可与后面纪录片的策划要素比照着阅读。

二、电视专题片策划要点

1. 切入点

电视专题片从题材上可以分为人物专题片、事件专题片、社会专题片、历史专题片、文化专题片等，这样的题材范围堪称浩瀚。具体创作时可以从以下几个方面考虑切入点：

(1) 角度

角度的选择包括多种含义：一方面指面对复杂的对象，报道者以哪一个部分作为突破口，从哪里开始说，说到哪里；另一方面也指作者选择的是主观视角、客观视角，还是多重视角；还有就是作者站在什么立场，以什么样的姿态观察和反映生活，作者的态度如何。以上这些都可以说是角度的问题，都是创作者在创作之前就应基本明确的。与纪录片相比，专题片往往有“主题先行”的意味。当然，在创作过程中，有可能发现前期没有设想到的或是更好的角度，那就在创作中一边感觉一边提炼。

(2) 思想

各类电视节目或多或少都带有思想倾向，但是能达到电视专题片这样的思想深度和表述直接性的并不多。可以说思想性是电视专题片的生存依据。

专题片不是事物表面现象的堆积，它来源于现实，又高于现实。创作者应找出事物的本质和规律，提出新颖独到且有见地的见解。可以进行全局性的综述，可以进行哲理性的阐发，可以进行文学性的联想，可以从个性到共性，还可以从当下的问题引至矛盾的前瞻。电视专题片还应力求有一定的指导性，不仅发现矛盾，更能对怎样解决矛盾提出看法。上文说过，电视专题片可以亮出观点，作者的观点是什么？怎么亮？这是检验电视专题片创作者是否合格的重要标尺。

(3) 时效

专题片虽然对时效性的要求不像新闻那样突出，但也有一个时效的问题，尤其不能炒别人的冷饭。创作者要具备一双慧眼，及时发现生活中的新鲜事物，将具有时代感的观念迅速地传达给受众。而专题片的播出也有一个时机的问题，为了保证观点既不过时也不过于超前，节目必须在一个合适的时间点推出，才能收到最好的传播效果。例如 2005 年 8 月各电视台都在抗战胜利纪念日前后推出大量系列相关专题，受众便会觉得非常自然，也从情感上更愿意接受。

(4) 重大

专题片容量很大，尤其是系列片，更可以具有史诗般的气势。因此专题片适合选择重大的题材，高屋建瓴，发出时代的声音。优秀的专题片可以对凝聚民族精神、增强爱国热情、推动社会前进发挥不同凡响的作用。

2. 语言

这里的语言不仅是解说词，也包括构成专题片的视听语言。视听语言包括画面语言与有声语言，解说是有声语言的一部分，让我们先来看看解说词。

解说词在专题片中发挥着补充画面背景、介绍相关信息、点出细节、抒情、议论、升华主题等作用。一部专题片应有一个总体的构思与布局，主题先行也往往造成解说词的创作先行，文案制定在先。作品的风格很大程度上由解说词来体现。比如提到刘郎，我们立刻可以想起那些错彩镂金的精美语言，过耳难忘，无论是表现大漠边陲还是江南园林，他的风格始终鲜明。当然，专题片的语言风格应该不拘一格，可以娓娓道来，可以文采洋溢，可以严谨平实，可以铿锵有力，更可以亲切幽默。

在专题片的创作中必须重视解说词与画面之间的配合，解说词要精炼，不要面面俱到，过犹不及，还要能够突出重点、强化形象、一针见血，最好能给观众留有一定的思考空间。在具体创作中还要讲究写作方式。一些节目的解说词常常是在拍摄之前就已写好，而且先录音后编画面，因此很容易造成声画两张皮的感觉。解说词要做到与节目内容的自然配合，就必须在拍摄与制作过程中进行调整。

专题片的声画关系十分灵活，声画同步、声画对位都可以。创作者通过各种声画处理，可以达到对比、象征、隐喻等艺术效果，做到“言有尽而意无穷”。与纪录片相比，专题片可以更多地运用声画对位，同时可以从构图、色彩、影调、音乐等方面入手主观营造艺术美感。这里有必要着重强调一下音乐的运用。国内专题片对于音乐使用的自觉性无需多述，但大部分专题片都没有条件创作音乐，只能选择现成的音乐。目前在其选择上存在着很大的随意性，往往是信手拈来，不少曲目成了“万能膏药”。实际上，音乐的背景、色彩、情绪都是创作者应该了解的内容，音乐与专题片情绪的呼应更是显示编导功力的重要方面。如果专题片中的音乐运用精当，观众应该感觉不到音乐何时起何时落，但会有一个时刻，似乎从天而降的音乐让他们不由自主地被深深打动。

3. 结构

同一素材构成的作品既有可能让人看得津津有味，也有可能让人看得索然无味，这就是结构的力量。一部电视专题片的结构通常有开头、中间和结尾三部分。

开头可以是平实的叙述，这在纪实色彩较浓的作品中比较常见。另一种方法是先声夺人，借鉴新闻写作的方法，将最重要、最生动、最有时效性、最有悬念的部分放在开头，一上来就牢牢抓住观众，这种方法正被越来越多的作品所采用。在《半边天》节目蔡琴专辑中，开篇是一段快节奏的剪辑，同时提出一个问题：一个年近五旬的女歌手在七个月的时间内两次来北京开个人演唱会，有人称这是“自杀”行为，而她却再次大获成功，原因何在？在观看节目的过程中，观众自然会带着这个问题一步步走进蔡琴的世界，去寻找答案。

中间段落是专题片的主体，它可以由一个个板块组成，也可以随着事件的发展进行线性的叙述。不管采用何种结构，一个总的原则就是在过渡时应该平稳流畅、浑然一体，不能有断裂感。对于某些自然形成间隔的地方可以采用小片花或导视隔开，这一做法不是因为上下文衔接不上了不得已而为之，而是由于专题片相对较长，为了照顾不断流动的观众进入收看而采取的办法。在整体结构中还要强调故事性的问题，这已经成为很多专题片创作者明确的追求：事件的发展不会总是一帆风顺，这其中的起伏波折便使节目充满了戏剧性，一波三折的故事很容易就让观众投入情感，并期待看到结果。专题片的结构应该在前期策划时就有考虑，但也不排除在拍摄中甚至在后期剪辑时重新调整的可能。

结尾可以分为开放式和闭合式两种。开放式是指事件的发展还在继续，人物的经历也没有终止，观点的阐释也没有完结，电视片只是撷取了生活的一个片段，余下的部分让观众去猜想、去体会，使节目更加令人回味，或产生新的期待。闭合式结尾是止于事件所止，观众如愿地看到了一个结局——或是犯罪分子被绳之以法，或是有情人终成眷属，更令观众满意。

4．节奏

节奏张弛快慢最主要的依据是观众的接受心理。

“文似看山不喜平”，在现代社会中，一部节奏太慢、或一部流水账般的专题片显然是与时代要求以及观众的接受习惯不相符的，也不会给观众留下太深的印象。节奏慢则信息量少，会让观众失去收看的耐心。但如果总是快节奏，也会给观众带来精神上的紧张，而过度的紧张感也会使观众产生心理疲劳。因此电视专题片必须在适当的时候将节奏放慢，给观众留有喘息调整和思考的时间。

在创作者看来，节奏分为节目内容发展的节奏和编导通过拍摄和剪辑手法制造出来的节奏两种。前一种节奏是客观存在的，后一种节奏则是编导创造的，而且往往与结构有关——它们共同构筑节目的整体节奏以打动受众。这两种节奏有机地组合，最终造就专题片的魅力所在。作为创作者，创造节奏是创作的较高境界。

5. 真实与细节

专题片的主题表现很重要，但这可能使某些创作者忽视它的真实性。为了表现主题，追求镜头美感，一些人任意地编排拍摄对象，将专题片拍成了“电视剧”。殊不知，专题片的力量随着与真实性的疏离也在衰减。电视专题片这种体裁允许创作者进行艺术加工，但是这种加工是从事实而来的，是建立在事实基础上的对艺术性的追求。创作者只有将客观事实与主观想法有机地结合，表达的观点才真正具有说服力。

真实感存在于客观的纪录中，其中十分重要的一点是细节的抓取。细节包括动作细节、神态细节、物件细节、环境细节。细节在表现主题、揭示人物性格和情感以及交待环境、推动情节发展方面具有不可替代的作用，它的感染力是其他手段无法企及的，往往是一部作品的点睛之笔。细节的表现主要是通过画面实现的，但是如果不可能用画面来表现，也可能通过解说、字幕等形式来表现。在《半边天》节目蔡琴专辑中，有一个细节对于塑造蔡琴坚毅执着的形象发挥了不小的作用——在蔡琴的情绪和事业都陷入低谷的时候，她的三个好朋友每人将她的优点写在纸条上，一个优点写成一张，装在一个小瓶子里。蔡琴每天拿出一张，告诉自己今天只要发挥一个优点就可以，她正是靠这个小瓶子度过了两年的低迷期。这一细节由于不可再现，因此是由蔡琴的讲述和播音员的解说共同完成的。

6. 其他技巧

电视专题片制作包含很多技巧性因素，很多在策划中就应该考虑到。

如在策划专题片的早期，就要多想想在内容和形式上还可以做哪些拓展。一部专题片在主题集中的前提下，应尽量全方位、多渠道地挖掘报道对象的材料，使表现对象的形象更加丰满，节目主旨才能更加明确可信。

过去提到专题片，总会想到音乐加解说的模式，这是创作技术有限、手段贫乏的表现。目前，专题片创作手法上的变化越来越为人们所重视，可以有实景展现，也可以有情景再现；可以声画同步，也可以依靠人物讲述。同期声、影像资料、图表、歌曲、数字特技都可以用于创作；时空的跳转、思绪的跳跃、旁征博引的阐述都可以用于结构。专题片节目形态风格多样，创作方法也十分自由，创作者应充分利用这种自由，调动各种手法为表现主题、增强可视性服务，这也是电视专题片的长处所在，应该得到充分的理解和贯彻。

第四节 电视纪录片的策划

一、电视纪录片概述

电视纪录片以真实的力量触动人们的情感、开启人们的心灵、引发人们关注并思索社会存在与人类命运的永恒话题，是电视节目中一个独具魅力的节目类型。虽然一般提到纪录片大家都会知道所指何物，但是长期以来，纪录片并没有一个十分明确的概念。以下是一些代表性的观点：纪录片是“影视艺术中对某一事实或事件作纪实报道的非虚构节目”①。电视纪录片是指“运用新闻镜头，真实地纪录社会生活，客观地反映生活中的真人、真事、真情、真景，着重展现生活原生形态和完整过程，排斥虚构和扮演的新闻性电视节目形态”②。“纪录片，一种排除虚构的影片。它具有一种吸引人的、有说服力的主题或观点，但它是从现实生活中汲取素材，并用剪辑和音响来增进作品的感染

① 任远：《电视纪录片新论》，中国广播电视出版社1997年版，第18页。
② 高鑫：《电视纪实作品创作》，学苑出版社2002年版，第16页。

力。”① ……

从以上概念可以看出，尽管概念不一，但是都提到纪录片是对生活的非虚构性的记录。可以说，把握了这一点，就把握住了纪录片的灵魂。前面笔者还比较了专题片与纪录片的异同，实质上也同时界定了纪录片的概念，在此不再赘述。

电视纪录片在中国走过了近半个世纪的历程，其间创作理念与作品风格有过重大转变。了解中国电视纪录片大致的发展脉络，有助于我们在创作中明晰思路，更好地把握创作方向。

“文革”前的纪录片以表现祖国的风光、人民生产生活为主，注重教化作用和形式感、造型感；“文革”中的纪录片创作受到极大禁锢，纪录片成了政治宣传的工具，题材狭窄，形式主义相当严重。“文革”后到20世纪80年代末，以《丝绸之路》、《话说长江》、《话说运河》等为代表的纪录片，基本按照画面加解说的模式创作，思辨性、文学性、哲理意味、抒情色彩是这一时期作品普遍具有的。因为表现手段尚有局限，纪录片走到此时，一直与专题片难以划清界线。到90年代，随着《望长城》的出现，中国的纪录片创作才真正走上了纪实主义的道路，开始注重声画同步和记录过程原生态的呈现，叙事技巧也达到了较高的水平。到21世纪初，由于《英与白》在四川国际电视节上获得四项大奖，带有明显主观与表现色彩的纪录片又进入了人们的视野，并引发了一场新的论争，使人们意识到“纪录片”与“纪录手法”的差异，从而对纪录片进行更深入的探索。

无论如何，电视纪录片的核心是以非虚构的理念反映现实生活，那么拍摄对象的状态与活动往往是不可控的，事件的发展也往往是不可预见的，这是否意味着电视纪录片不需要策划呢？回

① 美国南伊利诺斯大学、南加利福尼亚大学、休斯敦大学、俄亥俄州立大学教授联合编撰：《电影术语辞典》，第28页。

答是否定的。纪录片在大千世界选择什么拍摄对象？在什么时间拍？拍摄时要注意什么？拍多久？采用什么结构？片子的风格是怎样的？这些都需要制作者在策划阶段就做到心中有数。只是策划不可能太具体和面面俱到，在节目摄制的各个阶段都可能遇到新的情况，策划工作处于一种持续进行和不断调整的状态。

二、电视纪录片策划要点

1. 选材

有人说，“纪录片是发现的艺术”。的确如此，因此纪录片的策划与拍摄过程往往不可分割。如果说许多节目可以主题先行的话，那么纪录片的主观创作意识是在发现过程中逐渐清晰的，有的作品是边拍摄边发现，有的甚至在剪辑中才明确。

当纪实风刮起来的时候，有人认为，只要把镜头对准生活中的某一个点，就可以拍出纪录片。其实不然，纪录片不是简单随机的生活流的复述，必须通过慎重选择与加工，才会产生具有震撼人心的力量的优秀纪录片。面对浩繁的生活海洋，选择什么样的题材往往决定了一部纪实作品是否能获得成功。如果选题不当，可能付出的劳动得不到回报，甚至根本就无法与观众见面。

实际上，选题的来源可以是媒体的报道、身边人的叙述、自己的亲身经历甚至一段传说。总之，纪录片创作者要做生活的有心人，深入体验和观察，随时储备生活中的点滴信息和感受。

（1）寻找选题方向

现实生活内容十分繁杂，人物、事件、社会、历史、文化都可以作为纪录片观照的对象。首先可以考虑社会生活中那些非同寻常的、有典型意义的人与事。纪录片的题材不外乎表现人与自然的抗争与关系、个体生命的生与死、人的生存状态、人与人的关系等等，表达生存、亲情、爱情、理想与现实的矛盾、生命价值的追问等，它们可以超越时间、地域与种族。虽然在不同时代和地区表现可能不同，但其精神内核却亘古不变。其次可以关注当前生活中存在的具有普遍意义的社会问题。这些问题可能还没有引起公众的注意，也可能正在引起公众的注意，这样的题材可以表现出纪录片的责任感和参与意识。如果一部纪录片不仅如实地记录了历史，而且推动了社会的进步，改变了历史的进程，那它就堪称“逸品”了。有研究者根据题材范围的不同，将电视纪录片分为六类：时事写真型、历史题材型、问题调查型、常态生活型、民族志纪录片和科学题材纪录片。[①] 这一分类基本概括了纪录片可选择的题材。就创作者来说，应尽量选择自己了解较多、有较深体会的题材，对那些习惯单兵作战的纪录片创作者来说，尤其如此。如果创作者有强烈的创作和表达的欲望，对这方面内容有独到而深刻的见解，那部纪录片就成功了一半。

（2）深入挖掘选题内涵及戏剧张力

我们常说某个作品没有深度，缺少内容，这可能是创作者没有进行深入挖掘，也可能是创作者所选的题材太过寻常，的确不适合或不足以阐发哲理或承载思想。深度不是片子拍回来以后在后期编出来的，而是在前期策划和采访时，人与事的复杂和曲折就已经显示出来的。当然，并不是每一部纪录片都会蕴含丰富的思想，但这应该是创作者努力追求、并尽可能通过自己的作品传达给观众的。选题时，我们就应该考虑这个片子拍出来后是否有可能引发观众对于现实、人生、历史的思考，是否对观众有启发，是否能真正打动观众，最终从理念上归结到人的价值、人类的发展、人类文明的进程、人性的思考等。

另一方面，要考虑选题可能会产生的矛盾冲突。矛盾冲突是影视剧创作的戏剧性所在，在纪录片创作时也应该考虑如何充分利用矛盾来反映人物性格，产生戏剧效果，增强作品张力。就纪

① 陶涛：《电视纪录片创作》，中国电影出版社2004年版，第68页。

录片的可视性来说，矛盾冲突的展现成为必然选择，纪录片的“故事化”趋势也正是出于这样的原因。而且现实生活中也确实充满了矛盾，大到全球变暖、人口爆炸、战争与恐怖活动，小到夫妻争吵、小贩黑心、朋友误会；可能是一种文化进入另一种文化系统而产生的强烈反差，也可能是时代进步对思维模式和生活方式产生的巨大冲击。总之，只有正视并反映了这些矛盾，作品才可能具有冲击力。

（3）考虑时效性

纪录片的题材也有一个是否鲜活的问题，有些题材可能不错，但由于是大众已经关注许久的问题，各种艺术或纪实的表现已经屡见不鲜，选择这样的题材就显得意义不大。因此，纪录片的创作者也需要一定的新闻敏感，视野要开阔，要避免题材“撞车”。当然，如果这一问题出现了新的动向，或是创作者有了全新的观点，则另当别论。

纪录片不像新闻那样强调时效性，纪录片可以反映时代风貌，进行宏大叙事，比如《东方时空·纪实》策划的《中国的建设》（主要反映21世纪中国大型建设项目）、《中国体育》（反映解放后体育事业的长足进步）、《中国人在21世纪》、《入世后的中国》等。这些纪录片都是策划人员精心策划出来的，它们胜在时代性与思想性上。

（4）制作条件以及市场需求

制作条件很重要，如果人员素质、资金和设备条件、创作资源任何一方达不到要求，都有可能导致节目失败。

市场需求指在纪录片栏目化、以收视率为重要评价指标的市场化运作条件下，纪录片题材实际上已受到很大的限制，单单拍摄周期的限制就可能排除许多可选的题材。因此，在选题时应做好充分的市场调查，一方面找到制作条件与市场需求的结合点，另一方面还要考虑如何让栏目化播出体制下的纪录片走可持续发展之路。在当前，孤立的一部纪录片是很难产生影响的，只有成了系列，才能有持续的观看可能，这也是选题时需要考虑到的。

从市场运作方面来看，媒体也可以通过放大自身的纪录行为来扩大影响。比如凤凰卫视操作的《千禧之旅》、《欧洲之旅》、《两极之旅》、《非洲之旅》，这些节目请到了文化名人余秋雨以及音乐人朱哲琴加盟，余秋雨更是在《千禧之旅》中声称要“用空间来遥望时间”。通过凤凰卫视大规模的宣传，这些纪录片被赋予了超出普通纪录片的新的卖点。

2. 真实

从中外对纪录片的定义就可以看出，真实是一种共识，但是我们的电视纪录片发展史上的确有一段时期不注重真实感的营造。这一方面是技术条件所限，另一方面则是受观念制约。比如明明是采访对象在接受采访，但是他的声音一点也听不到，由播音员全权代劳。目前这样的作品越来越少见了，但是我们也要避免走另一个极端，以为盲目跟拍就等于真实，从而陷入自然主义的窠臼。跟拍、长镜头是营造真实感的一种手段，但不是唯一的手段，同期声、细节等都是增强真实感的有效途径。摄取自然状态中事件或人物的典型细节是真实性的要求，也是纪录片的“绝招”。语言可以说谎，但细节不会说谎。对于历史题材的纪录片来说，细节来源于对历史事件和人物的深入挖掘。而现实题材的纪录片要做到对细节的敏锐捕捉，除了策划和编导的意识以外，摄像师的经验和意识也十分重要。一般来说，长期从事纪实作品拍摄的摄像师比一直从事影视剧拍摄的摄像师在这一点上要有更加自觉的意识，这也是挑选摄像师时需要考虑的因素。如果从事纪录作品拍摄时间不长，那么摄像机应该养成“早开机、晚关机”的习惯。

纪录片如何表现过去的时空，是创作中一直在探索的问题。近年来兴起的“搬演”，引起业界对“真实”本性的思考。对纪录片来说，搬演不是洪水猛兽，比如历史事件、突发事件等。适度的情景重现可以让观众有直观的感受，避免了全部都是空镜头或单一物件的枯燥。当代电视纪录片有一股日益强调故事性的趋势，于是有的作品中出现了大量搬演的镜头。这里要提醒大家的是，搬演要有一个前提，即过去的事件无法用现实场景模拟或具有重现的价值，而且绝对不能破坏观众的信任感。所以在搬演或虚拟过去时空时要把握好一个“度”，镜头主体、景别、角度、色彩、拍摄手法都要设计好。应该时刻提醒自己，纪录片搬演不等于影视剧的创作，不宜太过细化，应该给观众留有想象的空间——虚写，承认是在搬演。这时作品给出的信息很可能是不完全的，如只是行走的脚或人物行动的剪影，这样观众便会调动其想象去填补这些不切实的信息。如果搬演中过多运用近的景别，甚至特写、同期声，那么就是在强迫观众将搬演认作实事了。

在拍摄中，为了更好地说明问题，既能交待环境，又方便拍摄，创作者对采访现场进行一点更动和点缀也是允许的，只要没有改变事件的进程，表现了实质的真实即可。毋庸讳言，拍摄本身难以摆脱对生活的干预，但要警惕过度的“摆拍”，不能有改变人与事件性质的修饰。

与真实相关的一个概念是公正。纪录片不是政论片，它在进行艺术创作的同时，也十分强调理性的精神。美国自由论坛主席查尔斯·L·欧维拜（Charles L. Overby）提出过“新闻公正性公式”，对纪录片创作中应具有的公正精神提出了评判标准，这对我们的纪录片创作也很有启发：

A（Accuracy）+B（Balance）+C（Completeness）+D（Detachment）+E（Ethics）=F（Fairness）

准确+平衡+全面+客观+伦理=公正[①]

---

① 陶涛：《电视纪录片创作》，中国电影出版社2004年版，第173页。

3. 结构

结构也是纪录片形式的有机组成部分，一个有力的结构可能发挥出点石成金的作用。当然，纪录片的理念决定了其结构要取决于事件进程。一般来说，纪录电视片的结构不宜过分复杂，应本着为生活做减法的原则，要去除现实中任何干扰叙事表意的视听元素。纪录片宜顺应人与事件的发展进行“跟拍”，这样的结构不枝不蔓、清晰顺畅，具有较强的叙事性，符合现实生活的逻辑和顺序，可以使观众由直觉表层开始，渐入深层体验，产生心理共鸣。对于多线索拍摄对象，可以采用平行剪辑或交叉剪辑的手法，使纪录片成为一个有机的整机。如第八届军事题材评奖获奖的作品《侯家家事》，就是依照父女两代军人分别身处医院和国庆阅兵训练场的事实，采用两条叙述线交错并行结构该片。如果结构过于复杂、线条过多，观众的精力必然会分散在记忆和理解过程中，最终不利于深入理解纪录片所要传达的思想内容。

纪录片的结构也可以分为开放式和封闭式两类，但其主观选择性较小，来源于事件本身的结局状况，因此要注意纪录片结论的客观性。开放式无形中扩大了作品的容量，常见于事件发生时间较近或还在继续进行的题材；封闭式往往是一个有头有尾的故事，更常见于记载过去时间较久的事件的纪录片。

结构还会直接影响到节目的节奏，尤其在电视栏目中播出的纪录片，必须十分注重电视特点，节奏如果把握不好，将会给栏目带来致命的打击。2005 年夏天，中央电视台军事部曾经推出一个纪录类栏目《震撼的地球——二战珍闻录》，在栏目筹备阶段曾经采用纪录片与演播室访谈穿插的结构方式，但在完成样片后发现，演播室部分的节奏、风格与纪录片部分十分不协调。经过权衡，创作者果断地舍弃了演播室部分。最终的结构是：将三段具有相同主题但又相对独立的纪录片通过片花串联在一起，在三段纪录片中加入少量专家采访，这样的做法考虑到了观众的收视心理，加快了节奏，结构清晰，线索清楚，播出后取得了不错的收视效果。

4．风格

如果说专题片的风格是创作者起到很大决定作用的话，那么纪录片的风格则是创作者表达与事件表现本身有机结合的产物。纪录片对于风格追求的基本准则是表现真实。当然由于创作主体介入了拍摄对象的环境，必然会对真实性产生影响，但是纪录片创作者主观上应该有明确的意识，即努力将这一影响最小化。即使是作者有意表现个性，也必然将主观意识寓于客观表现之中。例如，如果没有舟舟略带幽默意味的日常表现，《舟舟的世界》中张以庆的解说词就无法摆脱一般描写残疾人的纪录片的凄苦情调；而在他的《英与白》中，如果没有寂寞固执的女主人公、寡言无助的邻家小女孩，该片就传达不出压抑和郁闷的氛围。纪录片或明快或忧郁、或平平淡淡或大起大落，一方面由事件本身制造，另一方面则体现在镜头、声音、叙述视角、运动、节奏等方面，这些都与编导自身的表述特性分不开。

在力求表现独特风格时，要警惕对事件和人物的过度干预。一些纪录片的创作者不自觉地凌驾于拍摄对象之上，使拍摄内容极大地偏离了客观事实。这样的做法失去了纪录片的意义，应该坚决杜绝。纪录片策划可以有限地加工事实，但不能创造事实。

同时，在纪录片的策划与创作中，我们不应忽略艺术性与感观上的吸引力。有人认为纪录片就是应该“素面朝天”、应该努力使用“长镜头”、固定机位、远景别、同期声，甚至可以画面粗糙、线索混乱、意义含糊……其实这仅仅是纪录的一种表象，优秀的纪录片往往是建立在真实生活状态下的精细之作。在我国纪录片意识觉醒之后，《最后的山神》、《藏北人家》、《龙脊》、《大官村里选村官》、《流年》、《三节草》……都是每一个特定时期的精心创作的产物，而且不少段落充满诗情画意，极具视听美感。

5．戏剧化

纪录片在很多时候就是讲述一个故事，故事是否精彩直接关系到纪录片有没有市场。要把故事讲好，就要研究戏剧化的问题。目前由于创作的多样化，以往统称为纪录片的作品有了不同的称谓，如纪实类作品、非虚构类作品等；还有些创作在真实魅力的感召下制造真实，拓展出新的节目品种，如真人秀、纪实电视剧等等。可见，在市场化环境下，纪录片对故事化、娱乐性的追求已逐步落实到了操作层面和理念层面。

悬念与矛盾是产生戏剧性的有效手段，这必须从选题时就有所考虑。当有了一个备选选题时，创作者就必须下大力气寻找其中可开发的故事性素材。策划时要做的就是从各个方面掌握尽可能多的素材，然后对之进行梳理，发现其故事性潜力。在节目编辑制作中，哪些东西先展现？哪些东西后展现？哪些必须交叉呈现？如何制造悬念？如何让观众带着疑问不得不往下看？这些都要精心设计。中央电视台一套《见证·发现之旅》在故事化方面做出的努力十分引人注目，也探索出了一条较为成熟的制作道路。该栏目的创作者在介绍创作体会曾提到，为了突出悬念、吸引观众，他们想到一个方法，即在解说中多问几个“为什么”。当然，并不是问了“为什么”就一定能产生故事化的效果，而是要在具备悬念和最终找出答案的前提下设问，否则就是故弄玄虚了。故事化还有很多途径可以实现，例如真正塑造出血肉饱满的人物，给人以深刻印象。在一些动物纪录片中，为了突出形象个性，动物也被起上了人名，赋予人性。还有如搬演、调整结构和强化视听语言等手段，都能增加节目的观赏趣味，其中音响和音乐的使用不可小觑。

在成片过程中，还要考虑片子的情节点在哪里。情节点是指能够引发主人公行为动作的事件，它具有推动故事向前发展的动力。情节点有可能是人物外部环境的变化，也可能是人物心理的改变。尤其对于栏目化的纪录片来说，情节点是吸引观众的重要因素。不过，面对客观事实，纪录片创作者并非不能有任何参与，因为绝对的客观是不存在的。当遇到必须涉及的部分，而按照事件的正常发展不可能遇到的时候，创作者可以通过慎重而有原则的介入引发事件甚至冲突。比如在 2002 年美国奥斯卡最佳纪录片《科伦拜恩的保龄》中，导演麦克摩尔登门拜访美国枪械协会会长，质问他为何屡次在美国发生校园枪击案的地区进行个人持有枪支的宣传活动，最后这位会长无言以对，拒绝继续接受采访。

不过作为电视从业人员，我们要认清纪录片的收视率现实。总的来说，纪录片的收视对象是相对知识层次较高、喜爱思考的人群，他们更加关注人性、人类发展、人与自然等等问题，这样的人始终存在，但在电视观众的整体当中属于数量较小的族群。若要求以记录真实生活场景为主的纪录片与电视剧、娱乐节目等非纪实节目比拼收视率，是极不合理的做法。

本章小结

本章主要探讨了新闻社教类节目的策划。这里将新闻社教类节目分为四类：新闻类节目、社教类节目、电视专题片、电视纪录片。

新闻类节目又可以分为信息类新闻节目、评论类新闻节目、深度报道类新闻节目和杂志类新闻节目。这些节目的策划都可以从选题、节目形式及编排、播音员或主持人等方面入手。不同的是，有的更强调短平快，有的要突出故事性及思辨色彩。社教类节目的策划要注重针对性、可看性、权威性，以更好地实现其教育功能。电视专题片同样有一个选题的问题，可以在视听语言、结构、节奏、细节等方面下工夫。电视纪录片除选材之外，还要强调真实性、结构、风格、戏剧化表现等。

思考题

1. 谈谈你对新闻节目策划的理解。
2. 从策划的角度分析凤凰卫视《世纪大讲堂》的得失。
3. 结合你看到的某一部电视专题片，指出其在策划方面的成功和不足之处。
4. 你认为电视纪录片有没有策划？为什么？

第七章　文体娱乐类节目的策划

【本章提要】

文体娱乐类节目在电视屏幕上所占播出比重最大，其节目形态也最为丰富。本章探讨的文体娱乐节目包括了电视剧、电视综艺晚会、游戏类节目、电视竞赛类节目、真人秀节目、电视文艺专题和体育节目。这些节目有的已过其巅峰期，有的在国内刚刚开始风行，有的代表娱乐节目今后发展的方向。这些节目的策划既有独特性又有共通之处，希望读者在阅读时触类旁通，形成对电视文体娱乐节目策划与制作的整体思维。

第一节　电视剧的策划

一、电视剧概述

在我国，电视剧拥有广阔的市场。前面我们提到过电视剧是占收视份额最大的节目品种，到 2003 年时，我国有电视台 363 座、电视频道 2262 套，在全国所有的专业化频道中，影视频道的数量约 400 个，电视剧年产量超过 10000 集。对电视台而言，电视剧也是回报率极高的节目品种，广告收入约占 70%，而绝大部分电视台都在最黄金的时段安排电视剧。

我国的电视剧已走过了近 50 年的历程，这也是电视剧内容形态、制作手段以及观念不断变化和发展的过程。

1958 年 6 月 15 日，乘着大跃进的东风，电视史上的第一部电视剧《一口菜饼子》在演播室内直播，是典型的“忆苦思甜”题材。该剧取材于同名小说，并且是在同名话剧和广播剧的基础上再次改编，这显示出早期的电视剧与话剧、广播剧的紧密关系。同年9月4日播出的《党救活了他》，开创了“电视报道剧”的样式——根据9月3日报纸上关于上海钢铁厂工人邱财康因公被严重烧伤又被奇迹般救活的事迹报道，编导组织编写表演提纲并连夜排练，第二天直播……从创作方式上看，由于当时没有录像机，电视剧的直播是用多机切换、声画同步进行完成的，故总体风格更偏向话剧或广播剧；后来有的戏还加入了用16毫米胶片拍摄的外景插播在剧中，甚至分出不同的演播空间，跨季节、有内外景。“文革”前的电视剧，主要体现在配合党的中心任务进行宣传，歌颂新人新事新生活，歌颂英雄人物，进行革命传统教育等方面，其中还有不少儿童、外国题材。这一时期的电视剧从策划到制作都受到电视制作手段的极大限制，呈现出明显的电视媒体特色，也为电视剧未来的发展积累了有益的经验。

“文革”期间，电视剧创作几乎一片空白，而“文革”之后的电视剧更多地承袭了电影制作的特点，故多为单本剧形式。例如粉碎“四人帮”后播出的第一部电视剧是1978年5月22日播出的《三家亲》，这也是我国第一部外景制作的电视剧。从整体创作的内容、方式、流程和剧作结构来看，都是在向电影学习，因此电视剧被视为“小电影”。从内容上看电视剧，与当时的整体文艺状况相适应，与文坛出现的“伤痕文学”现象及巨大的社会变革呼应，紧密联系现实生活，在观众心中引起了强烈的共鸣。如1979年的《永不凋谢的红花》、《有一个青年》，1980年的《凡人小事》、《乔厂长上任记》，1981年的《新岸》等等，每当播映便万人空巷。

1979年下半年，鉴于市场回报的原因，中国电影发行放映公司开始实行停止向电视台供应新故事片的做法，这对新兴的电视剧行业的发展是一个强大的刺激，逼迫电视人不得不走独立自强的道路。与此同时，随着导演水平的提高，也由于制作实力的增强和市场经济的逐步调节，长篇电视连续剧陆续产生，优秀作品不断涌现，如1982年的《蹉跎岁月》、《武松》，1983年的《高山下的花环》、《华罗庚》，1984年的《今夜有暴风雪》、《走向远方》，1985年的《四世同堂》、《寻找回来的世界》、《新星》、《诸葛亮》，1986年的《凯旋在子夜》、《红楼梦》、《努尔哈赤》、《甄三》，1987年的《严凤英》、《西游记》、《便衣警察》、《乌龙山剿匪记》、《雪城》，1988年的《末代皇帝》、《寻找回来的世界》，1989年的《上海的早晨》、《商界》、《这样一个民警》、《篱笆、女人和狗》、《那五》、《李大钊》等等，手法愈加纯熟……1986年年产量已突破1000集，而1988年则突破了2000集。这不仅仅表明电视剧生产已达到相当规模，更意味着电视人对其创作规律的探索和创作经验的积累已达到一定的高度，电视剧理论也在逐步形成。而此时境外电视剧的引进，也对国产作品产生了很大的影响。众多外来的作品不仅在观念上、也在结构上给国内创作以启发。

进入20世纪90年代，我国电视整体走入“栏目化”时代，电视剧的演播观念随之发生变化，电视剧的创作也迈入了成熟阶段，既有对传统艺术的继承，也与时俱进，从而使电视剧的风格、样式真正形成了丰富多样的格局，并逐步确立了新的本体特征。1990年的《围城》、《渴望》，1991年的《编辑部的故事》、《外来妹》、《南行记》、《我爱我家》，1993年的《北京人在纽约》、《过把瘾》、《情满珠江》，1994年的《9·18大案纪实》、《三国演义》、《孽债》，1995年的《英雄无悔》、《宰相刘罗锅》、《牛玉琴的树》，1996年的《和平年代》、《党员二愣妈》，1997年的《水浒》、《香港的故事》，1998年的《牵手》、《环珠格格》、《雷雨》，1999年的《雍正王朝》，2000年的《苍天在上》、《大明宫词》、《铁齿铜牙纪晓岚》……这些电视剧不仅内容广泛、样式丰富，篇幅也愈加浩大，显示出电视剧发展的新高峰。这时，制作方面也已经有了一套成熟、独特的模式，发行网络与机制的建立也标志着市场化的成熟，导致日渐衰落的电影“老大哥”纷纷向电视借鉴新的管理观念和制作手段，影视合流的趋势也日益明显。从篇幅来看，电视剧越拍越长，中、短篇尤其是短篇电视剧越来越不景气，这也许是市场需求和电视剧这种艺术样式自身的审美优势以及特定的播出环境所决定的，这标志着我国电视剧终于跨入了“电视化”生产的历史新时期。而当收视率成为电视剧生产所追求的重要目标时，即导致电视剧创作观念产生巨大变化，内容形式都趋向适应大众化的审美取向。

走入新世纪，随着对现实社会的深入了解和对社会责任的思考，电视剧的创作在保持丰富多样的基础上走入了相当成熟的阶段，2001 年的《康熙大帝》、《永不瞑目》、《长征》、《笑傲江湖》都显示出对电视精品创作的重视。针对前一阵的“宫廷风”、“豪华风”、“滥情风”，各台或频道在黄金强档播出以改革开放的现实为背景、张扬法制与道德旗帜、加强党和政府廉政建设为内容的电视剧，如《大雪无痕》、《忠诚》、《大法官》……2002 年的《刘老根》、《激情燃烧的岁月》、《不要和陌生人说话》、《橘子红了》、《黑洞》、《铁齿铜牙纪晓岚 2》等显示出类型与题材的多样化和与时代生活的贴近。2003 年的《省委书记》、《刘老根 2》、《大染坊》、《亲情树》、《军歌嘹亮》等作品显示出创作态度的严肃；《孝庄秘史》、《射雕英雄传》、《神医喜来乐》充分显示出对娱乐与历史的较好把握；而《走进共和》和《金粉世家》则引来争议。如何在新的历史条件下与时俱进地进行名著改编？如何以唯物史观指导历史题材创作？如何掌握市场与宏观调控之间的度？这些都是需要业界认真思考和慎重处理的问题。2004 年，继《刘老根》的成功之后，赵本山又推出了《马大帅》，该剧深入关注农民在改革中所经历的和所想的，引人深思；同时，一系列红色经典的翻拍也带来了电视创作价值观的争论……

纵观我国电视剧的发展历史，电视剧观念的变化贯穿始终。“直播电视剧”时期，其观念以戏剧美学作为支撑点，以电视为表现手段；“电视单本剧”时期，则承袭了电影创作的方式，认真而严肃地探寻声画关系；电视连续剧的出现使电视剧超越了对传统艺术样式的模仿，找到了属于自己的表现形式。随着品种的不断丰富，电视剧成为一种既遵循电视技术和艺术规律、又遵循电视市场发展规律而生产的艺术形态。

目前我国电视剧种类繁多，从篇幅长短和形态的角度，可分为电视短剧、小品、电视单本剧、电视连续剧、电视系列剧、情景剧等；从题材内容上划分，有警匪剧、言情剧、武侠剧、革命历史剧、戏说历史剧、市井生活剧、青春偶像剧、农村题材剧等；从表现的时代可分为历史剧、现实题材剧、科幻剧；从风格和基调上又有悲剧、正剧和喜剧之分……不同类型的电视剧在具体的创作过程中各有其策划重点，但因篇幅所限，在此只能进行简要分析。

二、电视剧策划要点

毋庸讳言，目前我国电视剧市场竞争日趋激烈，多年来电视剧市场上一直都是“几家欢乐几家愁”，在每年约10000集成品中，约三分之一是达不到播出水平的。要想获得成功，策划的作用越来越重要。

电视剧的策划是一个系统而完整的过程，从内容创作方面来说，它需要策划人遵循电视剧创作的基本规律，在进行充分的市场调研的前提下，对电视剧的选题立意、班子组建、拍摄制作、宣传推广、播出等一系列过程进行规划，提出创意和建议，以指导电视剧的整体创作，从而提升电视剧的艺术价值与社会效益。从市场运作方面来说，电视剧策划要充分了解电视剧的市场走势，对行业现状、选题状况、观众收视率、竞争形势等市场信息进行把握和综合分析，对电视剧的整体运营包括制作、播出、销售、开发等进行运筹规划，以提升电视剧的经济效益，找到市场突破口。事实上，电视剧策划的这两个方面是密不可分的，策划人应将电视剧的创作与运作从创意到实现途径等所有要素和环节组合起来，实现投入与产出的最佳效益。

从理论上讲，作为一名电视剧的策划人，应特别熟悉电视剧创作。不断研究当前影视发展概况，了解影视市场行情和创作流程。当然，一部电视剧的成功运作，应该是一个创作团队中各个岗位的工作者共同努力的结果。电视剧策划作为这个集体的核心人物之一，应在为这个团队提供最优化的方案与服务的职责基础上与其他主创人员充分合作——从整体利益与效果来考虑每一个环节，其工作职能会表现在一些较为具体的层面。例如电视剧制作人（制片人）是一部电视剧的直接责任者，他对电视剧制作的各个方面具有决策权，而策划人就像其“参谋长”、“智囊团”，帮助制作人在组织协调和经营管理等方面出谋划策。制作人的意图往往直接体现在策划中，因而电视剧策划与制作人的关系应该是完全融洽和相互依靠、相互信赖的。作为创作部门的最高负责人，电视剧的导演在充分发挥主观能动性和创造才能的基础上也应该与策划人密切配合，策划人应能对电视剧创作提出非常具体的要求，给予导演以创作的思路与创意，并善于调动其积极性，双方共同努力，以实现最佳的屏幕效果。电视剧策划人与编剧的关系也主要体现在创作层面上，当编剧的职业化程度更加深入时，策划人是一部电视剧的构架者，编剧则是细化剧作内容的具体实施者，即策划人有责任为编剧提供可行的创作大纲，编剧也应该努力实现策划人的意图；在创作中，策划人还应该与编剧及时沟通、讨论，以修改和完善剧本内容……目前，电视剧的策划人正在逐步成熟，随着市场化的深入，其工作职能也将会逐步完善和明晰，其重要性也会逐步凸显出来。

实际上，在具体实践中，由于电视剧策划职业工作的特殊性和复杂性，电视剧策划人并没有真正成长起来，而是与电视剧的制作人、导演、编剧等等职位结合起来，即他们往往或多或少地承担了策划的工作和职责。而身为专职策划的人员工作范围可能更多地落实在整体规划和调控或宣传、推广等方面；甚至在一些电视剧的创作中，策划无需作为一个独立的职位而存在。因而，我们以下所谈到的电视剧策划，更侧重的是将其作为电视剧创作中不可缺少的一项工作以及一种重要的观念认识来强调。

在异彩纷呈的各类电视剧中，电视连续剧尤其受到观众的青睐。它不仅能充分展示电视媒体之长，也是最符合电视特性的剧情类形态，而且还有越做越长的趋势，例如台湾最长的电视连续剧《包青天》已达300多集。当用连续剧还不足以承载其商品内涵时，国内的一些作品还利用“续集”来延续品牌效应，满足市场需求，如《还珠格格》、《铁齿铜牙纪晓岚》等，都已拍到了第三部，《康熙微服私访记》已拍到了第四部。近年来国外的电视剧也出现了“季播”（即利用相关人物或主题进行续拍）的现象，获得了很好的效益。实际上，在市场条件下，策划就是要保证产品的规模化和持续化发展。因篇幅所限，本章主要阐述的是电视连续剧的策划。

电视连续剧是指分集播出的多集电视剧，每一集由相对完整的故事情节构成单独的一集，集与集之间的情节和故事都是连贯而层层相因的，它们在总体上连接起来构成一个完整的故事。正是这种“连续”的魅力，使观众能够长期、持续地收看。从实施途径上看，创作如此规模的作品，的确需要在事先做好市场调研，并精心设计好发展脉络。目前电视剧的总体创作与过去相比，其指导思想和方法已经有所变化，所以我们的策划要懂得与时俱进。

1. 总体策划以市场为导向

(1) 观众需求是第一要义

电视剧是电视市场发展的典型产品，是大众文化在电视媒体中的具体体现，其题材样式的选择和表达必然要把握时代的脉动，追赶社会发展的潮流，符合时下观众的心理需求。因此在进行电视剧的策划时，首先应对观众的收视心理需求有一个总体性的把握，这就是要符合时代精神和民族文化内涵。

纵观不同时代的优秀电视剧，其审美取向和价值观念都表现了当时的社会现实和精神实质。如当年《北京人在纽约》、《外来妹》、《情满珠江》等剧之所以获得成功，就是因为它们分别反映了20世纪80年代末90年代初随着改革开放而兴起的“出国寻梦热”、“南下打工热”和“下海经商热”等时代热潮，符合当时中国电视观众好奇与期待的心理。而21世纪初国家的经济和人民生活水平日益提高的同时，各种社会问题和矛盾也日益突出，人的命运以及价值观念都在转型中动荡、变化，人们希望严惩贪官污吏、打击黑暗势力，并开始关注个人命运及自身家庭生活，因而产生《宰相刘罗锅》、《省委书记》、《铁齿铜牙纪晓岚》、《中国式离婚》等剧，实际上也是民众各种心态的宣泄。

其次，要真正吸引大众，创作者就应采取平民化的视角，以充满人性关怀的精神贴近观众心理，努力把握、创造并延伸与观众思想感情的共鸣点。在当前关注自身命运和个人生活主题的大众整体审美趋势之下，那些关怀当下中国普通人身心状态和境遇的电视剧尤为大众青睐，如《空镜子》、《牵手》、《贫嘴张大民的幸福生活》等。这些电视连续剧以其洞察力、同情心和现实精神与大众共享对于自我以及自我所生存的世界的理解，从而与观众达成心灵的融合。观众从那些仿佛生活在自己周围的人的经历中，从平日那些司空见惯的行为中体会到了常常被忽视或遗忘的生命中的哀乐愁苦，而这些哀乐愁苦也传达出对生活和人性的表现及关怀。即使在进行古装历史剧的策划时，也应在重构历史的过程中注入现代意识，如电视剧《宰相刘罗锅》中主人公刘罗锅，他有杰出的才情，心系百姓社稷，利用奇才妙计不断与和珅斗智、和皇上周旋，同时其性格中也包含了平凡大众的一面——不修边幅，甚至还有点“惧内”……观众在看到他惩治奸臣恶吏而感到大快人心的同时，又对他频频闹出的笑话忍俊不禁。正是这样一个既能表达百姓心声又能表现普通人生活情趣的真实可爱的刘罗锅，走进了观众的心里。

从总体风格上看，目前我国电视剧不仅在题材上表现当代人的生活和情怀，还普遍追求节奏明快、剧情变化丰富、人物个性鲜明、以喜剧表达为主，以往人们所津津乐道的雅文化与俗文化、艺术与非艺术的界限在电视剧中渐渐模糊。收视率使之总体越来越趋向成为大众消费品，这都是顺应中国经济发展主流、符合大众审美趣味的表现。

值得一提的是，策划时除了把握时代、民族、人文的总体需求之外，还应充分考虑到观众需求的细分化，如考虑年龄、文化、地域色彩等特殊性，这也是电视剧市场观念的拓展。例如我国南北方文化差异较大，民族众多，这就要求电视剧创作也应当注意不同地域观众的心理需求，符合其特定的地域文化和普遍心理特征。目前，在我国各地，例如上海、四川、广东等地，一批具有独特地方文化特色的本地方言剧应运而生。其中较为成功的如粤语短剧《外来媳妇本地郎》，它不仅深受当地群众喜爱，还引发了广东地区制作本地方言剧的热潮。方言剧由于具有浓郁的地方特色，贴近当地文化，因此受到了当地观众的欢迎，这是就应对市场细分化现实的一种策划。

(2）适应市场化的运作机制

在我国的电视市场中，电视剧的文化商品属性日益突出，因此策划人也必须认清电视剧在市场运作方面的变化，必须以大市场的概念为策划基础。在具体策划时不能只埋头塑造自己，还要在对其他项目的关注和对比中进行相应的调整，尤其是要避免同类同质剧目的“自相残杀”。

同时，电视剧的策划要注重充分挖掘电视剧作品的市场开发潜力，例如注重与各种媒体相结合，注重宣传包装，注重相关衍生产品的开发。以电视剧《钢铁是怎样炼成的》为例，该剧由中央电视台影视部、中国国际电视总公司和深圳市委宣传部共同出资，风险分担，利益分享，深圳万科文化传播公司担任承制者，这样在资金、发行以及剧作的艺术质量上都有了保证。该剧在中国电视剧史上第一次由中国人聘请外国演员，将一部外国文学名著改编成电视连续剧，这不仅仅是创作的需要，也是一个良好的宣传切入点。最终该剧不仅在电视台播出，还采用了贴片广告、VCD发行、二轮播出权出售等一系列市场运作手段，取得了良好的社会效益和经济效益。再如张纪中制作的金庸作品的电视剧改编系列，2001年以来陆续问世的电视连续剧《笑傲江湖》、《射雕英雄传》、《天龙八部》，在选材上都利用了原小说本身的名气，演员选择上则采用了一大批两岸三地的知名演员，保证了较大的收视覆盖面。此外，在选择拍摄地点时，剧组得到当地政府及旅游部门的支持，从而节约了制作经费，保证了画面品质，也促进了当地旅游业的发展……

近两年在中国荧屏上盛行的“红色经典”风，也是电视剧策划人对市场化进行的有益探索。《林海雪原》、《小兵张嘎》、《红色娘子军》、《闪闪的红星》、《这里的黎明静悄悄》等一系列红色经典已经在以往的岁月中对人们的生活产生了巨大的影响，由它们改编的电视剧则极大地满足了观众对于革命经典的收视热情——老观众在新的时代重温这些经典是对过去的怀念和重审，新观众对老作品的观赏也是对历史的学习。就创作者来说，在其重拍中能植入今天的政治和艺术观念；而众多电视策划人对于这些经典之作的偏爱更是出于其在漫长的历史进程已经积累起来的良好知名度和品牌效应，因为它们已先入为主地在中国人心目中占有一定的市场份额。据央视-索福瑞和AC·尼尔森收视调查显示，《小兵张嘎》、《林海雪原》和《烈火金钢》三部红色经典电视剧分别登上了2004年各播出平台的收视率前列，2005年《这里的黎明静悄悄》在中央电视台一套播出时，最高收视率曾达到6个百分点。不俗的成绩，印证了红色经典剧显著的收视效果。当然，需要指出的是，某些红色经典剧的改编也曾因对原著不够尊重、未能把握原作精髓而遭致观众的反感。电视策划人在充分把握电视剧创作的市场化时，绝不能忽视作品的艺术价值与社会效益。只有以精品化的市场意识为导向，延续和弘扬经典的生命和意义，才能使作品真正获得普通大众的认可。

（3）把握精品化的市场意识

所谓精品，就是指那些具有广泛影响和持久生命力、思想精深、艺术精湛、制作精良的电视作品，电视剧制作精品化是市场激烈竞争和电视剧创作自身发展的必然结果。我国的电视剧目前面临着来自国内国际两方面的压力，只有依靠精品策略才能真正在竞争中占据优势。例如韩国电视剧在国际市场上的热销，除了其销售价格低廉，剧本引人入胜，演员青春靓丽之外，对于拍摄质量的注重也是它成功的重要因素之一。执导《蓝色生死恋》、《冬季恋歌》的著名韩国电视连续剧导演尹锡瑚在介绍韩剧生产环境的完善时曾说到："韩国的电视剧是在'流水线上'完成的艺术作品，是遵循其本身独特的艺术规律的。"[①] 韩剧在内容上

① 参见紫金网，http://www.zijin.net/get/xueshu/2005_10_21_3803.shtml。

对伦理道德和人文精神的注重，在形式上从画面的精美、表演的真实到音乐的优美，都显示出其制作人的良苦用心。再如 2005 年热播的韩剧《大长今》，讲述了一个平凡女子坚韧不拔的奋斗史。剧中如画的美丽外景、动人的情感细节、精美的服装设计，甚至那些精致的韩国美食，都与主人公坚强、乐观、执着的精神一起触动着观众的心弦。制作者对每一个细节的精雕细琢，使此剧堪称韩剧中的精品，不但大受观众的好评，其播出后还为该国的旅游、饮食、服装和音像业发展提供了无限商机。近年来我国的一些电视人大力呼吁抵制韩剧，但实际上仅仅依靠政策和呼吁，依靠对民族品牌的保护，并不是竞争的上策，关键在于提高自身同类作品的质量。事实上，一些类型的国外作品的畅销，正是因为我们的市场上同类产品极度缺乏和质量低下。由此看来，我国电视剧制作必须在发扬中国文化的基础上，尽快提升自身的创作和制作水平，增强策划的精品意识，只有这样才能创作出更多优秀的电视剧作品。

毋庸讳言，伴随精品化制作理念的是大投资、大制作的经营方式。因为无论是前期的剧本，还是后期的制作班底都需依靠强有力的资金支持，这样才能吸引最好的人才，实现最专业化的系统操作，从而完成最为精良的电视剧作品。在当今供大于求的电视剧市场上，与其花不少的投资与精力制作一部质量平庸的电视剧，不如花大资金、下大功夫制作一部精品，争取获得轰动效应，这就需要强强联合。但要警惕的是，大投资、大制作虽然是电视剧精品化的必要条件，但大投资与大制作并不就等于精品化，也可能产生大败笔。所以电视剧策划人和创作者必须对题材选择、剧本编写以及电视剧创作与制作的各个环节严格把关，这样才可能生产出优秀的电视剧作品。

2. 内容策划以层层相因的“戏”为核心

与单本剧或电影不同，电视连续剧是一种特别适合家庭收看的剧。尤其是随着电视竞争的加剧，短篇剧作不利于给观众留下印象，也就不利于以吸引投资。同时，电视的伴随性收看方式也造就了它的创作特性，使一波未平一波又起的长篇故事得以娓娓道来。

（1）情节的安排

情节是电视剧的发展脉络，也是电视剧节奏的核心。在策划人看来，情节是造就收视率的根本要素，而情节就是由角色间的冲突对抗、人物的命运、事件的发展进程构成的。通常观众在收看电视剧时，都会以自己的实际生活经验为基础对剧情发展进行猜测。在这种预测心理下，情节的延续成为一种满足。大多数电视剧都循规蹈矩地提供这种满足，这原本无可厚非，但如果策划人能在生活经验允许范围内“有意”违背这种期待，做出令观众感到意外但又合乎真实的情节安排，则更能激起观众对主人公命运的关注和对剧情发展的兴趣。

从某种意义上说，情节可以称为冲突流——人与人、人与环境、社会集团之间、人物内心的矛盾推动了情节的发展。没有冲突就没有推进剧情的意义，要通过动作与反动作之间不断的对抗，故事才有“看头”。在策划剧本的过程中，我们可以为人物的动作设置一个又一个障碍，“一波未平一波又起”，引发观众持续的观看兴趣。例如在电视剧《牵手》中，夏晓冰和何涛的爱情纯洁而又炽热，两人许下了“我们永远都好”的诺言，观众在心里真诚地希望这段纯真的恋情能够开花结果，两个年轻人能拥有美好的未来，并且两人幸福地筹备新房的剧情也顺承了观众的这种心理期待。然而观众的美好愿望却由于因婚姻心力交瘁的姜医生手术时的一个失误，而彻底毁灭了——何涛因手术事故而失忆，随后又溺水身亡，晓冰悲痛不已。观众对此“横来一笔”最初并不能接受，因为主人公钟瑞、夏晓雪婚姻的结束本已经给人们留下了深深的惋惜。但痛定之后，观众也渐渐理解和接纳了这个悲剧，因为生活原本就是无常和不可预测的，因而这种安排也符合了全剧的情感基调。

（2）悬念的设置

故事的分集连续播出是电视连续剧区别于电影的一个重要特征，它把完整的故事分割开来，从而将对故事发展及其结果怀有极大好奇心的观众不断吸引到电视机前，而吸引观众的关键就在于悬念。悬念可以分为阶段性悬念和终极悬念。阶段性悬念有很多，在一集中解决一个旧悬念，又在下一集中出现一个新悬念。就像传统的说书人，把故事讲得声情并茂，引人入胜，却又在关键点上戛然而止——“欲知后事如何，且听下回分解”，给观众留下极大的期待。所以悬念是后续情节的由头，是观众连续收看的理由。对电视连续剧来说，一般的悬念是：主人公身处困境、生命受到严重的威胁，或者是因形势难辨而难以抉择；新的问题出现，或者突然出现与局势直接相关的转折……对于剧集划分来说，悬念是经常采用的契机，如中央电视台由金庸武侠小说改编的电视剧《射雕英雄传》、《天龙八部》等，都是在每一段落的情节最精彩处戛然而止，人物的命运、情节的突变深深地抓住了观众的心，勾起他们收看下集的强烈欲望。同时电视剧观赏环境（通常为家庭）的随意性也必然要求设置巧妙的悬念和戏剧冲突，以便引起观众的欣赏欲望，赢得他们的持续关注。终极悬念是所有连续的剧集联合制造的，能全面地反映最主要的矛盾，贯穿主人公的行动，因此需要在最终揭示或解决。如《牵手》中主人公的爱情归宿一直是观众所等待的，大结局的出现就标志着悬念的解决。当然，也有开放式结局，其目的就是给观众以猜想、回味。

在所有电视剧品种中，悬念是侦探情节的电视剧与生俱来的最主要元素。有趣的是，据 2002 年对全国市场不同题材电视剧市场份额的调查，故事发展悬疑丛生、惊险刺激的涉案剧高居榜首，所占比例高达16.6%。[1] 由此也许可以说明，业内已充分意识到了悬念在电视剧创作中的重要性，而涉案剧是最适合的载体。

（3）典型形象的塑造

生活有许多相似之处，电视剧的情节不容易做到前所未见，而这一个剧和那一个剧最容易做到有差异的，就是角色的个性。而且就电视剧看来，较长时间的作品的展现，必然依赖于对人物的塑造，不像短篇幅的电影或纪录片，可以让场景、物件等非人物形象占一定篇幅。同时，电视连续剧节奏明快的体现，经常表现为对人物言行的展现。

传统的形象塑造理论提倡塑造典型环境中的典型人物，这是有科学依据的，因为典型环境中的典型人物能够更多地带动受众的情感倾向和认同感。现实中得到证实的是，一部电视连续剧之所以能够受到普遍欢迎，就是因为塑造了某几个或一批各具个性特色的人物形象，无论是刘罗锅、小燕子，还是张大民、石光荣等等，都是由于其性格的多重性和鲜明性在剧中得到完整的表现，而成为观众心目中“熟悉的陌生人”，也由此才产生了情感上的共鸣。此外，剧中典型形象跌宕起伏的命运轨迹、细腻真挚的人物情感都是牵引观众思绪、引起他们强烈观赏兴趣的重要因素。就整个市场的层面来看，在电视剧作品量大、人物形象繁多的时代，典型环境中的典型人物也更容易受到观众的重视。

换一个角度看，电视剧中情节的发展、矛盾冲突的设置也是为展示人物性格、塑造人物形象服务的。人物形象的定位关系到全剧的风格定位，同时也是构置矛盾冲突和故事情节的基础。作

---

① 数据来源：《中国电视市场报告2002—2003》，转引自《中国电视剧市场报告2003—2004》，华夏出版社2004年版，第52页。作者：中国金鹰电视艺术节组委会、央视－索福瑞媒介研究公司（CSM）、北京广播学院。

为策划人，一方面要意识到人物的身份、地位、职业、个性、阶级等属性即将对情节发展产生的影响，另一方面还要从人物之间个性差异以及关系的揭示，对比、衬托和完善对人物的刻画——各种人物矛盾和关系才是剧情得以延续的根本契机。例如作为对手的角色有《宰相刘罗锅》中和珅和刘墉，《还珠格格》中皇后、容嬷嬷和小燕子、紫薇，《激情燃烧的岁月》中石光荣和褚琴……有时对立面并不局限于双方，而形成三方或多方，例如《三国演义》中的三国鼎立——剧中的很多矛盾冲突都是“对手”有意给主人公出的“难题”。只有当主人公突出“重围”获得胜利，或者深陷其间久久不能摆脱，才能推动剧情，从而也调动起观众的收看热情。有时在人物身边常会有几位肝胆相照的合作伙伴或朋友知己，有了他们的协助，主人公不至于单打独斗，难题也不至于长时间得不到解决。例如在《激情燃烧的岁月》中，每当石光荣和褚琴吵得不可开交时，石的老战友罗毅就会出现，通过他的耐心开导使两人婚姻得以延续，也使剧情得以继续。

在描写人物心理方面，电视剧不及文学作品，然而却往往以与人物性格相应而具有特色的人物形态、语言、行为感染和打动观众。在以形象为表达手段的电视剧创作中，人物创作是要落实到外部形象、语言和行动中的，人物的个性就是外部形象、语言和行动的个性。人物的任何表现都要让观众“看得见”，并“看得懂”。例如在《贫嘴张大民的幸福生活》中，“贫”是张大民给人最鲜明的印象特征，主人公的长相是带有北方人特点的，但作为小人物，必然不是浓眉大眼、有视觉冲击力的那种长相；性格爱算计但又很善良，观众经常在贫嘴调侃和看似不经意的表情、动作中看到了普通小人物的喜怒哀乐和乐观积极的人生态度。再如《激情燃烧的岁月》中的石光荣，外表有些粗糙，语言直截了当甚至粗鲁，行为也有些不讲道理，但却非常符合一个没有接受过正规文化教育、对革命赤胆忠心的军人的性格特征，从而在平民阶层的观众中引起了强烈共鸣。

（4）细节的刻画

在文艺作品中，细节是描绘人物性格、事件发展、社会环境和自然景物的最小组成单位，同时也是作品真实性的构建基础。本来对社会环境和人物性格的完整描写是由许多细节描写所组成的。电视剧以叙事、刻画人物形象为主要功能和任务，策划人在这个过程当中如能设置和渲染一些在特定情境中可能发生在人物身上的细节，将有力地增强故事的可信性、真实性以及人物形象的鲜活度和立体感。如电视剧《围城》的导演黄蜀芹，就十分注重电视剧的细节问题。在剧中，她为了营造20世纪30年代的气氛和时代感，特地聘请了上海电影制片厂一批很有经验的服装、化妆、道具等工作人员，为该剧设计画面背景、人物造型。剧中苏文纨的服装是根据杨绛女士的指点设计的。她说："苏文纨是大家闺秀，只是归国途中在船上穿裙子，回国后一直穿旗袍，30年代的旗袍，只有舞女等才开叉到大腿上，一般都是开叉到小腿部。"[①] 该剧的创作人员对诸如此类的细微之处要求都十分严格。这种对细节的"较真"态度使该剧在氛围营造、人物形象的塑造上最大限度地忠实于原著，还原了30年代的时代感，使该剧成为既具很高观赏性，又具文化品位的优秀名著改编作品。可以说，细节处理是否完美，也在一定程度上体现了电视剧制作的质量。

与此同时，策划人还要懂得，即使故事是虚构的，是现实中不可能会发生的，只要有一些细节具有真实性，就可以平衡虚构与真实之间的关系，从而吸引观众。这种情况在历史题材和未来

① 解玺璋：《围城内外——从小说到电视剧》，世界知识出版社1991年版，第59页。

题材的作品中尤为常见，甚至就是在现实题材的作品中，也能够获得观众的情感投入。如电视剧《渴望》，该剧长达50集，从大的结构和逻辑来看，其真实性往往经不起推敲。但在具体演绎的过程中，刘家小院生活的平实、普通北京市民的生活感受，尤其是刘大妈的形象与个性令人深感亲切，在很大程度上弥补了整个故事在真实性上的不足，观众顾不上去追究剧情的真实与否。当然，也由于长篇电视剧一般不能长时间连续播出（常规做法是每天播出2集），会导致观众更加注重观看时的感受而忽略整体剧情的逻辑。在近年来逐渐增多的情景剧中，整体情节的逻辑显得并不重要。

以上我们分析了电视连续剧的“戏”的创作元素。还需说明的是，随着时代的变化，电视剧的品种和风格经常会因为对“戏”的理解和界定不同而发生改变。传统的戏剧概念会严谨和认真地对待所有的“戏”的元素。而今天人们提到“戏”时，已经包含了“游戏”、“把玩”、“吸引”的含义。例如在市场需求的引导下，电视剧的娱乐性被延伸，产生出“精品”与“戏说”观念的对立。精品剧更恪守史实和现实，更多地遵循传统的艺术创作观念；而“戏说剧”则更浪漫和夸张，甚至可以因主观创作需要而篡改事实、张冠李戴。总的来说，“戏说剧”往往是商业化的产品，其根本意义是娱乐大众，作为“后现代”文化的一种表达，不能用传统观念来评价其艺术价值。

3. 制作策划要以优秀的创作人员为基础

电视剧要获得成功，仅有一个好剧本是远远不够的。在市场竞争日益激烈的条件下，拥有优秀的创作人员也是电视剧成功的重要条件，“票子、本子和班子”缺一不可。在解决了资金问题之后，由制片人、导演、编剧和演员组成的主创班底直接决定了一部电视剧的质量和市场号召力。一部电视剧要想做到观众喜闻乐见，既“叫好”又“叫座”，就必须充分发挥主创人员的创造力和能动性。只有高素质的专业创作队伍，才可能有高质量的电视剧作品。

（1）电视剧制作人

在电视剧的创作中，由于项目的庞大，制片人的工作量也相对大，而且工作内容比一般电视节目制片人要复杂得多，因此他们也往往也被称为制作人。在一个相对庞大的制作班子中，制作人下面也可设立制片人，不过在制作人领导下的制片人工作范围更小，主要承担在拍摄阶段对现场进程的监控和人员、设备及资金管理的工作。

在电视业内，电视剧的生产是最早广泛步入市场的，电视剧制作业的进一步发展创作迫切需要生产组织和管理机制的进一步完善，需要强有力的制作人来把握和主持电视剧制作的全过程，为电视剧的生产和经营担负起更多的责任。总体来看，国家行政机构对电视剧生产的干预在逐年减少，但仍然需要“题材规划”、“年审”，甚至通过对某些剧下发文件等硬性限制措施来进行管理。这说明电视剧市场还没有引进真正意义的市场调节机制，制作人队伍专业水准也远远不够，从根本上看仍缺乏策划全局的眼光和能力，大多数人还停留在生产经营的组织者层面。

在电视剧的制作过程中，制作人的工作职责大致可以分为以下方面：

资金调控——有能力聚合一定的制作资金，保证对投资者利益的回报，并对各个阶段资金的运用进行监控。

剧本管理——策划剧本，包括选择相应风格的编剧并监督其完成创作。

摄制组的建设和管理——具体要对导演、演员及其他制作人员进行选择和管理，并为电视剧的整个创作过程制定系统科学的工作计划，包括项目总体规划、剧本创作计划、拍摄计划、演员工作日程计划、生产进度计划、后期工作计划、宣传计划、销售计划等等，这也是传统概念的制片人所做的工作。

以往电视剧制作分为三个阶段——筹备阶段、拍摄阶段、制作阶段，三个阶段制作人都要进行全程管理和监督；而现在工作内容和范围则有了拓展，不仅要抓住剧本、资金和摄制组这三个关键要素，还要制定销售环节，建立畅通的销售渠道，采用有效的销售办法。从策划的角度来看，制作人的工作已经不仅仅是在拍摄一个剧，而是在完成一个项目，而且要从项目的大局出发来制订工作计划，分系统、阶段制定工作流程。具体工作程序大致如下：在项目设立之前做好详细的市场调查，使项目能够对应市场需求；项目启动初期主抓资金和剧本创作，并开始考虑导演等主创人员的选择，剧本完成后与导演一起讨论剧本和经费的使用、制定拍摄计划并选定合适的演员；在制作期间监督和落实资金使用，督促拍摄，保障各种技术设备，保障演职人员生活所需，调度演员，安排机房使用等，并开始落实项目的销售……作为制作人，其责任已不仅仅是掌控作品的质量以保证销售的顺利进行，更要使投入最终能够获得相应回报，甚至尽力减少投入，获取尽可能大的利益。从这一点来讲，制作人追求的目标与导演、演员追求的目标会有很大不同。以往制作人的职责是帮助或协助导演的工作，而现在则成为项目进行的主导者。

应该说，目前我国电视界已经有了一批具备相当实力和水准的制作人，如《红楼梦》的制片主任、《三国演义》的总制片人任大惠，《京都纪事》《都市放牛》的制片人尤小刚，《笑傲江湖》《天龙八部》的制片人张纪中等。然而，我国的制片人队伍毕竟总体缺乏专业培训，制片人制度还处于初级阶段，所以我国电视剧管理和制作水平的提高还有待于制片人实践经验的积累和综合素质的提升，关键有待于策划观念的建立。

（2）导演

在传统的工作流程中，导演一直是整个艺术创作的核心，掌握着艺术创作领导权和指挥权。导演在电视剧摄制组中必须团结和调动由各种不同的专业创作人员和技术人员构成的全组人员的积极性，带领他们共同为提高艺术质量而努力。在编剧完成了剧本后，导演要把剧作体现在屏幕上，就要运用电视语言进行再创造。导演的工作水平直接决定了电视剧艺术质量的高低。

在市场化的背景下，导演成为摄制组的重要人员，从策划的角度来看，是艺术质量的主要掌控者。尤为重要的是，导演必须懂得“戏”之所在，懂得影像语言的表达语汇和手段，将观众需求作为“可看性”的创作依据，最终化为对场景、时空、镜头、人物形象、声音、剪辑方式等的精心设计，并落实到分镜头本上，让大家遵照执行——导演不仅要在艺术创作方面采取主动并获得创作主导权，如改剧本、选择演员和相关场景、决定制作人员，还要理解整个项目的市场目标，将自己的艺术理想、创作热情与对创作进程和投入的有效控制结合起来，使项目取得尽可能好的市场效益。现实中我们经常看到，具有整体规划能力的导演往往也是市场效益的有力保障。

（3）演员

电视剧的创作有赖于演员的表现力，这一方面是因为人物形象是电视剧的表现核心，另一方面则在于面对当今电视剧竞争激烈的现实，人物形象要想给观众留下深刻印象，演员的感召力也非常重要。从策划的角度来讲，无论是主要演员还是普通演员，甚至非职业演员、群众演员，其表现都应自然，而且一定要有特色、有个性。以往选演员是演员向角色靠拢，而现在可能要转变做法，充分利用演员的个性魅力吸引观众，演员个性与角色个性并重。例如选用“明星”、“大腕”担任主要角色，可以保证拍摄质量和进程，同时他们也是提高该戏知名度、吸引观众收看的重要砝码。无庸讳言，明星演员对观众的吸引力更大，可以为电视剧的收视率提供一定的保障。同时导演要重视并精心设计人物造型，这样才能有效地争夺眼球。2005年，中央电视台投入巨资拍摄的30集大型神话电视连续剧《宝莲灯》即充分利用了明星效应，齐聚刘晓庆、颜丹晨、焦恩俊、朴美宣等中国大陆、港台、韩国三地明星。这种演员组合就是要针对三个地区的市场，尽可能地为收视率提供保证。

随着电视剧类型发展的细化，不同类型的电视剧又对演员有着不同的要求。在注重艺术性的精品作品中，既要看重演员的名望，也要看重演员与角色个性的融合；在注重商业性的作品中，更多看重演员的"名气"、"人气"，有时要根据电视剧的类型特质采用相应特殊的演员选择标准，如"偶像剧"更注重演员的外在形象的吸引力。除此之外，制片人和导演在选用演员时不仅要考虑其是否能胜任其角色，还越来越要求其具有良好的团队合作精神，以保障创作进度的顺畅。

正因为明星演员如此重要，演员片酬便成为电视剧成本策划中要认真考虑的部分。目前有的剧演员片酬约占制作总成本的50%甚至更高。因此，挑选明星演员的同时还要考虑制作成本的问题。一般来说，聘请高酬劳的明星一定要考虑该明星是否能提升电视剧的吸引力，进而最终提升电视剧的发行价格，或吸引更多的收视率，增加相应的收益。

就演员自身来说，在新的制作机制下，他们一方面要适应快节奏的工作方式，另一方面则要努力深刻理解剧中角色，努力将自身特质与角色特质很好地融合并表现出来。

第二节　电视晚会策划

一、电视晚会概述

1. 晚会的概念

晚会，一般来说是指在晚上举行的有现场观众观看文艺表演的聚会。当晚会进入电视，由于电视录制的需要，其视觉效果必然是灯火通明的，而且可以做到时空的跨越和异地交错直播等等。

电视晚会的规模不一，但往往是文艺节目中耗资最多，投入精力、人力最大的节目类型。所以对于一个电视台而言，电视晚会也是衡量其总体制作水平与全面协调能力的重要节目形态。

从内容的包容性上看，电视晚会可分为综艺晚会和专题晚会、专业晚会。

综艺晚会，是一台晚会中包含多个文艺品种或主题有多方面表达和发展的样式，尽量照顾最广大的受众面。综艺晚会一般在节庆日播出。如庆祝国家性、民族性、民俗性的节日（国庆节、春节、中秋节、重阳节等）或纪念在历史上产生深远影响的人物、活动、事件，如春节联欢晚会、纪念毛主席诞辰一百周年文艺晚会、庆祝世界反法西斯战争胜利50周年文艺晚会等。

专题晚会和专业晚会，是观众可能会因个人兴趣爱好不同而进行选择性收看的晚会。专题晚会更注重主题，或特别深入某些行业领域。如为一些突发性的社会重大事件、重要活动及各种颁奖庆典创作播出的晚会，如庆祝北京申奥成功文艺晚会、救灾赈灾晚会、专门维护消费者利益的“3·15”晚会等。专业晚会指所包容的文艺品种或形式相对单一，如以相声和小品为主的《笑的晚会》、春节的歌舞晚会和戏曲晚会。

从播出方式上，电视晚会可以分为录播晚会和直播晚会，直播晚会由于其现场感，更容易使观众形成情绪上的共鸣，是晚会播出的最佳方式。如果晚会直播有风险或制作难度太大，可以采取录播或直播与录播结合的方式。

2. 晚会的特点

1983年中央电视台春节联欢晚会的创办是电视晚会成熟的

标志。春节联欢晚会从开办至今，年年不断，它已经不仅仅是一个单纯的节目，而成为人们在大年三十的民俗活动之一，节目自身也形成了某些模式，如节目中的“零点钟声”环节便已成为一种仪式。经过20多年的发展，春节联欢晚会最终成为全国电视观众不可缺少的精神喜宴和娱乐食粮，同时也由于其多年的创作实践成为大多数晚会的样板作品。

可以肯定地说，电视晚会不是一种常态节目的形态，而是一种彰显重要性、通俗性、大众性，并以欢乐喜庆为主要风格的电视文艺节目。其中最容易承载欢乐喜庆内容的文艺样式是歌舞、相声、小品——被称为晚会三大支柱。与其他文艺节目类型相比，晚会能够制造最好的现场热烈气氛和观演互动效果，反映出电视文艺豪华、靓丽、热情的特点。

同时，作为非常态节目，无论什么样的晚会都需要相对较长的时间，一般在90分钟，长的长达数小时，一般说来，时间越长的晚会包含的主题、内容、形式和文艺品种就越多，也越容易做成综艺晚会。就如此长时间的作品来说，如何在相对长的时间内吸引观众，众多内容形式如何有机地连接并形成起伏有致的节奏，便成了策划工作的关键。

具体策划工作的落实，要求策划人和编导具有很强的专业素质：要有较高的文学、艺术修养以及广泛的社会知识；要掌握歌唱、舞蹈、曲艺、戏曲、杂技、魔术等多种艺术门类的艺术特征、艺术规律以及这些艺术门类中优秀演员、优秀作品的基本情况，善于扬长避短；必须懂得如何创造视听感受，会利用电视技术与艺术的互动制造艺术效果，使文艺作品内涵得到恰当的表现；还必须具有较强的社会活动能力和组织能力以协调各方合作人员，调动各方面的积极因素……总而言之，电视晚会的策划是一项庞杂的系统工程。

二、电视晚会的策划要点

1. 鲜明的晚会主题

主题是晚会的灵魂，它像一根红线，将一个个节目串联起来，有助于形成严谨的结构框架和明确的情感传递，并有助于突出晚会的时代气息，深化晚会效果。著名电视文艺导演邓在军说："一台晚会的主题，直接关系着节目制作、演员选择、风格色彩各个方面。一台大型综艺性文艺晚会，如果没有明确主题，并贯穿于晚会的始终，就会显得东拼西凑，杂乱无章，即使有好的节目也给糟蹋了，或者只有个别节目给人留下了印象。因此，整台晚会主题应作为首要课题，精心地去考虑、研究。"[①] 可见，确定晚会的主题是进行晚会策划的第一要务。

电视晚会无论是庆祝、纪念还是配合事件，往往需要表现一个符合时代精神的主题，单个节目的选择、设计以及主持人的串联词都应围绕并服务于这个主题。晚会主题的确定绝不能是策划者随意为之，而是在了解受众和制定出明确的节目目标的基础上形成的。就拿以春节联欢晚会为代表的节庆周年晚会来说，这类晚会历来是中国人民最重视和喜爱的文艺节目类型，一般来讲策划上要把握好其主题的双重属性，即历史属性（历史的主题内涵）和现实属性（时代的主题内涵）。这类晚会的主题构思与策划是要把两个主题内涵巧妙有机地融为一体。如果忽视历史主题内涵，就意味着失去了节庆周年晚会的性质，也就失去了举办该类型晚会的意义和价值；如果不注重挖掘时代主题内涵，那么诸多晚会将大同小异、缺乏生气，必然会脱离现实生活。

就具体主题的确立来看，历届春节联欢晚会都把"爱国""团结""欢乐""祥和""喜庆"等作为晚会的主题思想。事实

① 《电视综艺晚会探析》，中国广播电视出版社，第171页。

上，这是一个永恒的基调。春节本身渗透着中国人民对美好生活的热爱、希冀与祝愿，蕴含着温暖、祥和、喜庆的大众情感与民族文化基础，这是亘古不变的历史情结，也是晚会主题所要保留和表现的历史内涵。另一方面，主题的时代内涵，即特定历史时期下的时代精神追求，历史与时代内涵的融合才是春节联欢晚会常办常新的根本所在。如 1995 年晚会主题为"三聚"，即"家庭的团聚、各民族的凝聚、炎黄子孙的会聚"，由此派生出"三情"，即"亲情、友情、乡情"，从而创造出"欢乐、轻松、温馨、亲切"的气氛。"三聚"中既有历史内涵，又有时代特征；既有人情、感情，又有真情。再如 1997 年香港回归、党的十五大的成功召开令海内外炎黄子孙欣喜自豪、骄傲感慨。当年春节联欢晚会的主题为"团结、自豪、奋进的中国人"，主题歌《手挽手，心连心》贯穿晚会首尾，《春天的故事》、《公元一九九七》、《中国娃》等节目体现和深化了这一主题，使整个晚会浑然一体，既烘托了浓厚的节日氛围，又将晚会放在了宏观的时代背景上，呈现出自信、自豪、自强的民族精神和浓郁的爱国主义情感。

2. 精彩纷呈的节目内容

节目是构成一台晚会的血肉，总的来说，每一个节目都应追求"新"、"奇"、"趣"的特色，都应该承载一定的信息量，同时又具有可看性，在整个晚会中散发出自身的光彩，其好坏直接决定着晚会的整体质量。策划人应本着多出精品、勇于创新的态度，在雅俗之间找到共同点和结合点，提高节目的艺术感染力。至于艺术感染力，可以从四个方面来评价：节目内涵及内容的趣味性、视觉效果的丰富性、表演水平和演员知名度以及听觉效果的完美程度。

不过，并不是每一个符合主题又高质量的节目都适合进电视晚会。目前电视晚会场面越来越大，导致观众离舞台较远，因此参与人数较少、以语言为主要表达手段的艺术形式不利于在大时空中展现，而歌曲、歌伴舞、大型舞蹈等综合性较强的节目能够有较好的展现空间，以至于一些晚会彻底放弃了语言类作品。同时，晚会中的文艺作品经常呈现出艺术品种综合发展的趋势，如2003年春节联欢晚会上深受好评的节目《化蝶》，就把杂技与芭蕾、角色化表演、舞美特技等多种因素结合起来，融杂技、戏剧、舞蹈等多种艺术种类于一体，不仅丰富了传统艺术的内涵，还使节目内容充满了新意，而且演员技艺高超，从而具有较强的观赏性。

电视晚会还由于现场气氛热烈、观众处在高度兴奋中，不利于需要耐心品味的作品和新作品的展示，所以为了得到现场观众的良好互动，歌舞类节目也宜尽量选择有一定知名度的、观众熟悉的作品，这样才能获得现场的呼应。典型的例子就是曾在工体举办的两场晚会：一是1985年的春节联欢晚会，晚会节目和编排都基本沿袭前面的经验，只是在场景上有较大的突破——场地为工人体育馆。本以为这样能满足更多观众的欣赏需求，然而节目却遭到了空前的失败——现场观众反应极其冷淡。于是业内认真反思，普遍认为晚会不能在冬季的大场地举办……此后多年没有人再敢尝试。但是2003年《同一首歌》3周年的晚会也在紧邻的工人体育场举行，场地更大，但气氛却空前热烈。所以晚会的成功与否并不在于场地的大小，而在于场地与内容形式的切合性。

电视晚会要想加深整体节目在观众心目中的印象，还要能够策划和制造“动情点”。拥有“动情点”的晚会才能调动观众参与的热情并激发情感高潮。动情点往往由一个或几个节目组合而成，这不是以往的单一节目类型可以涵盖的，因此也被称为“四不像”段落，成为晚会主题最集中的体现之处。比如1989年春节联欢晚会中讲述了聂卫平的姐姐聂姗姗为患白血病的小保姆治病的事情，在一段对当事人的访谈之后，韦唯唱起了歌曲《爱的奉献》……这样的段落在许多届“春晚”中都有，如1986年老山战士的婚礼和战斗英雄献诗，1995年的“看看母亲河”，1998年的小品《风筝》、歌曲《我爱你，中国》、《母亲河》、《大中国》……

3. 独特的目标受众

晚会的节目选择还应注重目标受众群的特质。总体说来，晚会是大众消费层次的艺术样式，相对来说综艺晚会比专题晚会和专业晚会更具通俗意味。

成功的电视综艺晚会应该对观众的年龄、行业、地域有更广的包容性，在观演关系上追求台上台下的互动，尽可能缩小观众与节目的心理距离。这就需要策划人有意识地增强节目内容的参与性与互动性。例如2003年中央电视台《魅力西部》春节文艺晚会就是一台观众互动色彩较强的电视综艺晚会，舞台几乎和观众席处于同一平面，观众三面围坐于圆形舞台欣赏节目，平视演员的表演，在空间上拉近了观众和节目的关系。晚会中很多节目演员都是在观众区表演，画面也多以观众席为背景，因此，观众也就自然而然地成为了节目的一部分。晚会中主持人的多处串场也都是在观众中间完成的，这在形式上就实现了观演双方的互动，再加上节日气氛和民族特色被渲染得异常浓烈，整个节目达到了很好的收视效果。另外，一些从群众中来的文艺节目能很快从心理上吸引观众，一旦节目质量跟上便可以产生广泛的情感共鸣，如2003年获得“我最喜爱的春节联欢晚会节目”一等奖的作品——歌曲《让爱住我家》便是如此。

而专业类的晚会以艺术的深入表现为支撑点，其目标受众更具知音和专业意味；专题晚会以夹叙夹议的形态为表现手段，传达更深入具体的思想意义，受众更加理性。甚至在一些专题晚会中，文艺表演并不重要而成为一种点缀。例如在颁奖晚会中，仪式感成为创作的重点，悬念的制造和解决是晚会环节的助动力，文艺节目成为主题和节奏表达的重要元素。

4. 精妙的节目编排

在主题和节目的内容形式都基本确定之后，就应该认真考虑节目编排的问题了。节目编排包括节目应该如何表达出主题的集中、逻辑推进或转换，其次是如何过渡衔接并安排高潮。

在实践中，不少人认为晚会是由节目的罗列和随意拼贴而形成的，主持人是串联的法宝。殊不知这样只是表现出单个节目的效应，极易造成节目主题的分散和节奏上的拖沓——由于节目之间没有关联，只好由主持人硬接。从策划的角度来看，一台优秀的晚会应该是节目与节目的有机衔接，所有节目串联是通过节目之间的内在联系而不仅仅是主持人的语言技巧，节目衔接的目的也应该是为了表现节目整体的节奏而非主持人，并且环环相扣、浑然天成。

做晚会也如行文，讲究“豹头、猪肚、凤尾”。其中，晚会开场节目尤为重要。如果开头气氛没有起来，后面的观众情绪就更难以调动。历届春节联欢晚会的开场节目几乎都是欢快的歌舞，如1991年的《欢庆大歌舞》、1993年的《挂红灯》、1994年的《千秋万岁为大年》、1997年的《大团圆》等等，这些节目的设置都是为了突出一种喜庆、热闹、团圆的节日气氛，使晚会一开场就迅速抓住观众。

开场之后的节目，要在主题推进的前提下做到节奏有起有伏。换句话说，如果策划人试图令每个节目都成为兴奋点、高潮点，那么这台晚会实际上就没有高潮，没有起伏，没有节奏。一台令人兴奋的晚会的节奏的总趋势应是一浪高过一浪，最后推至高潮。而节奏是由不同品种、风格、规模、质量的节目的搭配与衔接创造的，策划人可以从以下这些相反相成的方面考虑：听觉上唱与说、静与喧的间隔；视觉上动与静、简与繁的更迭；节目风格上粗犷与细腻、高雅与通俗的变化；色调上冷与暖、明与暗的转换；节目品种、样式的变化；表演区的变换以及表演区与观众席的交替展现等等。这些变化和对比能使整个晚会跌宕起伏，呈现出鲜明的层次感，还能引发观众情绪上的起伏，增强晚会的可看性。以1998年春节联欢晚会的节目安排为例，一些以歌舞为主、视听效果非常强烈的节目被作为主干骨架贯穿始终，以保证整场晚会热烈喜庆的效果——《梅》、《走进新时代》、《龙腾虎跃》、《健康歌》、《缤纷四季》、《国色天香》等被错落有致地安排开来，其他节目如小品、相声、歌曲等适当穿插其中。这样的安排调动了现场气氛，显示出热烈、欢快的情绪，也衬托出如《拜年》、《相约98》、《王爷与邮差》等节目的安静。尤其是欢快的《健康歌》之后，“动情点”——小品《风筝》被安排在全场节目的正中（第20个），成为整台晚会的“静场大唱”。紧接着《我爱你，中国》、《母亲河》则对这种情绪进行延伸和升华。随后，一曲由两岸三地明星共同演唱、气氛热烈的《大中国》把这段爱国情绪推至主题思想表现的最高潮。于是现场气氛在总体热烈的基础上表现得起伏跌宕，最后到达零点迎新钟声——整场春节晚会的情绪最高点……随着节目进行中节奏的变化，观众的情绪亦有张有弛，有高有低，整个欣赏过程因此而充满了趣味性，令人回味无穷。

当然，不是所有的晚会都应该追求热烈的气氛和节奏，就一些专题晚会或追求理性、高雅风格的作品来说，没有必要靠编排制造太多的刺激和追求最后的高潮，反而可以完全依靠主题推进，追求艺术品种的相似和协调，让较高质量的节目给人以回味。

5. 靓丽的屏幕效果

电视综艺晚会的策划者应该充分意识到运用各种技术手段的效果，以利于自己对各种文艺作品进行电视化的二度创作。电脑技术、通讯技术、摄像技术、灯光舞美设备等的进步为晚会创作者提供了更多的加工可能性。从这个角度上讲，电视晚会永远都会是电视新技术、新手段的展厅。另一方面，如何在现有的技术和资金条件下将晚会做得更加好看，应该是策划人不断研究的问题和追求的目标。

（1）发挥镜头语言的功能，给观众新颖独特的视角和强烈的视觉冲击。从策划的角度来看，俯拍机位、摇臂、大仰角机位的设置，可以制造奇特视角；使用推拉摇移技巧、利用摇臂和轨道拍摄的运动镜头对于增强晚会的动感十分有效，否则画面很容易流于平淡。1998 年的春节联欢晚会就较多地采用了两极镜头的对比：全、远景包容量大，展现场面气派；中、近景及特写使画面饱满，创造热闹、亲切的感觉。

（2）发挥电视特点，突破时空限制。晚会中广泛使用的大屏幕，能有效地延伸时空，增加信息量。如 1992 年春节联欢晚会歌曲《心中常驻芳华》是由内地、香港和台湾三地歌手共同演唱的，晚会现场只有内地的毛阿敏，但观众却可以通过大屏幕观看其他两位歌手演唱时的情景。大屏幕还可以和朗诵、舞蹈、歌曲、小品等节目结合，使信息更加立体，层次更为丰富，可视性更强。再如 1996 年春节联欢晚会采用北京、上海、西安三地互传展现节目：如小品《捡钱包》由三个地方演员的表演连接完成，歌舞《兵哥哥》中演唱者在此地，舞蹈却在彼地……时空的拓展是晚会电视化最基本的途径。

（3）营造更美的舞台画面形象。随着舞美技术的发展，晚会的舞台正变得越来越漂亮。景片可以移动，舞台可以旋转，舞台的纵深感、层次感和多变性达到了前所未有的程度。灯光造型正逐步取代以往的景片造型，不仅主次分明，而且绚丽多彩。另外，烟雾、雪花、气泡、烟火、气球等等，特效的使用也使舞台空间的表现力极大增强。舞美还可以大做“水”的文章，喷泉、水帘、水池都可以搬上舞台，使之在灯光的配合下产生新颖的视觉效果。

6. 明星荟萃的收视效应

晚会离不开明星，他们是晚会号召力的重要元素。从策划的角度来看，电视晚会就是明星们的表现空间，观众对这个空间有着特别强烈的需求。例如每年的春节联欢晚会，不仅是当年优秀节目和大事件的盘点，也是当红明星聚集的阵营。《同一首歌》的成功，也得益于观众对明星的追捧……当然，晚会也是成就明星的孵化器。在“春晚”演出可能让演员一夜走红，甚至成就他们一生的事业。

但对于大量的商业性或行业性较强的晚会来说，明星云集是有代价的，策划人不得不仔细考虑他们的演出酬劳，既要照顾市场影响力，又要注意控制成本，尽力争取获得最大收益。

7. 栏目化给晚会带来全新概念

随着电视栏目化的普及，也出于对市场需求的回应，晚会逐步被栏目化播出——当《综艺大观》开播，固定播出时间的电视综艺栏目就成为相当于有固定名称和节目标识、固定板块和节目风格定位的小型综艺晚会。春节联欢晚会就可以看作是一个播出周期较长的固定栏目。

综艺晚会一旦栏目化，由于其规模相对短小，节目层次、内容、性质和功能也就随之相对确定，最重要的是锁定了目标受众群，进而在一段时间内拥有了相对平稳的收视率。

如果晚会能成为固定的电视栏目，那肯定是由于该节目有了品牌效应，从而要求改变电视晚会的创作，建立相对模式化的创作流程，即在质量、形式、内容方向上建立相对一致的标准，从而带来信誉和市场占有率、市场回报等方面的优异表现。例如《同一首歌》、《欢乐中国行》等节目就是小型综艺晚会，但每期的节目形态、流程、受众都相对固定……

不过，我们同时也要考虑到，在五花八门的电视栏目的包围下，观众的注意力是有限的。晚会的栏目化实际上是晚会能量的充分发挥，但这种发挥不是无限的，更不是过度的，在策划时要充分注重内容形式应随着观众审美取向的变化而常变常新。

第三节 游戏类节目的策划

一、游戏类节目概述

游戏类节目是指以游戏作为节目主体，可以结合其他如文艺节目、体育、各类知识等内容，通过屏幕内外多种互动手段实现广泛参与的娱乐类电视节目。这类节目目前在电视屏幕上占了不小的比重，有着十分广泛的群众影响。

游戏类节目可以分为益智游戏节目、综艺游戏节目和竞技游戏节目。益智游戏节目以智力问答为主体，综艺游戏节目的内容则纷繁复杂，不仅可以含有智力问答和其他游戏的元素，还可以带有文艺表演、现场访谈等内容。竞技游戏节目强调体力的对抗，与体育有着不可分割的联系。由于后面有专门的章节讨论体育节目策划，因此此处不再涉及。

游戏类节目里经常有竞赛性内容，如益智游戏类、综艺游戏类、竞技游戏类节目都是如此。但需要指出的是，与纯竞赛节目中的竞赛意义不同，游戏类节目中的竞赛胜负是次要的，竞赛的过程是否好玩、精彩才是观众真正关心的。单纯竞赛类节目虽然也可能包含一些游戏成分，但是其最终的胜负结果是观众绝不可能忽略的。这一点反映在策划中就使游戏类节目和竞赛类节目产生了许多不同，读者可以比照着阅读。

另外，目前受到广泛关注的真人秀类节目其内容实际上也是一场游戏，但游戏的规模与时空跨度要大很多。因其已呈现出相对独立的创作理念和表现手法，所以也会在后面单独列出来加以讨论。

二、游戏类节目策划要点

游戏类节目虽然有不同的具体类型，但是正是因为它们都不能脱离游戏的范畴，所以在创作上有很多共同的原则。在策划这类节目时，可以把握以下一些基本要点：

1. 竞赛与悬念

在诸多游戏类节目中，竞赛是吸引收视率的极有效的手段，而且和一定的奖励结合起来；奖励越大，可能过程越艰难或越枯燥乏味，而且不确定因素加大——努力和回报不一定成正比。只有这样，节目的游戏感才越强。至于竞赛的内容，一定要选择观众能够体会和理解的，具有可看性、贴近性的项目，这样才能吸引电视机前的观众。

在不同类型的游戏类节目中，竞赛也会呈现出不同的意义和形态：在益智和竞技游戏类节目中，一般情况下是随着选手的成功，奖励额相应增加，同时风险也在增加，一旦失败，很可能前功尽弃——实践证明这是非常行之有效的游戏规则。在综艺游戏类节目中，参加节目的嘉宾、观众甚至主持人都可以参与竞争，竞赛的结果几乎可以忽略不计，在竞争过程中产生的笑料才是节目最吸引观众的地方；其中的综艺节目往往是视听效果和节目整体节奏的调剂元素。

有竞赛就有比较，有比较就有悬念。悬念在电视娱乐节目也同样起到强有力的吸引收视率的作用。比如《开心辞典》，每一位选手开始答题都是一个悬念的开始，每一个家庭梦想的实现也仅仅是悬念暂时的揭晓。有时王小丫还会追问："确定吗？不改了？"这更是悬念在节目中的成功制造。节目还往往利用王小丫公布正确答案之前的悬念插入广告，给节目以商机。再如江苏有线电视台的《非常周末》，节目从1999年下半年开始设计了一个“A计划”，让一个自愿家庭在一周时间内完成一个有难度的任务，如骑独轮车完成规定动作等，节目在一周时间内跟踪拍摄，最后在直播现场表演。这一设计不仅靠悬念吸引了观众，而且当家庭中任何一位在准备任务时，其他成员都会尽全力帮助，节目在此过程中展现出的亲情也很值得观众回味。

悬念的设置要讲究技巧，有时一个出色的悬念就可以托起整个节目，成为节目最大的卖点。美国的益智类游戏节目《朋友还是敌人》（Friend And Foe）就是如此：节目中的一组两名选手，首先要在节目中密切合作，争取击败其他两对选手。而当这一组结束比赛领取奖金时，却让他们各自选择对方是“朋友”还是“敌人”：如果两人都选择了“朋友”，那么奖金两人平摊，如果双方的选择相反，奖金将全部归选择“敌人”的选手；如果两个人都选择了“敌人”，则两位选手都将一无所获。规则看似简单，但是每个人的价值观念、处世方法不同，结果常常出人意料。在选择前双方会有陈述，一个满脸真诚、信誓旦旦平分奖金的人可能最后选择了“敌人”，搞得对方气恼却又无奈。就是这样一个设计，成为该节目最大的噱头。且不论这样的设计搬到国内是否可行，这种设置悬念的思路无疑是值得我们借鉴的。

2. 常变常新

“常变常新”对于游戏类节目来说是第一位的策划要素，这一方面是由观众多变的欣赏口味决定的，另一方面则是因为一个成功的节目模式总会引来众多的效仿者，只有不断创新、不断变着花样玩，才能保持节目的持久吸引力和生命力。常变常新可以采用两种途径：一种是创造出新的节目；另一种是在一档节目中不断引进新元素，淘汰旧元素。

事实上，游戏类节目本身就是“折旧率”最高的节目，想让这类节目样式数十年盛行不衰几乎是不可能的。每一个节目总有它的生命周期，游戏类节目尤其如此。一种游戏模式可能领一时风气之先，但随后总会出现更为受欢迎的新花样。例如美国ABC的《谁想成为百万富翁》（Who Wants To Be A Millionaire?）作为一档游戏节目是相当成功的，它在1999年到2000年度的平均收视率达到18.6%，在几大电视网的收视率排名中位列榜首。但是进入新千年，CBS的真人秀类节目《生存者》（Survivor）平均收视率一举超过《谁想成为百万富翁》，位列电视网所有节目之首。在我国，《快乐大本营》《欢乐总动员》的内容和收视状况也一直在变，而且变化幅度很大。电视游戏节目就是这样，一直在不断发展变化中引领着大众的电视消费时尚。

在一个节目已经打开了市场的情况下，要想在一个较长的时间内保持收视率就必须不断有新的内容充实进来。为了保证创意最具活力，必须放弃闭门造车的做法，尤其是那些要吸引大众的游戏类节目，更应当积极开发集体的智慧，也有必要向社会公开征集策划方案或新创意。对于一个相对成熟的节目来说，创新还可以从节目的包装设计、参与竞赛者的挑选、游戏规则或竞赛项目的变化等方面入手。当然，节目变化的同时应努力避免破坏节目在观众心目中原有的品牌形象，要将最有特点的内容和元素尽量保存下来。如中央电视台的《幸运52》，它目前仍是一档很受欢迎的节目，但从1999年至今，在不经意中它已经有了许多次大的改变——有时是舞美的改造，更多的是游戏环节的变化，但主持人、节目理念、明快火爆的风格没有变。品牌的核心不变，节目的整体形象就会越来越深入人心。

3. 参与

早期电视节目的传播是单向的，观众只能在电视机前被动地收看。就早期的娱乐节目来说，节目中也是明星玩大众看。但随着这类电视节目的增多和制作理念的更新，观众不再满足于提意见和建议，而是想真正参与甚至操纵节目进程——互动。针对这种变化，策划者要从多方面想办法，调动并促使观众实施参与的行动。

例如，上电视是无数观众的梦想，被请到节目录制现场亲自玩或看选手玩，才是电视观众最感兴趣的参与途径，所以《幸运52》《开心辞典》《非常6+1》《绝对挑战》等一大批节目将普通观众推到了前台，这样的举措也是提高收视率的重要途径。但还要意识到，亲自上节目的观众毕竟是极少数，节目更需要吸引电视机前的观众，要使他们能够在节目参与者身上找到认同感。所以一些节目设立了节目现场外的辅助环节以扩大参与者层面，同时也拓展观众参与的途径以吸引他们的收视热情。如上海东方卫视《智力大冲浪》的一个小板块“街头福星”是到街上向行人提出各种问题，答对者有奖品；江苏有线电视台的直播节目《非常周末》也曾有过“撞福星”板块，由主持人在演播现场找出一个目标区域，然后直播车和外景主持人出发，到目标区域内某一居民区任意敲开一户的家门，如果他们正在收看这个节目，则将观众接到直播现场并赠送奖品……

目前，观众参与的方式也越来越灵活，当选手、写信、打电话、发电子邮件、发短信、网络视频……可以展示自己，并争取赢得奖品……以各种方式尽可能吸引受众已经成为游戏类节目策划应该认真考虑的问题，其重要性使得在这类节目的制作中要投入很大精力举办群众性的活动，这是与其他节目创作的最大的不同。如《开心辞典》的专用网站周访问量曾高达60万人次，节目组还要在屏幕外举办选手选拔、培训选手、发动观众提供问题和答案、在节目中给电视机前的观众出题、与观众面对面座谈等等活动，还有一些以往被定义为推广宣传领域的内容也已逐步被纳入节目创作环节。

4. 主持人

“千军易得，一将难求”，优秀的游戏类节目主持人十分难得——这类节目的主持人反应要快，要有一定的生活阅历和极强的语言表达能力，更重要的是要有个性，而这恰恰是目前国内主持人所普遍缺少的。在此类节目中，现场主持人与参与者（明星和现场内外观众）之间直接的即时交流是最见功力的。尤其是在综艺游戏节目中，主持人甚至能决定一个节目的生存状态。可以说《幸运52》《非常6+1》有着李咏的深刻烙印，《开心辞典》在一定程度上也反映了王小丫的性格特质，而《快乐大本营》的热情火爆正是何炅、李湘所赋予的。

内地优秀游戏类节目主持人不多见有其历史原因，目前学院派的主持人基本上都是按照播音员的标准培养的，而且大多都是从学校到学校。而港台或国外的许多娱乐节目主持人则长期在娱乐圈中摸爬滚打，积累了丰富的人际关系和交流经验，在节目中观众很多时候看到的不是主持人与明星的对话，而是朋友与朋友之间的交流。只有在长期熟悉的基础上，才会有自然放松的表现；而只有在自然放松的状态下，才会有富于才情和机智的表现。当主持人在才艺方面有一定能力时，又可以丰富节目形式，激发参与者的热情。

5. 奖励

毋庸讳言，奖励是游戏节目进程的外在动力，也经常是收视率变化的直接动因。奖励不仅仅指以实物形式存在的奖金或奖品，也包括非实物形式的，如享受某种服务、得到进修的机会等等。

现在国外有不少游戏节目的奖金非常高，百万美元也并不鲜见。固然，高额奖金的确能起到刺激选手表现和观众收看的作用，但我国有我国的国情，巨额奖金不仅为政策所不容许，也经常被传统观念所排斥。于是，一些节目想办法增加奖金以外的价值，如《开心辞典》就是以实现家庭梦想的形式送出奖品，突出了中国人注重亲情的传统，从情感深处打动观众，并且给观众以良好的引导。其实，对于一些选手来说，在电视上的自我展示机会也是奖励，《开心辞典》就不止一次有获奖者提出想实现表演节目的梦想，而《非常6+1》更是以这一点作为节目的主线，有的节目则在具体环节中鼓励选手赞助公益事业。

6．视听愉悦

电视媒体最大的特点就是视听合一，最大限度地发挥这一特点不仅是电视媒体与其他媒体竞争的有力手段，也是在同质化越来越明显的电视节目市场上胜人一筹的法宝。对于在诸多节目类型中主要发挥休闲消遣功能的游戏类节目来说，这一点显得尤为重要。

视听愉悦包含许多因素：观众看一个游戏娱乐节目的好坏，最初的评判标准就是好玩不好玩；但当环节和内容逐渐为人所熟悉，最终促使节目成功的要素便还有好看不好看，而这种好看对观众来说是最为直接、一目了然的。由于游戏类节目经常处在流水线批量生产的状况下，节目的形态很快会被观众熟悉，因此节目的品质——视听手段的精细处理，如演播现场的形态与色彩、镜头的运动、音乐的使用等等，便成了节目最终成功的砝码。如果节目制作粗糙，竞争力必然下降。在制作手段方面，室内的游戏类节目可以运用灯光、音效等加强游戏的喜剧色彩和紧张感，渲染娱乐气氛。室外的游戏类节目除了以上这些外，还可以调动自然、人文资源，增加节目的可视性。在策划制作游戏娱乐节目时必须明白，现在的娱乐节目已经不能再停留在对现场的简单记录上了。要形成热烈劲爆的气氛，除了前期拍摄工作到位以外，还必须调动各种制作手段增强观赏性，如通过字幕对画面进行注解（可以是曲解），用电脑制作出放电、爆炸、发光等特效，在必要的地方加入各种音效等等。

7．选手

节目的参与者是节目的重要组成部分，以往一些栏目不大强调对他们的要求，以为他们本来就是普通观众，只要自然表现就行。但在模式化运作的游戏类节目中，要表现这一期和那一期之间的差异，选手的作用越来越重要，已成为节目可视性的重要因素，而且他们的形象也关系到节目的观赏性。国外的一些游戏节目对选手有很高的要求，因为比赛的胜出者往往可以成为家喻户晓的偶像明星，同时也是节目形象的代言人。比如美国《狗咬狗》一类的游戏类节目，其参加者是由专门的猎头公司精心挑选的，挑选时会综合考虑他们的外貌、体型、言谈举止等因素，确保出现在屏幕上的参加者都具有极强的个人魅力。在选择选手时需要注意的是，节目主要目标受众的特征与选手的特征并没有必然的关联，教育水平不高的观众同样愿意看到教育水平高的选手互相竞赛。总之，选手可以来自观众，但一定要高于普通观众。

在游戏类节目的未来发展中，策划人应更加重视选手的选拔环节，逐步建立起选手的挖掘、培训和塑造机制，在节目中进一步完善对选手个性的展示环节，以增强节目的内在魅力。

第四节　电视赛季节目的策划

2005年8月26日，湖南卫视《超级女声》总决选落幕，继2004年之后再一次成功地完成了“造星运动”。而《超级女声》所产生的轰动效应无可争议地表明，在电视节目多元化的今天，电视赛季节目作为一种新的节目类型已经在全国电视荧屏占据了一席之地。

“赛季”的概念引自相对定期举办的体育竞赛，而与“竞赛”所不同的是，“赛季”是非一次性同类项目的比赛。当然，作为电视“赛季节目”仍然应该包括采用相应赛制的体育比赛，但由于本书有专门章节论述体育节目，因此本章在此不再赘述。

非体育类赛季节目的雏形应该是全国青年歌手电视大奖赛。

1984 年，首届全国青年歌手大赛在北京举行，可以说，无论是对广大青年歌手的成长还是对电视节目形态的发展，该赛事都具有开创性的意义。经过了 20 多年的发展，从“青年歌手大赛”到近几年十分活跃的“主持人大赛”、“选美大赛”、“模特大赛”、“烹饪大赛”。这类节目从被称为“竞赛节目”到“电视赛季节目”，无论是数量还是规模都有了很大变化和发展，其首先表现为节目从内容到形态都是符合电视手段的产物。

早期受技术设备的限制，加之电视制作水平不够成熟，只能简单地把竞赛过程录制播出，所以应该说早期在电视中播出的竞赛还称不上是一类电视节目——不仅因为它不成规模，更因为它没有考虑内容与电视表达手段的结合，因而只能称之为对竞赛的转播。而今天的一些电视大赛已经把可视性摆到了最重要的位置，从策划的早期就考虑到与电视特性的结合，使这类节目成为电视上独有的节目形态，如模特大赛、主持人大赛……这些电视大赛与不在电视上播出的大赛有着很大的差异。

“电视赛季节目”也意味着电视竞赛节目在顺应市场需求方面的转变——不仅仅是电视节目，更是社会性的活动，最重要的是，诸多竞赛都把观众放在了第一位，于是这类节目发展为电视台节目的一种特殊形态，无论是美国的《幸存者》还是中国的《超级女声》，都具备了一定的品牌效应。目前“电视赛季节目”正成为一股世界性的电视新潮流，掀起一次又一次的收视热浪。

从播出方式的角度讲，“电视赛季节目”概念是相对于其他日常节目的播出方式而言的。目前电视常规节目都采用日播或周播的播出方式贯通全年，赛季节目也是日播或周播，但它不是贯通全年的，而是依据竞赛的自然规律和观众的收视心理需求来确定赛制和播出时机，因此在策划上有着独特性。

赛季节目的策划需要同时考虑两个方面：一是对竞赛本身的策划，二是如何让竞赛在电视中顺畅地展现，即把竞赛转化为节目。竞赛本身的策划与其他竞赛活动一样，应包括竞赛的宗旨、目的、选手等元素，经过初赛、复赛、决赛等环节。作为电视策划的核心，要重视竞赛转化为节目的落实，而完善的竞赛结构是竞赛电视化的基础。

一、竞赛本身的策划

1. 确定竞赛内容与规模

竞赛活动的首要问题是竞赛的内容——有一定数量的参赛者，具备一定的群众基础，能够形成一定规模，最终竞赛到一定水准。同时竞赛的规模有多大，如省内竞赛、国内竞赛、国际竞赛……不同规模的竞赛所采取的形式及投入的人力、物力、财力和运作、比赛的时长都会有所不同。一般来说，竞赛参与的人数越多、规格越高，社会影响力越大。在策划中应该充分考虑到自身的组织能力、资金能力以及选手的选拔、奖项的设置等具体问题。

2. 制定规则

“没有规矩，不成方圆”。没有规则就构不成竞赛——参赛选手要按照规则进行比赛，评委要按照规则进行评判。规则制定得是否合理，直接关系到竞赛能否顺利进行。

竞赛的规则应该简单、体现公平，并清晰地体现在整个竞赛的过程当中，使观众能够感受到各种规则的存在，随时考量自己并能够和裁判一起运用规则评价选手，这就是对竞赛的深度参与。规则的制定从某种角度讲是一种限制，也是一种使竞赛得以实行的条件，对于竞赛的公平性和可比性来说是必须的。同时，竞赛规则的实质是要考虑获奖与淘汰的比例，界定成功与失败的标尺，使竞赛能够拥有一定数量的参赛者，最终还要能够产生获胜者。此时策划者要懂得推崇所谓“重在参与”的理念，实质上是为了使活动达到一定的规模，也获得一定的关注。

规则是一种限制，但同时也要有利于比赛达到一定的精彩度，并由此产生悬念。比赛之所以吸引人，正是因为结果的不确定性，这就是悬念——也许你的实力很强，但是你不一定能够摘得桂冠；也许你的水平并不是一流，但是超常发挥，或对手失误，你也能征服评委和观众。虽然悬念是竞赛与生俱来的特性，但是如何充分利用规则最大限度地设置悬念，使比赛更具吸引力就成为策划的重要内容。近两年，湖南卫视的《超级女声》可谓是相当成功的电视策划，其规则为制造节目的看点起到了重要作用：首先是报名没有门槛——不分唱法、不论外形、不问地域，对年龄一般也没有限制；其次是初赛以海选方式进行，这非常有利于在各地制造声势，2004 年的参赛人数近 5 万，2005 年第二季报名人数更是多达 15 万，制造了巨大的轰动效应；其三是设立巧妙的淘汰机制——对海选产生的选手的比赛过程进行直播，他们被观众的短信投票层层淘汰，票数最低的选手将与评委选出的选手当场对决，再由现场的评审团投票淘汰，而且每场结束后投票票数又全部清零，参加下一场比赛的选手可以从头再来。规则制造了层层不确定因素——民主—集中—民主，看似公平，实质残酷，从而让悬念贯穿了比赛的全过程，紧紧抓住了观众的注意力，将比赛一次次推向高潮。其中的短信投票使活动达到了全民参与的效果——观众不仅在比赛时参与，选手的众多拥护者还在每场比赛开始前自发组织各种宣传活动，为选手拉票，使一个本来简单的娱乐活动被倾注了大量的民众热情。它不但制造了悬念，还让大众拥有了决定悬念发展方向的可能性。而“PK”不仅成为这次活动的最佳看点，并成为一个流行词汇，从而也使“悬念”发挥到极致……

从策划的角度来看，《超级女声》评选规则的成功之处还在于制造出了诸多矛盾：选手与选手之间、选手与评委之间、评委与评委之间、评委与评审团之间、观众与评审团之间……这重重矛盾正是节目的根本推动力。

二、电视赛季节目的可视性策划

随着电视强势媒体地位的稳定，为了增强社会影响力，几乎所有竞赛的组委会都会与电视媒体合作——只有电视才能将竞赛的实况最为全面、及时地传达给受众。各种大赛因为依托于电视，也才被称之为节目。为了使竞赛在播出时更好看，在进行竞赛策划的开始就应该考虑到可视的因素。

1. 项目与规则

电视竞赛的项目，应该是具备可看性的项目。例如让选手参加一些动作性较强的项目，竞技类比赛比竞智类比赛在画面上更有吸引力。就体育比赛的项目来说，球类比赛一般比棋类比赛更“好看”。甚至一些竞赛做出有利于电视转播的改变，如近年来乒乓球比赛将比赛用球规格改大，以利于观众观看比赛；体育明星们比过去更注重个人形象。

对于可看性规则，《超级女声》就做得很好，例如竞赛环节与播出周期吻合——一周中平时训练周末比赛，节目竞赛直播完全与播出时间同步；赛程的设计完全依据赛事本身是否有看点，……10 进 8、8 进 6、6 进 5、5 进 3，一直到总决选的冠军赛，有话则长、无话则短，把竞赛过程细细解析，最大限度地展示看点。

另外，在制定规则时需要注意，针对电视媒体收看的特点，规则制定不宜太复杂。观众对于规则的理解是其观看节目的基本条件，如果规则绕来绕去，观众看了很久都不知其所以然，很可能就会失去观看的耐心，这一点国内不少节目是有过教训的。

2. 评委与选手

从策划的角度来看，选手与选手、评委与选手的矛盾是竞赛的根本动力，能反映出竞赛的档次和水平，所以对他们的选择非常重要。

就比赛来说，规则掌握在评委手里，评委是竞赛标尺的落实者，能掌控选手的生杀大权，同时也就掌控着节目的走向，当节目出现问题时，必要的话可以通过更换评委来实施对节目的掌控。同时，评委和选手的形象塑造会成为节目动人的感性因素，即给观众留下最深印象的不一定是冠军，而是展示出“个性”的人物。例如以往的竞赛评委很少点评，更少批评，而《超级女声》的评委则随时对选手冷嘲热讽，如说些“十年后再来唱这首歌”、“你学声乐没有什么必要”之类的话，这些必然招致批评的举动无形中成为节目巨大的广告，而且这样的评委令观众又恨又爱，显然更具有看点。

毋庸置疑，选手是竞赛最核心的要素。观众要看的是选手之间的竞争，他们除了期待最终的比赛结果，同时也期待着看到选手的形象以及他们的精彩表现，所以策划电视赛季节目绝不能忽视对选手的“策划”。能够参赛的选手一般都具有一定的表现力，但在这里要强调的是比赛一旦在电视中播出，一旦比赛的环节多而长，就不能像普通的比赛那样仅仅看到比赛过程。我们不能忽视选手在其他方面的吸引力，比如个性、外貌、亲和力、气质、经历、职业特性等等，这些都能够制造出丰富的细节，甚至影响评判结果。从策划的角度上讲，选手往往是电视机前观众的代言人。而且由于是不同性格、层次的观众和评委一起评判，因此电视竞赛中的胜负结果往往是富有争议的。例如《超级女声》的结局就出乎不少人的意料。以往的歌唱比赛一般都是以歌唱技巧论成败，而 2005 年赢得第一名的李宇春却是以大气、谦让、热情的个性以及富于表现力的演唱赢得了众多支持者，并最终胜出——这一结果也正是电视的可看性所赋予的。

3．主持人

作为竞赛节目，主持人也许不是节目的直接动力，但如果参与者是平民，那么主持人的明星气质能给节目添彩，同时主持人应该是选手、评委和观众之间的桥梁，是赛程和赛程之间的桥梁。目前的多数竞赛都是现场直播，这就使本来严肃的竞赛更增加了紧张的气氛。就节目效果来说，电视竞赛的这种紧张感是很有必要的，但是不能紧张过度，因此主持人应随时调节气氛和节奏，以增加节目的观赏情趣。例如2004年10月中央电视台二套《非常6+1》开播一周年特别节目“梦想中国”首场复赛，主持人李咏让身材较高的3号女选手出场后站到台阶下面，并做手势比划说，这样使自己显得高一点。这令选手在笑声中得到放松，而当他问“准备好了吗”之类的话时，又是在制造紧张感，节奏的张弛就得到了表现。

4. 观众与节目的互动

对于电视节目来说，“互动”是当前最流行的一个词，它似乎成了节目生存的一个法宝，而赛季节目是最容易达到“互动”效果的节目之一，因为它天生具有互动的基础——竞赛、悬念。同时，如果观众能够参与对选手的评价，则能极大地增强结果的不可预测性，使竞赛变得更加有趣，这一定比那些让观众猜两个简单问题的互动更有意义。《超级女声》最大限度地调度了观众的互动热情，在每场比赛中，观众对每个选手都可以用短信投票的方式发表意见和看法，而选手的票数则多达数百万，使节目获得了空前的社会影响。

还有一些节目则策划了专门的观众互动环节。例如近两届电视歌手大赛在金、银、铜奖尘埃落定后，推出了“观众最喜爱歌手奖决赛”。届时，获美声、民族、通俗三种唱法金、银奖的歌手将重新角逐，由全国观众投票选出“观众最喜爱的歌手”，也取得了较好效果。

5. 节目营销

赛季节目的营销方式看起来与其他节目没有什么不同：广

告、冠名、互动手段等，但实际上它们之间是有一定差异的。

赛季节目进程的特殊性决定了该类节目特殊的播出方式与收视状况。赛季节目会在一段时间内播出，比赛过程中观众的收视热情时起时落，而且往往会在决赛关头达到高峰，总体上收视效应会高出日常节目。也可以说对赛季节目的收视要求与日常栏目不一样：日常栏目期与期之间的收视率比较接近，而赛季节目可能每期之间收视率相差较大，决赛时的收视率可能会奇高。日常栏目的广告投放是横向持平的，而赛季节目的决赛直播则可以抬高广告价格。同时，如果采用观众参与评价等方式，还可以通过与通讯平台的分账获取利益。

湖南卫视《2005 快乐中国蒙牛酸酸乳超级女声》的节目营销策划就是一个相当成功的例子。该季节目的赞助商是蒙牛乳业有限公司，蒙牛和《超级女声》采取了一种互为宣传的立体包装策略。蒙牛在前期投入了巨资为“超女”造势，主动参与到了“超女”的推广中，找到了当年《超级女声》季军张含韵作为酸酸乳产品的形象代言人，并特意为张含韵量身定做了广告曲《酸酸甜甜就是我》。人气渐涨的张含韵以“超女”季军的身份吸引了更多女孩对“超女”的向往和幻想，为新一季《超级女声》的推广和良好经济收益打下了基础。此外，标有“超级女声”字样的蒙牛酸酸乳深入到全国 400 多个城市，包装上也全部印有相关的参赛信息，这个举措并不增加蒙牛的包装成本，但却相当于为《超级女声》活动提供了 20 亿份的宣传单。这些前期工作显然是湖南卫视无法依靠自身网络完成的，它们极大地扩大了节目的影响力，为“超女”的热闹开场和其后获得的巨大赢利创造了条件。

进入晋级赛之后，前期的宣传保证了节目拥有足够的受众，这些观众可以通过不同途径用短信投票：移动用户每发送一条短信为 1 元；联通用户和小灵通用户每发送一条短信为 0.5 元；南方固定电话（统一的一个 IP 号码）每发送一条短信为 3 元，还捆绑了接收《超级女声》各类资讯与花絮的增值服务——收费 6 元。每个号码最多只能投 15 票……在总决选冠军赛中，李宇春以超过 352 万张选票摘得桂冠，而获得亚军和季军的票数也分别在 300 万张和 100 万张以上，仅这一期节目在这一项上的盈利额就可想而知。此外随着“超女”收视率的直线攀升，节目之间插播的广告价格自然也水涨船高。在超过 3 小时的比赛中，大约每隔 30 分钟就会插播一段 5—10 分钟的广告，这也为节目带来了极高的盈利。这些经济收益如果没有前期蒙牛和“超女”的联合造势是不可能实现的。

同时，超女的巨大影响力也为与之紧密联系的蒙牛带来了好处。从冠名开始到选手喝的、评委桌上放的，到处都是蒙牛公司的产品，就连直播现场主持人也要经常提起“蒙牛”。据央视-索福瑞对主要品牌乳酸饮料的调查表明，2005 年 5 月，蒙牛酸酸乳品牌的第一提及率跃升为 18.3%，超过竞争对手伊利优酸乳 3.8 个百分点。商家一方通过节目获得的不仅仅是经济利益，更扩大了品牌的影响力。可以说蒙牛酸酸乳和“超女”的合作更像是一个美满的联姻，这种紧密合作的结果是实现了双赢，让商家和节目都获得了盈利，这种新型的合作方式是节目在进行营销策划时值得借鉴的。

目前，作为一种新的节目形态，赛季节目已经凸显出电视策划的重要性，但我们一定要掌握好策划的分寸，必须认清赛季节目的市场特性，其播出时机和制作时间、场地不是由策划人随意设计的，而会受到多种条件的制约，如收视率需求、竞赛项目特性、竞赛程序和制作条件等。例如，中央电视台开办《欢乐英雄》的初衷是要拉动中央电视台二套在长假期间的收视率，而青年歌手大奖赛依惯例在每年的 5 月举行。凤凰卫视的“中华小姐”大赛之类的选美节目一般都要选择在气候温暖、景色美丽的时间举行。赛季节目一定要设计出实实在在的比赛程序来支撑播出周期，如果没有了看点，或题材不新鲜，或招致批评，就应大胆改造或放弃。

第五节　真人秀节目策划

真人秀节目属于赛季节目范畴，但由于其近年来发展成了风行世界的独特形态，在赛季节目中呈现出非常鲜明的特点，而且在未来仍有较大的发展空间，因此在此我们单独予以探讨。

一、真人秀节目概述

真人秀节目，也被称作“真实电视”（Reality TV，Reality Show），它是用纪实的手法表现节目参与者在特定条件下的状态，以满足观众的娱乐需求。确切地说，真人秀节目是一种记录以普通人为主体的参与者在游戏规则制约下，在人为设定的场景和一个较长的周期内，完成某一目标或展现生活状态的真实过程的电视娱乐节目，往往最终获胜的选手会获得极高的奖励。这样一方面可以吸引收视率，另一方面也可以刺激参与者最大限度地展示“人性”的优点和缺点。

与一般的游戏娱乐节目和赛季节目不同，真人秀节目的规则可以直接为电视的可看性服务，而不一定顾及比赛的真实性和实用性，从而造就了节目的游戏娱乐性。赛程可能更为复杂，时空跨度更大，更重要的是节目同时要引导和表现参与者最真实的状态和人性特征，这又是一般游戏节目无法体现的。

真人秀节目的真正出现应从1999年荷兰的《老大哥》（Big Brother）节目算起。国内这种节目形态与国外几乎同时出现，但国外同类节目产生的影响远大于国内。在美国电视的黄金时段，真人秀节目的数量已与传统优势节目类型“情景喜剧”并驾齐驱，《幸存者》、《急速前进》、《学徒》、《天鹅》……掀起一个又一个收视高峰，也带来了巨大的经济效益。

真人秀节目自2000年在国内出现以后，到现在已初具规模，如广东电视台的《生存大挑战》、北京维汉公司与全国20多家电视台联合制作的《走入香格里拉》、中央电视台的《欢乐英雄》、贵州卫视的《星期四大挑战》、浙江卫视的《夺宝奇兵》、星空卫视的《勇往直前》等等。尽管这些节目没有像国外此类节目一样造成强烈的轰动效应，但也在不同范围内产生了或大或小的影响，有的也已经播出多季。另外需要指出的是，真人秀不仅可以作为一种独立的节目形式出现，也可以作为一种创作元素出现在其他类型的节目中，比如在中央电视台的《绝对挑战》、《非常6+1》、《劳动·就业》周末版《激情创业》等节目中，都可以看到真人秀的影子。

对于真人秀节目或真人秀元素，我们也要辩证地看待。国外的真人秀节目一产生便引来不断的争议，有人将它看作是拯救电视节目收视率的灵丹妙药，也有人认为它是电视媒体忘却社会责任的典型模式。批评者抨击的焦点在于，一部分真人秀节目为追求收视率而大肆暴露个人隐私和人性阴暗面，以性、人体吸引观众，无视人的尊严。在现阶段的中国，真人秀节目与高收视率还没有必然联系，也不是节目改版的“万能膏药”，但是真人秀节目的确有其可看之处。在节目同质化倾向严重的今天，某个节目如果真人秀元素运用得好，便有可能在同类节目中脱颖而出、出奇制胜。

二、真人秀节目策划要点

真人秀节目形态比较复杂，而且在不断变化和发展中，我们不能将真人秀节目视为某一种固定的节目样式而限制其策划的思路。

真人秀节目最根本的特征在于虚拟规则中人性的真实展现，抓住了这一点，即抓住了策划真人秀节目的关键。真人秀节目的具体策划的确有一些要点和技巧可以总结。

真人秀节目在策划时应考虑以下一些因素：

1. 国情

国情特点是做真人秀节目首要考虑的问题，否则任何想法和创意都是纸上谈兵、无本之木。

我国与西方国家社会制度不同，经济发达程度不同，更重要的是文化背景、价值体系、生活方式不同，这些都决定了西方国家电视节目中的许多内容与我国电视内容必然有差异。真人秀节目出现在国外的“后现代”社会，其中必然有顺应社会发展总体目标的人性光彩的展现，但同时，性、隐私、博彩这些元素也随处可见。这一方面是西方国家的开放程度所致，另一方面也是西方国家对“现代性”中传统精英文化的的反叛，而这种反叛便成为真人秀节目用以吸引观众的法宝。但在中国总体观众辨析力尚较低、电视仍然需要承担教育功能的条件下，赤裸裸的感观刺激和猎奇因素可能会对极度崇拜电视的观众产生不良影响，甚至造成社会的不安定。因此西方社会一些媒体的做法不仅为我国政策所不容，也与中国观众的欣赏习惯不符。

从艺术传统上讲，中学求善，西学求真。西方真人秀节目走的是纪录片的道路，讲求客观与真实，甚至不惜挑战伦理道德；国内的真人秀节目受国情制约，“寓教于乐”是电视的文化传统。东西方在思想上的差异导致了同样的节目内容会产生不同的反应。例如中国电视观众对国外观众所欣赏的节目中选手之间勾心斗角的争斗不太喜欢，因为中国人生活中的激烈竞争已使勾心斗角无法成为大众眼中的一种娱乐，因此在观看电视节目时可能恰恰希望表现人类真善美的一面。这也是屏幕上表现人物真挚情感的谈话类节目、表现人物博学多才的益智类节目较受欢迎的民族心理。与此同时，我国现阶段的受众还无法将打上“真实”标签的真人秀节目与一般的纪实节目区别开来，并将之视为一种娱乐形态，所以我国真人秀节目往往会与国外同类节目有很大差异。

鉴于现有的社会状况，国家有关部门也对电视娱乐节目进行了控制和引导。如对奖金的额度以及奖励的形式都有限制，对于某些表现内容和游戏规则也有要求。节目策划人只有掌握了这些情况，才可能知道节目中哪些可以做，哪些不可以做。

因此，我国的真人秀节目概念也会带有自身的特点，如内容设计尽管也有奖励，但更多以体验为主。当个体体验扩大为群体体验时，节目就可以通过对参与者心理状况的深入挖掘和表现，形成与受众广泛的互动。这样的定位使真人秀节目的发展空间更广更大，在人们日常生活中期待、改变、幻想、困惑的过程中寻找创作的丰沃土壤。

2. 规则

真人秀节目与其他游戏竞赛类节目相比，最为独特的便是集中展现了丰富的人性，其对人性深度的挖掘及展现达到了空前的程度。与其他赛季节目相比，真人秀实际上就是要让选手显露出个性、能力，并因为缺点或失败而不断被淘汰。而要想使规则能真正揭示人性，就必须制订具有“双刃剑”效应的规则——损则，使选手经常处在矛盾的选择中，使他们的言行陷入光明与黑暗、正义与阴谋、勇敢与逃避、真实与窥视、欲望与道德、理智与情感的冲突中。例如室外真人秀经常把选手放到绝境中生存，并安排多个竞赛项目。在团体赛中，他们会相互鼓励、帮助和依赖，释放出人性的光辉；而在个人赛中，选手多半会为了最终的大奖或背叛或冒险。如美国的《生存者》，获胜者将获得 100 万美元的奖金，其他参赛者按被逐顺序也会得到 6500 美元至 10 万美元不等的安慰奖；湖南经视《完美假期》对获胜者的奖励是一套价值50万元的商品房；《星期四大挑战》的获胜者将拥有10万元的信用卡……这些奖励，的确使不少观众怦然心动。

如果把奖励看作娱乐的源泉，就能解决一些受众或管理者对奖励额度的顾忌。奖励的设定是真人秀节目规则设计中的重要部分，奖励可以有奖金、实物或优惠、旅游、情侣配对、实现心愿、高薪职位等，而且一般额度较高，足以形成刺激手段和展现人性的根本诱因。唯有如此，才能让参加者扔下面具，放手一搏，观众也才能看到假定规则中的真实人性，而且它们也往往是节目最后的杀手锏。例如美国NBC的《为金钱还是为爱情》，当选手在历尽艰辛追求到爱人之后，却要在爱情和百万奖金之间进行选择。如果选手选择了爱情，则足以表现人性的崇高；而如果选择了金钱，则前面的一切言行都成为表演——这就是真人秀极致的娱乐性。

规则还一定要能制造悬念——不确定性，这从真人秀节目的另一个称呼——“纪录电视剧”中就可以体会到，而且这也是真人秀节目一个很突出的特点。真人秀的悬念可以有阶段性悬念和终极悬念。阶段性悬念在每一集节目中揭晓，比如这一集节目将淘汰哪一位选手？选手们在上一集的冲突是否会影响到这一集的节目？选手们在上一集中遇到的问题在这一集是否得到了解决？他们之间的关系是否有变化或进展？等等。终极悬念是在节目的最后才揭开谜底，节目最后才是最扣人心弦的时候。美国的整容节目《天鹅》最终悬念的揭晓就十分激动人心，因为在整个手术过程也就是节目录制过程中，接受整容者一直都不知道自己被改变成什么模样，节目让参与者过了三个月没有镜子的生活，为的就是要制造她们站在镜子前看到自己新模样时的惊诧。而最后揭晓的一刻她们往往瞠目结舌，甚至举止失常，观众在这时则获得了极大的心理满足。

当然，规则制造的悬念不能太离谱，要使竞赛具有可控性或可比性，如竞赛双方的力量对比不应太悬殊、所比赛的项目或专业尽量一致或相对接近，否则比赛便会出现一边倒、不可信或不公平的现象。最终结果应该是规则的必然性与发展的偶然性共同催生的结果。比如在荷兰的《老大哥》节目中，曾有一个粗俗不堪、缺乏起码教育的女选手，大量观众呼吁让她尽快出局，但是每一期投票结果都出乎人们意料，她总能意外逃生，最后居然获得了大奖。这种情况看似偶然，其实也存在着必然性，那就是观众希望看到她更多让人意外的表现，他们需要的不是道德审判，而是"娱乐"。真人秀节目制作的一大特点就是制作者经常无法预知竞赛的结果，这就对策划人策划具体方案及其调控方案的能力提出了很高的要求。

同时，真人秀节目在选手的选拔上比其他节目更加注重设计。首先选手的产生规则要利于节目吸引观众，所以选手入围并不仅仅是以能在竞赛中获胜为标准，而是要成为目标受众群的形象符号。所以美国《幸存者》中的选手来自不同的年龄段、职业、种族，具有不同的经历、性格和形象特点，这样做的目的是为了尽可能广泛地获得观众的认同；而且选手间性格差异越大，矛盾就越激烈，节目也就越有看头。

从策划角度说，真人秀的规则就是节目，因为它在很大程度上决定着节目的成功与否，这也是最能体现节目创作者才智的部分。正因为如此，像《老大哥》这一类节目的版式才会在输出版权时收取高额的版权费。正因为规则具有两面性，才真正决定了节目是否具有真人秀性质。例如前面已多次提到的湖南卫视 2005 年举办的第二季《超级女声》，在诸多规则的催生下，最后决赛位居第一名的李宇春以个人魅力取胜。因此该节目不再完全符合以往歌手大赛以唱功取胜的习惯，而呈现出真人秀的特质。

3. 设计的纪录

真人秀节目的环节无疑是策划人精心设计的，但其过程却特别强调纪录手法的运用，通过对人物言行的描写、捕捉，展现人物个性，从而揭示人物的心理活动。人们曾说纪录片是“等来的真实”，这一点同样适用于真人秀节目。当然这里说到的“等”不是被动的，而是带有预见性的主动行为。例如在真人秀的创作中，导演的工作呈现一定的特殊性——将人为设计与尽可能真实的纪录结合起来。在人为设计方面，导演要尽力让选手心甘情愿地接受规则并按规则行动，因此要制定初步脚本对人物和进程进行控制。这种控制要建立在掌握心理调整技巧、调动表演和充分理解规则的基础上。在创作理念上，也必须懂得“纪录电视剧”的意义，不能回避节目的摆拍与纪实、戏剧性与纪实性的关系处理，也必须懂得和运用制作技巧来实现节目的观赏性。例如要设计开始、结局的镜头，后期的剪辑可能要打破脚本设计，并在声效、特技、包装上下工夫，制造声势和节奏，尤其是用音乐与同期声一起表达主题、升华意义。

在国外的同类节目中，细节的策划和捕捉都非常受重视，甚至并不是“纪录”，而是精心的处理。有时，一个难以察觉的微笑就可以暴露选手最隐秘的心理，因此在矛盾集中、人物众多的场景一般都会采用多机拍摄，还有的摄像机专门负责细节的抓拍。抓拍细节的摄像师必须在对事件发展流程十分熟悉的前提下，对人物可能出现的反应事先作出判断。在细节中，最为常见的是节目参加者的反应镜头。如在 NBC《学徒》的一集节目中，大老板唐纳德·特朗普将参赛者带到了一家广告公司，当他与广告公司的负责人讲解任务时，切入了七组参赛者的反应镜头（特写或近景），他们或者神情专注，或者兴高采烈，或者踌躇满志，一个原本简单的过场段落因此而显得有声有色。

为了捕捉最真实的瞬间，真人秀节目还常常采用长焦镜头、DV 摄像机甚至针孔摄像头，还有的拍摄片段对选手是保密的。

4. 场景

早期的真人秀分两类——室内与室外。这种分类表面上以拍摄地点作为区别的标准，但从策划的角度上看实质上是不同场景提供了事件的展开前提与条件，甚至决定了节目的发展趋势与脉络，决定了实际创作中的必然环节。

室外场景	室内场景
空间广阔，视野开阔，色调明朗，容易表现积极向上的情绪和基调。由于在自然和社会空间易于展现较大的人物行动，尤其是生存冒险型的行动，因此竞技性强，人物行动性强，但容易忽略细节，录制技术上要经常处于跟拍状态。	空间狭小，视觉效果不太好，再加之偷拍时无法加灯，有窥视意味，较容易展现阴暗心理。由于场景更加接近日常生活状态，因此可以相对更多地展现心理活动、心理空间、人与人之间的关系。节目整体相对细腻，录制技术设备要布置密集。

后来随着真人秀节目内容的拓展，一个节目内的时空拓展可以做到以事件为依据，可以内外景交错进行。

无论什么样的场景，真人秀节目往往制造出视觉盛宴：山川丛林、大漠古堡、碧海沙滩、豪宅大院、繁华都市，到处都是真人秀节目的“演播室”。这为增强节目的观赏性打下了很好的基础。

5. 互动

真人秀节目为了吸引收视率和增加节目悬念感，会尽力使观众与节目互动，有的节目不仅仅让观众投票，还让观众给选手提问题、提供解决办法、设计难关等等。例如荷兰的《老大哥》节目，除将选手生活的所有细节制作成每天半个小时或1小时的节目播出以外，还设计观众可以登录到该节目的网站，通过特定的5部摄像机实时追踪室内的状况，所以观众的投票依据不仅仅是选手们在屏幕上的表现。近年来，在国内真人秀节目中观众的参与程度也在日益提高，如已经播出的《生存大挑战——英雄古道》就特别设计了多种互动平台，观众不仅可以通过互联网、手机短信选择自己认为能够获胜的选手，还可以随时向选手提出建议、路线和方式，与“逃亡者”和“追捕人”共享“角斗”过程。

6. 以“人”为本

国内真人秀节目的一个常见问题是人物形象不够丰满立体，观众的记忆不深。原因往往是策划工作将重点放在了游戏与情节上，有的甚至只展现一些惊险刺激的游戏项目，当游戏与情节不足以使人物立起来时，真人秀便有点变味了。真人秀节目最吸引人的当然是“真人”，它不仅要展现舞台状态下的人，更要展现自然状态下的人。也许有人会将展现人性与暴露人性阴暗面联系起来，其实这两者并没有必然的联系。人性是十分复杂的，在很多方面并没有善恶之分，可能只是一种生存的状况。从策划角度看，善与恶的交锋是人性的最佳看点，策划者就是要制造交锋的契机，而真人秀节目中的交锋往往体现在人与环境、人与人、人物自身观念的冲突。

人与环境的冲突不仅指选手与自然环境的冲突，也指他们在进行社会活动时相互发生的冲突。在野外的生存冒险型真人秀节目中，节目参与者必须与环境作斗争，以获得生存必需的食物等物品，这是早期节目比较常见的一种冲突类型。在近年的节目中，则更多地体现为人与社会的冲突，比如要求选手在规定时间内尽可能多地出售某种物品、在规定时间内合作完成一系列广告作品等。在进行这方面设计时，策划者不应完全依赖拍摄时出现的偶然情况，而要对社会环境有全面深入的了解，并且充分利用环境中的复杂因素给节目参加者制造难以预料的困难。比如，知道某个地点很难找到出租车甚至机动车，却故意让选手在那里寻找交通工具，再如让选手卖反季的商品等等。

人与人的冲突是指节目参与者之间的冲突。为了让节目更加出彩，策划人甚至会故意挑那些平时就不太合群、个性十分独特、行为冲动的人参加节目。如果是分组竞赛的节目，可以考虑将不同性别、不同性格、不同教育背景、不同行为习惯、不同身体条件、不同地域甚至不同民族、国籍的选手分在一组，这样才更容易出“戏”。

而人物自身观念的冲突大部分是缘于价值观难以找到平衡点。对大多数人来说，百万美元已足以撼动爱情（《为爱情还是为金钱》），也使亲人间的背叛有了足够的理由（美国 ABC 的《家庭》）。

策划人物还有一个很重要的方面，即不仅要表现选手之所为，还要让观众知其所思。很多时候，人物的思想是不能完全通过言行表现出来的，这时就要通过面对镜头直接陈述的方式进行表达。但类似的做法不是在拍摄现场临时决定的，而应该在策划方案中就有体现。若将人物访谈与事件的进展交叉剪辑，就可以产生很好的效果，这种手法在国内外的节目中被广泛运用，比如将某一人物叙述行动时心理的语言配以他行动的画面，就会产生一种近似内心独白的戏剧效果。

真人秀节目在具体策划时不仅要注意如何使观众认同人物，还要注意如何在节目过程中让观众记住人物。国内曾经有节目将选手在参加节目前的状态拍成短片播出，叙事链条的延长为树立人物形象提供了保障，可谓事半功倍。另外，选手的形象、出场方式等都要有适度设计。在节目播出后，当参与者成为电视明星，这些资源还可以再次开发利用，比如《生存者》就让各地的胜出者再次回到荒岛角逐百万美元，播出效果可想而知。总之，在策划真人秀节目时，切忌把“人物”丢了或是浅尝辄止。

第六节　电视文艺专题节目的策划

一、电视文艺专题节目概述

电视文艺专题是一种以一定主题构架文艺内容或形式的形态，相对于栏目的段落层次多，专题显得较为简单。在内容方面，专题可以细分为电视文艺人物专题（也常常与个人艺术作品结合）、电视音乐艺术节目（包括电视音乐艺术片、音乐电视等）、电视舞蹈艺术节目、电视文学艺术节目（包括电视散文、电视小说、电视评书、电视诗等）、电视风情风光艺术节目、电视文化文献艺术节目等等。

中国电视文艺专题节目的发展历程实际上是电视艺术与各种传统文艺形式结合发展并不断完善的历程，其创作的关键在于对艺术本体进行“视觉化”、“电视化”处理，使之与电视媒体高度融合，进而发展到用电视思维来创作文艺节目。

早在中国电视事业刚刚起步的20世纪60年代初，中央电视台的黄一鹤导演就在《介绍小提琴协奏曲<梁山伯与祝英台>》的具体创作中深入运用并加入了自己对电视特性的理解，对进入电视后的音乐文艺本体进行“电视化”的处理——夹叙夹议的结构、插入电影画面和让乐队进行表演式演奏、有机选择拍摄机位与角度、镜头切换与音乐发展相应……从而形成了前所未有的电视文艺节目形态。1966年4月，陈汉元编导的《收租院》将泥塑作品展现在电视中，配以文采激扬的解说词，使该片具有了强烈的艺术感染力。随后在70年代的一些电视风光片和文化文献片中，如湖南台的《瑶山行》、云南台的《欢乐的傣乡》、中央电视台的《黎乡风情》、《泰山》、《梵净山》等，其新闻纪实的属性并不重要，更多的是给观众以美的享受。

随着电视表达手段的发展和成熟，文艺本体的发展和电视编导“电视思维”的形成，文艺专题在80年代得到了较大发展。

如在人物与歌舞专题方面，中央电视台的《路》介绍舞蹈家陈爱莲的舞蹈艺术，《探索》介绍舞蹈家赵青的舞蹈才情，《音乐家郭颂》则汇集了郭颂演唱的歌曲。特别是余琳编导的《墨舞》，将书法与舞蹈进行融合，利用电视手段创造出新的艺术境界；而郑明编导的《杨丽萍的舞蹈艺术》，其实是用杨丽萍舞蹈和生活片断的集合来体现杨丽萍舞蹈的神韵。这两个节目都使舞蹈远远超脱于舞台、超脱于舞蹈本体——艺术本体成为电视创作的素材或元素，从而诞生了带有强烈电视导演思维特色的作品，成为将文艺本体进行电视化创作的代表作。与此类似的还有地方台的文艺专题：贵州电视台的《刻刀下的黑与白》、吉林电视台的《朝阳与夕阳的对话》、山东电视台的《方荣翔》……

在电视文学节目方面（也常被称作电视艺术片），也反映出文学创作传统对电视创作的深刻影响。如江苏电视台在80年代就创作了一系列作品，有电视小说《最后一片叶子》、《小巷通向大街》、《看不见的珍藏》，电视诗体小说《零点归来》，电视诗《门槛》、《古诗三百首》，诗体报告文学《生·爱·死》，电视散文《街声》、《女儿的责问》、《荷塘月色》，电视文学小品《眼睛》，电视报告文学《大路岁月》，电视文学片《梦故乡》、《落花生精神的倡导者——记“五四”时期著名作家许地山》、《月是故乡明》……中央电视台则拍摄了“文学宝库系列”：鲁迅的《故乡》和《孔乙己》、安徒生的《卖火柴的小女孩》等，电视报告文学《雕塑家刘焕章》、《岳安林和他的妻子》，专题片《早起的北京人》；中国电视剧制作中心拍摄了电视报告文学《小木屋》……

在电视文艺专题中，电视音乐片数量很大，有的被称为“交响音画”、“音诗画”，如上海台的《森林日记》，安徽台的《将军的摇篮》，中央台的《松花湖的金秋》、《啊，草原》，云南台的《祝福你孔雀之乡》，江苏台的《阳关三叠》。其中，山西台成就突出，编导李保彤、张成田、潘大为等创作了《走西口》、《好大的风》、《歌从黄河来》、《太阳之子》、《路的记忆》等作品，青海台有刘郎的《西藏的诱惑》……

到90年代，文艺专题片逐步演变为音乐电视（MV）、文学电视（散文TV、诗歌TV）、曲艺电视（相声TV）、舞蹈电视（舞蹈TV）等新的名称和样式，内容题材极为丰富。

早在1993年，中央电视台就举办了首届全国电视散文大赛，此后一大批有哲思、有文化、风格淡雅的优秀散文经过电视工作者的电视化处理，受到了观众的高度评价，后来在全国范围内还成功举办了多届“电视散文”展映及比赛。从电视散文节目本身来看，由于题材表达方式的局限性，选题上比较集中于怀旧、感怀人生、感伤的抒情小品。尤其江苏、浙江一带的创作最为集中，而江南水乡的人、事、景、情又成为恰当的表现因素，如浙江金华电视台2000年制作的《船娘》，就是非常具有代表性的作品。不过“诗歌TV”经常由于作品时长太短而难以引人注目，其创作也有一定难度，在评奖时往往与“散文TV”一起被并称为“电视诗文”。如深圳罗湖电视艺术中心2000年创作的《红树林》，诗句不多，但整部作品长达5分钟，是音、诗、画的有机组合。

“相声TV”曾在《曲苑杂坛》栏目中播出，但往往由于语言艺术的想象力被具象的画面所损害，这类作品的创作数量也有限。

“舞蹈TV”经常因为“歌舞”本身的融合，常常与“MV”难以分离，同时也因为舞蹈本身由“形象”构成，其电视化表达反而不易获得表现空间。

文艺人物专题的创作一直在继续，而且在对艺术规律的揭示、对艺术创作的表现、对艺术家的理解和评价方面都体现了深刻的思想性。1999年中央电视台、杭州电视台、桐乡电视台联合制作的《缘缘人生——丰子恺》，中央电视台制作的《中国之悲鸿》等都十分引人注目，这类主题后来在中央电视台《东方时空》制作的《记忆》系列、中央电视台十套开办的《人物》栏目中等都有所体现。特别是《人物》，还介绍了大量的国外艺术家和他们的作品。实际上，在这类作品中还往往体现出纪录片的视角和手法。

目前我们一般说到“文艺专题片”这一样式时，往往是指内容主题相对集中，夹叙夹议，特别注重艺术与电视手段的高度融合，导演经常将自己对声画关系的独特理解融于作品中，与晚会、“TV”的形式有所区别的作品。不过总体来看，这类作品往往已经融入了栏目板块或段落，或随着“专题片”自身形式的发展而发生了很大变化。

二、电视文艺专题节目策划要点

1. 电视与多种艺术元素的兼容

艺术贵在博采众长，传统艺术在电视中之所以获得了强劲的生命力，正是由于电视人对传统艺术的大胆革新、整合，从而自成一派——长期以来，业内外往往把无法定义的节目形态称为专题。同时，兼容性是电视艺术的整体特征，因此在电视文艺专题中，各种艺术的兼容性、综合性表现得尤为突出，而且特别注重艺术与电视创造的有机融合。如“音乐”与“电视”兼容为电视音乐节目，“文献”与“电视”兼容为电视文献艺术片。而在一部电视文艺专题中，往往是音乐、舞蹈、戏剧、文学、绘画、摄影等艺术美的综合体现，并成为电视文艺专题节目的重要审美特征。在策划时，我们也可以此为切入点，充分考虑各种艺术与电视的关系以及具体的结合方式所带来的综合效果，以丰富节目的表现力，增强节目的可看性。

除作为电视艺术的表现元素之外，传统艺术在电视文艺专题节目中的综合运用还能达到带给观众多重艺术享受的效果。如中央电视台的电视舞蹈《扇舞丹青》，熔中国古典舞蹈、绘画和音乐于一炉，利用电视思维进行二度创作，用电视特技的手段将表演者优美的舞姿呈现在美丽的写意画中，或山水、或竹、荷、菊、梅配以流畅和谐的古筝、乐曲，创造了一部新颖独特的电视舞蹈艺术片——舞蹈、国画、音乐……电视观众在这样的节目中可以充分享受多元艺术兼容带来的美妙意境。

2. 对“电视化”的把握

电视艺术在不断发展和进步，但我们必须清醒地认识到，诸多传统艺术形态的电视化是有限的，因而我们今天在进行电视文艺专题节目的策划时，首先应考虑我们所策划的艺术对象是否适合电视化的处理方式——并不是每一个被称为“艺术”的样式都可以电视化。电视文艺专题的最终目标是为了寻求艺术或电视表达的最佳形式，以求更好地传达艺术的思想内涵与审美意境，若盲目追随电视化的潮流，便可能走入似是而非的误区。另一方面，我们应该在创作中将不适合电视表达的部分进行重新构思，例如电视诗文，不一定采用朗诵原文的形式，可以对文本进行声画表达的改造；再如音乐电视，不一定要以音乐创作为先导，可以声画同时考虑，甚至先考虑画面。

事实上，各类艺术与电视相结合后已突破了自己原有的艺术特性而作为一种新的艺术形式——电视文艺而存在，都是视听俱备的形态，而且这些形态还会不断发展变化。比如音乐电视通过画面拓展已经突破了音乐的范畴，是传统的“音乐”概念所不能完全承载的；而舞蹈电视也往往不能搬到舞台时空中去再现……因此，电视文艺专题节目策划的立足点是如何用电视的思维构架文艺，如何更好地实现文艺的“电视化”。

3．时空的拓展

时空的拓展是电视文艺专题片最常见、最基本的做法。时空的拓展不仅可以丰富节目的可看性，更可以明确或提升节目的意义。例如在电视诗文中文学时空描写的形象化、语言形象的具象化；电视歌舞要实现演出环境的“实景化”以及场景的不断转换……这些时空拓展可以通过实地拍摄完成，也可以通过图像合成技术来完成。

电视时空可以分为客观时空与主观时空。

客观时空在电视文艺专题中的表现主要是基于对现实生活情境的营造，因而也被称为写实场景，指每一个局部、细节都要努力寻找生活依据，从而令观众产生真实感和亲切感，体现在创作中往往是实景拍摄。如MV《阿姐鼓》，广阔真实的西藏风貌与歌曲相得益彰，传达了深厚真实的情感。

主观时空也被称为超现实时空，这类时空是创作者发挥自己的想象力，通过各种电视艺术手段对现实生活场景进行加工改造而形成的，因而也被称为写意场景，它可以充分表现创作者的艺术个性和创造力。写意场景往往要靠人工搭建，或者后期动用电子特技手法合成。如瑞典《罗克塞特》的“Crash! Boom! Bang!”（《石破天惊》）：一首歌中，沿着无穷无尽的台阶，女歌手玛丽身着白色长裙拾级而上，沿途都是一些现实生活中不存在的人物——各个时代看不出其真实面目的人；一路时空不断变换：白天—黑夜；云海变得阴沉，鸟从其中飞过，不时有小物件在其中穿梭……最后一位男歌手在高处翻弄着乐谱，乐谱飘然而下……

在电视文艺专题的时空表达中，写意场景突出体现了电视文艺专题创作的特殊性——场景设计者寻找奇异的视觉效果来传达情绪，最大限度地表现编导充满主观想象力的创意；观众也并不强求“可信感”，并为之感到新奇有趣——这是与剧情类、纪实类节目创作的最大区别。再如宝丽金为陈慧娴拍摄的《飘雪》：在雪野里，男天使裸身挂着翅膀缓缓起舞……这些非写实的场景，完全成了一种情绪表达的载体。由于写意的原则，这些场景的设计并不被某种表达手段所局限。如在为杭天琪拍摄的《追缘》中，画面内容的创意设计中曾特别要求有“花飞花落花飘零”的效果，以表达对爱情逝去的惋惜，但该片拍摄的时间在秋季，早已无花可寻，于是导演郑浩玫用鼓风机将几大麻袋的红叶吹得漫天飞舞，从而表达了歌中的情绪。

实际上，电视文艺专题对时空的策划往往就是对画面形象的设计，于是同样的作品若出于不同的策划或导演之手，便可能出现很大的差异，所以在诸多电视文艺节目样式中，专题是最能充分体现导演个性和创造力的样式。如歌曲《祝你平安》本来是词曲作者刘青为一部电视剧所作的片尾曲。电视剧播出时，这首歌并无多大反响。但当歌曲拍成 MV 后，我们看到了导演刘真、张晓林的独特创意——这来自他们当时对一真实事件的感动：一位年轻、美丽的湖南姑娘承担着“特殊教育”的使命，兢兢业业无怨无悔，于是在《祝你平安》中就落实到了女教师与聋哑孩子的具体形象。在片尾，歌曲的主题得到了升华——打太极拳的人、正在指挥交通的警察、童车中的幼儿、修自行车的老人、给人理发的理发师等等，所有这些普通人形象的展现，充分表达了歌曲对普通人的敬意。再如《寂寞让我如此美丽》中，词曲作者刘彤、妮南可能从来也没有想到自己创作的表现当代都市女性心绪的作品与20世纪30年代的上海有什么关系——女主人公以20世纪30年代的打扮坐在黄包车中，身后的墙上是当年的老电影，歌曲中的抑郁感受跨越了时空……正是编导这种有独特见解的策划，才使作品给人留下了难以忘怀的印象。

在此，笔者还要特别指出的是：基于文艺的特质，电视文艺专题的画面形象策划特别追求可视性——指画面好看：一方面追求画面的形色美，即所谓“赏心悦目”；另一方面追求在美的基础上寻求视觉效果的“奇”，即有引人注目的内容。如台湾福茂为那英制作的《为你朝思暮想》，特意把那英放在写意的场景中，拍摄时加柔光镜，后期制作时把画面制作成有特殊韵味的黑白效果，人与环境变得非常柔美。而以“奇”取胜的佳作更是数不胜数，如前面所说的《石破天惊》的场景；在迈克尔·杰克逊的专辑中，迈克尔·杰克逊的脸在《黑或白》中不断幻化为各种族的、各国家的男人或女人的脸；在《风》中，一个被遗弃的城市街头，杰克逊纵身一跳变成一头黑豹；在《回忆》中，古老的埃及宫殿里，杰克逊化成一团金沙，阵风卷过，无影无踪……

画面的许多奇特效果策划还往往在于拍摄时借助各种特殊手段，如陈慧娴《飘雪》中的人工降雪、刘欢《丁香花》中的人工降雨、杰克逊《风》中的人造劲风……策划制作中可以依靠电子特技或其他技术对画面进行特殊处理，如对所拍摄的素材画面进行光线、色彩以及形象上的改变。杰克逊《黑或白》中脸部的逐步演变，就是由电脑制作完成的。再如香港飞图为梁雁翎制作的《我和你》，其中的玫瑰花有多种色调变化。顾长卫拍摄的《流浪的燕子》，画面中的色调就有多次的改变：有时蓝调，有时黑白，有时彩色……可以说，电视文艺专题经常会将电视特技的功能最充分地展现出来。

第七节　体育节目的策划

一、体育节目概述

体育活动从源头上看可分为两类：一类是先民为了锻炼生存和劳动技巧而发展起来的，比如赛跑、标枪、射箭等；另一类则是从社会娱乐活动中产生的，如球类、棋类运动。体育发展至今，已成为以发展人类体能、增强体质为基本特征的教育过程和社会文化活动，而且已深深地融入我们的社会和生活当中，其广度与深度前所未有。至于电视体育节目，其最主要的功能是娱乐休闲、传播健身知识和体育知识。从这个意义上看，当今电视观众对体育节目的需求与先民对体育的需求并没有太大的差别。而随着生存压力的增长，人们对于娱乐的需求又逐渐凸显出来。当然，我们也不可忽视体育所承担的政治意义和经济使命，但体育节目如果附着了太多本不应该由它承担的功能和内容，则不利于其发展，也与体育精神相悖。

体育与电视的联姻可以追溯到 1936 年的奥运会，这是一项双赢的结合：电视获得了更丰富的表现内容和更高的收视率，而体育则借助电视获得了突飞猛进的发展，很多体育赛事和体育项目得以产生全球性的影响。毫不夸张地说，没有电视就没有当代体育。至于人们对体育节目的关注，2002 年央视 - 索福瑞进行的一项调查表明，中国电视观众的平均总收视时间为 56140 分钟，其中收看体育节目的时间为 3159 分钟，排在电视剧、新闻、专题、电影后列第五位，可见观众对体育节目的需求量。

国外的体育节目以赛事转播为主，非赛事类节目很少；我国的体育节目有各种赛事转播、体育资讯节目、体育谈话节目、体育游戏节目等，非赛事类节目占了很大的比重，数量和种类都远胜于国外电视媒体。这种现象的产生，不能简单归因于我国体育赛事数量的不足，实际上也是我国体育产业发展状况的一种间接反映。近年来，体育自身正在发生着飞速变化，从竞技体育到体育产品，由体育市场催生的体育产业正蓬勃兴起，而电视体育作为体育产业和体育传媒业的一部分，自然也得到了长足的发展。1995 年，中央电视台五套作为体育专业频道开播，节目紧紧围绕体育主题进行编排。随后一些地方台也有了专业化的体育频道。这些极大地促进了电视体育节目内容形式的不断拓展，也使电视体育策划受到了广泛的关注。

二、电视体育节目的策划要点

1. 展现运动之美

体育是力与美的体现，表达了人类挑战极限、超越自我的愿望和付出的努力。体育节目就要展现体育的这种本质，同时要给观众以视听的冲击和享受。所以体育进入电视，也会遇到“电视化”这个问题。

最能展现运动之美的节目形式无过于各类赛事的转播，无论国外还是国内，赛事转播都是体育节目最重要的形式。在以往的赛事转播中，电视的工作往往是被动的，即先有既定的赛事，然后才有电视的配合转播；现在可以为电视策划体育赛事或活动，并且有其独特的表现形式，甚至许多体育项目的发展已经与是否能够在电视上表现产生了密切联系，如乒乓球由小球改为大球，也正是为了利于电视转播。同时为了表现运动之美，电视技术——空中全景摄像技术、屏幕分割技术，和设备——水下摄像机、高速摄像机、高速硬盘慢动作设备，都在不断更新和发展。还有为某类比赛的特殊性发明或改良一些电视技术设备，比如短跑、跨栏等比赛中铺设了与跑道并列的摄像机轨道，以便更便捷地捕捉运动和冲刺画面。另一方面，电视技术手段也有自身的独特表现力，其多角度、多景别的优势使电视观众得以看到与现场不一样的画面。作为一名体育节目策划人，应该充分懂得利用转播技术带来的优势。尤其是在表现不同专业类型的竞技性强的场面时，在镜头的运动方向、角度、景别、速度等方面都应该有具体的要求。比如女子自由体操本身是一项很有美感的运动，在2004年雅典奥运会上，当霍尔金娜结束她的全套动作时，最后一个侧仰镜头令观众感受到了她的优雅和美丽。但如果这个镜头是一个俯拍，其美感就会大打折扣。

在对赛事的表现方面，最具魅力的当然是现场直播。由于直播与比赛现场同步，竞赛过程与结局的悬念感给观众带来了极大的观赏满足。事实上，无论是奥运会还是欧洲杯，现场直播总能掀起一股收视狂潮。因此，体育赛事节目的策划要在直播上下工夫，不仅要全面传达竞赛情形，还要能反映现场的热烈气氛。

2. 注重体育节目的“娱乐化”

长期以来，我国“为国争光”的体育传统一直强调输赢的政治意义，这使得我们不能正视和承认体育节目的娱乐本性。其实自古及今，体育不仅仅是国家、民族、团队荣誉的体现，更是人们休闲娱乐的重要方式。体育节目中包含的许多要素，如竞赛过程中的刺激性、体育运动的观赏性、结果的未知悬念以及奖励带给人的满足、惊喜、失望、沮丧等等，更充满了娱乐性。所以实际上当我们越来越多地不为“争光”而观赏各种比赛、“重在参与”地加入到各种体育运动中时，其实也就是在追求快感。光线传媒曾经在2001年推出了《体育界》栏目，其口号就是“体育娱乐化、体育明星化、体育故事化”。目前已有越来越多的人意识到体育节目的电视娱乐性，其娱乐性在未来的策划中有着广阔的发展空间。

体育娱乐节目策划最便捷的办法是借鉴一些较为成熟的电视娱乐节目的形态模式，并向体育专业方向拓展。例如一段时间内电视屏幕上益智类娱乐节目风行，于是诞生了《全明星猜想》，这是中央电视台体育频道唯一的一档益智娱乐节目。它以体育明星的生活细节为切入点，利用竞猜的方式开展，让观众在层层悬念中抽丝剥茧，最终猜出是哪一位明星。在这个过程中，观众可以多角度地了解体育明星，从而展现体育人顽强拼搏的历程，在轻松的氛围中让观众了解明星趣事，感受体育精神。《全明星猜想》还在节目中穿插了游艺项目，以加强观众的参与性，拉近明星和观众的距离，让大家在体育中尽享欢乐。其实文艺频道有《艺术人生》，体育频道完全可以有《体育人生》……

值得注意的是，体育节目的娱乐化不等于竞技水平的降低，也不意味着单纯以搞笑赢得观众。近几年来，电视娱乐节目时有“恶俗”的不良表现，体育节目也在其中，如某体育竞技节目让体育嘉宾表演“双簧”，不仅要学狗叫，还要按照主持人的意图假装喜欢吃残羹剩饭。这不仅极大地削弱了嘉宾的“英雄”形象，也没有展现出娱乐点。在诸多种类的电视节目中，娱乐节目的娱乐点绝不是流于肤浅和无知，而恰恰是需要策划人有很高的人生经验和境界。

3. 制造和表现明星

娱乐节目的终极目标是放松观众的心情，然后拉动收视率，而最能吸引观众视线的是名人，所以体育娱乐节目的效应也往往体现为明星效应。因此体育节目策划活动其实也是策划体育名星的活动。

体育无疑天生就是一项造星运动，如西班牙皇家马德里队抵京时的热烈场面足可以和娱乐明星相媲美，而贝克汉姆、莎拉波娃、刘翔、郭晶晶这样的名字无不闪着耀眼的星光，他们的市场影响和商业价值也绝不在影视明星之下。其实，电视媒体和体育明星也是一种相辅相成的关系，电视媒体参与造就明星，明星又为电视媒体创造收视效益。在以收视率论英雄的条件下，电视体育节目已经越来越依赖于明星——体育明星的运动生涯、兴趣爱好、生活方式以及价值观念，无一不牵动着体育迷的心。无论是中央电视台的《名将之约》、《全明星猜想》还是北京电视台的《较量》、《体育界》，诸多成功的体育节目就是在用明星来聚拢人气、制造卖点。目前在不少比赛转播中，还邀请了体育明星参与解说或评述。由于他们具有体育专业评价的权威性，又具有竞赛者的生活和心理体验，再加上其名人效应，自然完全可以使体育比赛的解说更具有个性，角度更全面，理解更深入，也更具有说服力。我们目前的体育明星不是太多，而是太少了，而且现有的明星效应也没有在媒体中得到充分运用。

体育节目的明星也包括体育电视节目的主持人。长期以来，体育节目主持人的培养一直向体育信息播报员和现场解说员倾斜，特别注重专业赛事知识的掌握和对现场的描述，即大多数人的意识还停留在为广播媒体进行赛事转播的基础上。但是当“娱乐化”风潮兴起时，体育节目主持人的知识面、灵活机动，尤其是幽默感和评述能力便远远不能满足电视媒体的需要了，进而影响了节目的进程、节奏和娱乐性。体育娱乐节目主持人不仅要具有专业赛事知识和对现场的描述能力，还要有独特的表达风格和独到见解，要有亲和力，善于与嘉宾、观众交流，言谈举止要幽默风趣……

4．发掘体育的人文内涵

我们还应该意识到，电视体育节目的终极目标绝不仅仅是引人高兴和看热闹，体育竞技本身在激烈竞争的背后还有着促进人类进步的深刻意义，若对其进行深度和广度挖掘，将会使体育节目从“四肢发达头脑简单”的层次提升到文化高度。例如2004年雅典奥运会上，开幕式展现了希腊历史中迈锡尼时代、几何时代、古风时代、古典戏剧时代、拜占庭时代、传统时期的灿烂文明，还有三个典型的希腊雕像——人头马像、希克拉迪克像、库罗斯像等等。所有这些，都揭示了体育与社会发展息息相关，与人类生活形态以及思想观念密切相关，这就是体育与文化的有机结合，就是体育文化和人文内涵的具体表现。目前国内也有一些在这方面表现不俗的节目，例如中央电视台体育频道2000年的系列片《百年传奇》，选取了霍元甲、韩慕侠、马约翰、李惠堂、贺龙、聂卫平六位与体育有不解之缘的传奇人物，通过他们的不凡经历反映了我国百年体育的沧桑变化。而通过《体育人间》栏目，德国的绿茵豪门、西班牙的奔牛节、享誉国际的体坛明星和流光溢彩的异域风情无不尽收眼底。在制作《中国奥运冠军特辑》时，《体育人间》更多地融入了冠军的真实生活：《家长“周继红”》让我们看到了身为教练的周继红为学员的成长付出的辛劳；《楼云创业记》展现了跳马王子楼云退役后在商海那段鲜为人知的人生经历。《体育人间》2003 年的 11 月 5 日播出的《今风细语江湖——德建》，还荣获了米兰电影电视节最高荣誉大奖……这样的节目立足于体育又超越了体育，其做法值得我们借鉴。2008 年即将在北京举办第 29 届奥运会，这一定会为我国电视体育节目的策划提供崭新的平台。

5. 注重贴近性与参与性

就目前体育节目的总体状况来看，体育竞技的激烈和专业化带来了令人惊奇的电视观赏效应，但从业人员的职业化也导致了与大众日常生活的距离，而电视节目的收视效应则必须落实到贴近性上——贴近百姓、贴近生活。所以未来的策划还应该多考虑与非体育迷类受众的贴近性，要认真设计节目的互动和参与环节。例如在 2004 年欧洲杯期间，中央电视台体育频道曾为观众开设了一档《豪门盛宴》，较之以往体育节目只注重专业性、时效性和评论性，这档节目更具观赏性：美丽迷人的足球小姐、憨态可掬的吉祥物成为节目主题，多媒体技术的应用不仅令一些铁杆球迷大饱眼福，还抓住了一般观众的心。主持人还根据各国的竞技特点和独特风情，把各参赛队比作美食：希腊海鲜、葡式蛋挞、俄罗斯伏特加、英国红茶等等，在主持的语言方面也十分生活化。

体育类节目的参与性可以表现在很多方面。如中央电视台曾经播出的《城市之间》、福建东南台的《天地英雄》、北京电视台的《各就各位》等，这样一些竞技类节目普通现场观众就能够参与。还有一些节目设计了场外观众通过电话、手机短信、网络视频、网上留言等参与到节目中的方式。在北京电视台的《各就各位》中，观众可以利用电话按键控制演播室的机器射门，这在场外观众的互动性上又迈进了一步。

本章小结

本章主要讨论了各类文体娱乐节目的策划，这些节目包括了电视剧、电视晚会、电视游戏类节目、电视赛季节目、真人秀节目、电视文艺专题节目和体育节目等。这些节目形态各异，创作要素十分丰富，不少节目投入大、周期长，因此其策划的难度也较大。我们必须认真辨析，分别掌握其策划的要点。

思考题

1. 请结合一部电视剧，阐述其策划的成功和失败之处。
2. 一台电视综艺晚会在策划时需要考虑哪些因素？
3. 请谈谈你对电视赛季节目策划的理解。
4. 请总结真人秀节目规则的策划原则。
5. 请选择一首歌曲，设计它的MV的画面形象。
6. 我国电视体育节目还有哪些可以提高的空间？

第八章　生活服务类节目的策划

【本章提要】

本章将探讨生活服务类节目的策划。包括一般生活服务节目、电视广告和电视谈话节目。

第一节　一般生活服务节目的策划

一、一般生活服务节目概述

电视自诞生那天起，就注定拥有服务功能——在人们打开电视机的同时，电视就已经开始为人们提供观赏服务了。新闻节目、教育节目、娱乐节目等等形态各异的电视节目都在一定程度上体现着对受众的服务，这也应该是电视作为传播工具所具有的本性。所以，从广义上讲，所有的电视节目都具有服务性，而且其外延与内涵随着社会的进步在不断地变化：文体娱乐类节目要满足人们审美、放松心情和消遣娱乐的需求，新闻社教类节目要满足人们了解世界的需求，而生活服务类节目则要满足人们实际物质生活的需求。不过这种服务性和生活服务类节目是两个概念。

本书在讲述节目分类时就定义过：生活服务类节目指内容与百姓生活密切相关、指导具体生活技能、引导日常消费、解决日常困难和困惑的节目，也可简称为“服务类节目”。

在生活服务类节目中，观众与在其他节目中的地位不同——

更像一个消费者。在一般节目中，制作者更多地将观众定位于朋友，而在生活服务类节目中观众却是被服务的对象，是“上帝”。作为消费者来说，不同人群的需求是千差万别的，所以任何服务类节目都不可能将所有观众一网打尽，而必须在认真调研的基础上锁定节目的目标受众群，这样才能使服务具有针对性。例如中央电视台的《为您服务》，把目标群体定位在30—45岁之间高中以上文化程度的观众，与栏目宗旨“服务于关注提高家庭生活质量的群体”相一致，也与栏目“领先家庭生活半步，又不脱离家庭生活”的服务态度相吻合。

一旦目标受众群确立，策划人就要按照他们的具体需求来为节目制定专业方向。在服务类节目稀缺的时代，节目内容形态以综合性为主，而后来服务类节目的专业性是随着服务行业自身的发展逐步呈现的。随着社会的广泛需求、专业化频道理念的推广以及有线电视技术的发展，我国的专业服务节目正在兴起。而先走一步的欧美发达国家已建立了不少生活服务类节目的专业频道，如经常可以见到饮食（food）、服装（fashion）、家政（home services）、休闲（recreations）、健康（health）等频道，它们向观众提供最新、最实用的信息，引导着消费和时尚的潮流。这些专业频道中的节目往往在同一主题的统领下，为更细化的受众层安排各种栏目，这也是我国电视服务节目未来的发展方向。

生活服务类节目因不同的目的和播出对象，呈现出综合与专题两大类形态。

综合服务类节目的目标受众的范围跨度较大，而且内容相对全面一些，往往表现为资讯的面貌，即针对大众生活中衣、食、住、行、用各个层面的需求，及时发布最新、最权威的信息以满足受众的需求，解读百姓关注的热点、难点、疑点。这同时也是最有实效的服务。例如中央电视台的《生活》节目就曾是生活资讯服务的日播节目，《为您服务》改版后的内容也呈现出短、平、快的特征，其中的“家事新主张”、“法律帮助热线”、“旅游风向标”、“生活培训站”、“服务信息网”等板块，都体现了资讯的特点。

专题服务类节目的内容定位要考虑到一个“专”字。大众生活中衣、食、住、行、用——内容繁杂，而每一个节目容量有限，若要有条理地表达，就需分专业方向。同时，真正的服务是提供正确的资讯和解决途径，那策划人就需要术有专攻，即对每一个方向有较为深入的研究，具有权威性，这也是节目建立可信度的基本要求。因此专题服务类节目更侧重于对某一领域进行专业而权威的介绍，对应于不同年龄、性别、行业、知识层次的受众的独特需求。这类节目在播出周期上相对长，往往以周为单位，如凤凰卫视的《完全时尚手册》，在每周一至周五的晚间时段播出，每天分别表现一个主题：车元素、科技宽频、经典生活、天桥云裳……

二、一般生活服务节目的策划要点

1. 实用性

实用性是服务的核心，也正是生活服务类节目区别于新闻政教类节目和文体娱乐类节目的本质属性——主要满足人们生活中的物质需求，给观众以一定的示范和指导。可以说，这类节目的“是否有用”决定了节目的形态和生存状态，也体现出节目的重要性，其编排要尽力对应百姓的日常生活。

要做到对受众有用，就必须坚持“三贴近”——贴近实际，贴近生活，贴近群众。“群众利益无小事”是新一代领导人提出的一种务实精神，得到了广大人民的拥戴与好评，因此服务类节目也应当把“观众利益无小事”作为一种工作态度。只要是对观众有所帮助，再小的事也值得在电视节目中表现。这种观念的转变是电视竞争的日益激烈所带来的，更是电视服务节目的本性。例如在选题时，要从观众当前最希望了解、最想知道的问题入手，把镜头对准商品、对准消费者、对准市场，节目的落点不怕小，关键是真正想观众之所想、急观众之所急、帮观众之所需。制作者提供的服务越详细，观众的收获就越大，对节目的认同也就越高。如《为您服务》中的“生活智多星”小板块，它就广泛收集生活中的各种小窍门，帮助观众解决生活中的小难题，这就体现了贴近性的要求。2004 年 9 月 8 日的“生活智多星”向观众介绍了一种制作布艺镜框的方法，还告诉观众怎样在短时间内止住打嗝。这两个生活小窍门看似不起眼，但给观众的帮助却很大。

2. 亲切——平民意识与人文关怀

以往的电视台端着说教的架子，令观众敬而远之。服务节目的发展让电视台改变了观念——既然是服务，服务的态度就非常重要。服务节目的贴近性还体现在给人以亲切、舒适的感受，这不是仅仅有主持人和蔼可亲的微笑和温馨的演播室就可以达到的，还需要内容的亲切周到和节目设计的细心体贴，给予观众最无微不至的关怀。甚至表面上看似跟节目内容并无直接关系的其他环节或手段（热线电话等），都是平民意识的体现，这也是北京台的《元元说话》、《生活帮助热线》受到好评的原因。

目前，所有节目都把平民意识当作提高收视率、办好节目的一种手段，而服务节目的平民意识应该是与生俱来的。也就是说，服务节目不仅仅是一类电视节目，更是一种为老百姓提供服务的方式。同时节目体现的平民化程度往往决定了收视对象群的构成，节目应该注重相应层次人们的趣味、消费水准和价值观。一般来说，节目也应该追求满足最大数量的同质人群的需求，但目前我们在这方面却做得很不够。比如目前烹饪节目往往把目光放在大菜大餐上，烹制程序较复杂，材料既贵又多，不利于普通工薪阶层百姓操作；旅游节目的风光虽然优美，但对景点服务的客观比较、怎样玩才能既经济又实惠等的信息却很匮乏……

与目前许多节目一样，服务节目也增强了互动性，观众可以通过打电话、发邮件、发短信等多种方式参与节目。增强互动性无疑是电视平民化的一个体现，以建立固定的交流平台，与观众无障碍地沟通，甚至提供点对点的服务，也是今后电视服务类节目的发展趋势之一。通过这些互动方式，观众的参与度大大提高，策划人也可以更加方便准确地了解观众的需求和喜好。如中央电视台的《健康之路》节目，观众可以在节目中打电话向专家请教，其中有的选题甚至是根据观众来信的要求而设定的。比如有一期内容是根据一位患者来信的要求介绍复旦大学肿瘤医院的氩氦刀治疗技术，该患者看了节目之后就去接受了治疗，手术很成功。

3. 时效性

不仅新闻有时效性，服务节目也具有时效性。社会在进步，时代在变化，经济在发展，与居民生活息息相关的新的经济政策、法规不断出台，不断调整，生活当中新潮流、新时尚、新产品、新做法和新事物层出不穷，生活观念和方式也在不断变化……总之，生活中的时刻变化是电视生活服务类节目不竭的源泉，迅速、及时地报道、传达这类信息是生活服务类节目的目标。例如随着生活水准的提高，百姓由“温饱”的目标转为更关注如何能够更科学、更健康地生活，如何提高生活品质，这也是服务类节目应当传达的内容。目前，面对人类资源的缺乏，如何建立节约型社会，使人类尽可能地持续发展，也是服务类节目应该高度关注的问题。

4. 权威性

服务类节目围绕衣、食、住、行、用、医等为观众提供生活上的帮助和指导，内容庞杂、琐碎，如果不注意调查与核实，不注意其正确性，便很容易对观众产生误导。例如早期的《生活》节目中曾经比较过进口与国产的一些品牌电视机，把不同国家的技术指标与是否合格混为一谈，结论是某些进口电视机不符合我国的质量标准，于是，消费者便对现实中这些所谓“不合格”的电视机销量很好、而相关部门却不予以处理的情况产生了困惑……再如一个烹饪节目中主持人曾说过“红萝卜和白萝卜一起吃会导致中毒”，结果这个观点影响了很多人。我们必须认识到，服务节目信息的准确性，是保证节目生命力的前提。同时，由于创作人员的观念、方式和功力决定了节目的品位，创作人员必须热爱生活、懂得生活，而这恰恰是电视人自身的问题和欠缺。所以在创作专业程度较高的节目时，有必要邀请专家，在主持人不具备专业知识的情况下，绝不可以由主持人替代专家。

5. 地域性

中国地域广大，从南到北，由东至西，各地的经济状况各不相同，人们的生活习惯也有很大差异。服务节目的地域特性是由这种差异决定的，服务的地域不同，节目就会有不同的内容和特色。所以节目的收视范围越广，实际上服务就越不具体。例如以全国观众作为受众目标的中央电视台的《为您服务》，该栏目只能定位于适合绝大多数地域民众生活的内容。从各台来看，尽管上星台的覆盖面很广，但往往不同地域的受众对服务节目的需求有很大差异，所以最具体、实用、富有地方特色的服务类节目应该是在各地方的非上星频道。未来，服务类节目将在社区级别的台或频道范围获得较大的发展空间。

6. 电视化

由于服务类节目的针对性太强，而且与日常生活形态非常接近，不容易形成视觉冲击，因此很难拥有高收视率。要使服务节目更具可看性，除了在内容上想办法，还要考虑如何适应电视表达手段。这就要求我们在策划电视服务节目时，从选题到表现方式，尽量考虑电视视听结合的传播特点，尽可能生动形象地表现主题。另一方面，为了提高画面的趣味性，要注重节目既来源于生活又高于生活——不是日常生活的复制，而是一种提升。例如烹饪节目的厨房应该整洁、有序，还要有情调、有色彩，画面要避免原料的杂乱和血腥，做出的食物要在色、形上予以一定的包装，从视觉效果上制造味觉吸引力。

电视服务类节目要注重表现方式的娱乐化、多样化，以丰富节目形态，如知识竞答、娱乐游戏、明星表演……使观众更易于接受，以提高收视率。凤凰卫视就有一档烹饪节目《美女私房菜》——美女加美食，为服务性节目增加了新的看点。目前，服务类节目的形式越来越丰富，各种娱乐因素的添加使服务类节目的观赏性大大增强。比如，北京电视台播出的《快乐生活一点通》用情景剧的形式将服务性的内容巧妙地穿插在其中，取得了极好的收视效果。美国 Bravo 有线频道播出的《粉雄救兵》(Queer Eye For Straight Guy) 用真人秀的形式为观众提供了生活各方面的指导，实用且引人入胜。该节目不仅收视表现突出，而且还获得第 56 届艾美奖“杰出真人秀”类节目奖。说到底，生活服务是内核，至于给它穿上什么外衣就看策划者的匠心了。

7. 服务与商业性的结合

服务内容与商业性密不可分，节目要体现服务性，与商家打交道便成为必然。节目中出现的任何一个品牌、任何一种商品，都很容易与引导消费联系起来。因此如何把握二者的关系，找到社会效益和经济效益的最佳契合点便成了服务节目永恒的问题。

单从服务类节目的性质来看，多数节目都不可避免地带有不同程度的广告色彩。如《读书时间》为读者推荐好书，是为书商做广告；《节目导视》为即将播出的节目做广告；旅游节目为播出的景区做广告……现在的节目运作机制导致很多服务类节目的内容就是为商家做广告，甚至有的台开播服务节目就是为了节省成本和增加收入，诸如《电视购物》这样的节目纯粹是替商家做广告，健康医疗节目往往成为卖药节目，就连中央电视台的《天天饮食》、凤凰卫视的《美女私房菜》每道菜都要放鸡精……

从社会效益这个角度讲，服务节目不应该是软广告，策划人要懂得任何节目的商业性都应该以服务性为前提，绝不能为了商业性而抹杀了服务性，相反，有时为了服务于大众而牺牲节目的商业利益却是应该的。如果商业利益至上，可能会赢得暂时的效益，但是，服务第一才是节目长久的生存大计。电视节目本身也是一种特殊的商品，它的消费者就是受众，无论什么节目，都应该以客观公正的立场换取其长远的发展。

第二节　电视广告的策划

电视广告是现代社会商业信息最直接的大众传播方式。由于其传播广泛、影响深远，成为现代社会经济活动的重要组成部分，是生产与消费之间的重要桥梁。此外，在我国电视广告收入还是电视台最主要的经济来源，不仅为国家财政添砖加瓦，也为电视制作和经营提经费政支持，已成为发展电视事业不可缺少的力量。

电视广告不同于平面广告和广播广告，是大广告系统的一个分支，它既有与一般广告的共通之处，又因为与电视的结合而具有了独特性，特别是在画面、声音上体现出特有的章法——强调声画结合，特别是画面的冲击力和说服力。

电视广告的策划涉及广告学、传播学、营销学等诸多学科，其内容十分庞杂，而且电视广告投放的频次、时段以及媒体组合方式也十分复杂，由于篇幅所限，这里着重谈电视广告创作层面的策划。

一、电视广告概述

广告的分类标准很多，电视广告也是如此。

如根据目标受众的不同，电视广告可以分为普通消费者广告和行业消费者广告。普通消费者广告主要针对那些为自己购买产品并消费的受众，他们不会将产品用于再生产；行业消费者广告主要针对某一领域的生产厂家、中间商或者专门人员。可以肯定的是，放在大众媒体电视中的广告往往是针对普通消费者的，所以更多的是具体的产品形态、功能、特色的介绍。

根据传播地域范围的不同，电视广告可以分为全国广告和地区性广告，更可以跨越国界，不少国际品牌的广告就是在多个国家播放的。当然并非所有的产品都需要做国际性广告或全国广告，产品在哪个范围投放，应完全对应目标消费群。而且电视广告也往往只是企业整体广告投放的一部分，需要与其他媒体广告形成立体架构，各媒体广告各司其职并互补，最终进行整体投放。

根据功能不同，电视广告还可以分为多个层面：是产品广告还是形象广告？是普及基本信息的广告还是突出某些特质的特色广告？是品牌的开拓还是阶段性的提示？一般来说，产品广告的诉求是直接引起消费者的购买欲，而形象广告是要增强其社会感召力。由于烟酒等商品不允许直接做广告，所以他们以行业或企业总体品牌的知名度最终带动整个品牌产品的消费。广告该如何介绍产品，应依据细分化后的不同层次的消费者而定，同时也可参考同类产品的诉求点，在对比中找到特色，为所宣传的品牌抢得商机。

只有懂得了不同类型广告的不同诉求点，才能够真正找到内容设计的切入点。

二、电视广告策划要点

电视广告的承载体是声音和形象，所以其设计一定要首先考虑如何发挥电视的优势。

在媒体竞争激烈、产品极大丰富、各类产品广告层出不穷且播出密集到已经令人不满的情况下，尽量减少受众的反感，使受众不换频道成为电视广告最基本的追求。电视广告插播若能在受众观赏电视剧或其他节目时起到视听和心理节奏的调剂作用，就算达到了比较完美的境界。

1. 重视声音和画面的吸引力

电视是视听结合的媒体，在策划电视广告时必须对声音和画面的表现力有清醒的认识，要使用具有足够视觉吸引力和强烈冲击力的元素，使内容利于分辨和记忆。

声音和画面的美感，是广告策划与制作的普遍追求。不美的形象要回避，一般的形象要美化，美好的形象要加强，这都是为了能够使受众在接受信息的同时感到赏心悦目。因此，诸多电视广告采用胶片制作，以期达到画面的高清晰和层次的丰富。同时，为尽可能达到完美的视觉效果，广告拍摄中的形象修饰和替代也是常见的做法，如运用美女、帅哥和名人明星推介产品，必然对受众更具吸引力；再如在食品拍摄中对其形态进行人工美化处理，以追求“秀色可餐”的效果——为水果进行色彩修饰，以食用油加摩丝替代啤酒的静态画面等等，以保证拍摄的顺利进行。画面的美化还可以落实到后期制作过程中，如用数字特技、动画加工等等……

声音和画面的独特性，是电视广告个性的源泉，也是广告策划创新的具体表现。当然其独特性是与产品特性紧密结合的。比如几年前某品牌无绳电话的广告：一个青年从厕所里冲出去接女友“小丽”的电话，一路匆忙碰撞，最终还是没有接到。以此表现无绳电话的优点。这则广告中不够俊朗的男人、厕所、混乱的家居和最后的“小丽呀”，都给人留下了深刻的印象——无论画面的美丑，个性才是构成广告的生命力。

实际上，无论画面的美或丑、动或静，只要具有令人欢乐、惊叹、喜爱或嘲笑、痛恨、震惊的元素，都可以制造吸引力，给人留下印象。只是一般来说受众更愿意接受令人愉快的信息。

2. 以情动人

当然，任何一个作品都应该追求以情动人，但在篇幅极短的广告中，要做到这一点很不容易，于是绝大多数广告就表现在温馨的声画表述上。如“滴滴香浓，意犹未尽”和“雀巢咖啡，味道好极了”，温暖享受的声音打动了消费者的心。如果有一定的情境设计，会更容易唤起观众的情感共鸣。例如南方黑芝麻糊电视广告的“江南小巷篇”，开篇一声吆喝“黑芝麻糊哎——”稍带有南方口音的温和女声、江南古镇的场景，都带着年代久远的意蕴，更让观众想到了历史、传统、故乡等概念；紧接着一个男声深情的“一缕浓香，一缕温情，南方黑芝麻糊”，将童年的回忆、温暖、母爱等情感表达出来，在品牌与观众之间建立起了一种情感链接。类似的例子还有威力洗衣机的广告：群山中，卡车运送威力洗衣机，勤劳的母亲在溪边洗衣，画外音是“威力洗衣机，献给母亲的爱”。

3. 诉求简单明晰

电视声画瞬间即逝，因此对内容形式的表现不可太复杂，否则容易导致误解。

不少广告往往不难看，但由于内容情节太复杂，观众反而不知所云，甚至误解为另一种产品的广告；还有的广告云山雾罩，完全靠最终的声音解说完成宣传，声画之间没有必然联系，结果无法给观众留下印象。在电视广告中，所有的声画信息都应该以传达产品信息为中心，所有可能产生歧义的元素都应该果断地抛弃。

大多数电视广告都有声音或字幕表现的广告语，这对极短的广告来说，是表达的灵魂。广告语要贴切、醒目、简练、上口。一则优秀的广告语不仅浓缩了产品的形象，也是企业文化的体现，例如“人头马一开，好事自然来”（人头马酒）、“多一些润滑，少一些摩擦”（统一润滑油）、“我的地盘听我的”（中国移动通信动感地带）、“我就喜欢”（麦当劳）、“只要你想”（联想）等等。可以语义单纯，也可以一语双关；可以直截了当，更可以回味悠长。至于风格，可以优雅、灵动，也可以霸气、直爽、诚恳……策划人可以根据产品形象和企业精神灵活设计。

一般来说，在新产品打开市场的时期，广告播出量大、覆盖面广，广告策划要以推广品牌的知名度为核心；而在产品较为成熟的阶段，广告策划要以对产品不断革新和发展为宣传支点；在产品品质和形象稳定后，广告播出频率可适当减少，但还要保持原有核心元素，不失时机地提醒消费者使用产品。

4. 诚信、关怀

近年来，电视广告的真实性越来越受到质疑，不少商家盲目夸大产品的功能，甚至出现了虚假广告。电视广告尽管极其短小，但由于传播广泛，像医疗、食品、生活用品等广告，因为会直接影响到人的生命和生存，一旦虚假，则影响极其恶劣。有的虚假广告甚至会给民众和社会造成损失，有的广告以点带面地抬高自己、打击别人，甚至有的女性瘦身、丰胸等广告不择手段、伤风败俗……受众一旦上当或不满，便会从质疑广告发展到质疑媒体、社会甚至政府。

从2004年1月1日起，国家广播电影电视总局颁发的《广播电视广告播放管理暂行办法》开始实施。《暂行办法》对广播电视广告的内容、播放总量、广告插播、播放监管等进行了全面规范，如不得播放内容低俗、误导消费等存在导向问题的各类广告；黄金时段电视节目不得插播任何广告；为尊重群众的生活习惯，用餐时不得播放治疗脚气、痔疮药品类和妇女卫生用品类广告等……限制这些正是以人为本的体现，真正体现了诚信和关怀的出发点。实际上，在广告策划这个环节，本来就应该考虑到诚信和关怀，要杜绝为了追求声画效果而不顾事实的做法，把握好“创作”、“创新”的度，不能将“宣传”变为“欺骗”。作为策划人，还应该懂得广告形象也必然会体现媒体的形象。毋庸置疑，优秀媒体更应该特别注重广告的真实性和所宣传产品的品质，高档次品牌应该选择高档次的媒体投放广告，而且一个媒体中的所有广告的品质和档次不应该有太大差距。从长远效益来看，策划人要尽力用赏心悦目、格调高雅的广告吸引受众视线，舍弃令观众感到厌恶的恶俗内容。

第三节　电视谈话节目策划

一、电视谈话节目概述

电视谈话节目采用面对面人际传播的方式，通常由主持人、嘉宾（有时还有现场观众）在演播现场围绕话题或个案展开即兴、双向、平等的交流。由于是用语言直接表达，因此节目形态简洁，特别擅长表现思想观念的交锋。

尽管世界各地的电视台都有谈话形态的节目，如我国在1958年电视一开播就有电视讲话节目，但谈话作为一种专有的节目形式最早出现在美国，即“Talk Show”，我国港台译为“脱口秀”。1954年美国全国广播公司（NBC）推出的《今夜秀》（The Tonight Show）被认为是美国“脱口秀”节目的鼻祖，经过50年的发展，美国“脱口秀”已日臻成熟，代表节目有：《奥普拉·温弗瑞秀》（Oprah Winfery Show）、《莱特曼今夜秀》

（Late Show With David Letterman）、《珍妮·琼斯秀》（Jenny Jones Show）等。1992年，国内出现了第一个电视谈话节目《东方直播室》，但并未产生广泛的影响。直到1996年3月16日《实话实说》在中央电视台开播，国内才算有了真正意义上的电视谈话节目。

尽管《实话实说》在创办时就借鉴了美国"脱口秀"节目的经验和模式，但国内电视谈话节目的内容从一开始就走着一条有中国特色的道路：在国内电视谈话节目发展的初级阶段，几乎中国所有的谈话节目都不是按照娱乐节目来运作的，这和美国"脱口秀"有着本质的区别。国内的谈话节目更强调节目的"谈话"性质，即人与人之间要求沟通的本能，它的目的是为人们提供了一个相互沟通的场所，通过主持人、嘉宾以及现场观众在演播室的谈话来引起全社会对某些问题的关注，而且最终还要解决这些问题。

在国外，电视谈话节目的内容包罗万象，有时政新闻、名人访谈、综艺表演、生活伦理甚至还有涉及性和暴力的"垃圾脱口秀"。由于节目量很大，分类可以十分详细。国内电视谈话节目涉及的内容受到政策法规与社会环境等诸多因素的制约，数量相对少，经过近十年的发展才逐渐呈现出多元化的格局，产生了新闻谈话、明星访谈、交友访谈、心理咨询等诸多内容。不同的谈话内容也造成了节目在操作方式上的差异。但不管是什么样的内容，电视谈话节目都包含了以下共同的节目要素：话题、主持人、嘉宾、观众等。本节将首先以这几个要素为出发点来论述电视谈话节目的策划。

二、电视谈话节目的策划要素

1. 话题

有吸引力的话题是电视谈话成为"节目"的第一要素。在国外，性、暴力、隐私这样的话题在谈话节目中随处可见。不可否认，这样的话题对国内观众同样具有极大的吸引力，但由于我国国情、国民总体素质和习俗的原因，必须更多地考虑节目的社会效益和可操作性。从《实话实说》曾经播出的节目话题中，我们可以总结出以下两个选题原则：一是时效性，尽量选取具有新闻性、社会性的热点话题，如高考、香港回归、中国入世、下岗再就业等；二是贴近性，这类话题是《实话实说》的主要话题来源，如夫妻关系、结婚、医疗、房改等，这些都是普通老百姓在日常生活中经常可能遇到的事情，极易引起他们的共鸣。

《实话实说》节目的多以事件为谈话中心，故也可以称为“事件性谈话节目”，话题围绕事件的发展和结果来拟订。

有的节目经常围绕某一个人物展开谈话，这样的形态可以称为“人物类谈话节目”，往往会在一次节目中出现多个话题，如《超级访问》、《对话》等。这类节目的宗旨是表现人物，因此话题的选择也要为这个宗旨服务；前面出现的话题成为后面一些话题的“话由”，节目在多个话题的进程中展现人物性格。如《超级访问》的嘉宾多为演艺明星，因此话题多为观众所关注的嘉宾的事业、爱情、家庭等。在《超级访问·袁泉》这期节目中有以下几个话题：性格——曾经自闭；演艺经历以及由于排练而受伤的经过；亲情——姑父、姑母无私的爱；爱情——和夏雨六年的爱情长跑；友情——大学时的同窗好友李馨雨。随着这几个话题的逐步展开，一个活生生的银幕外的袁泉形象展现在了观众的面前。再如《对话》，节目中的嘉宾多为商界巨子，因此他们的成功之路、经营策略更为观众所关注，话题也多集中于此。

2. 谈话者的策划

谈话者的状态往往决定了谈话节目的形态。参与谈话的人大致有几种：

（1）主持人

谈话节目经常被称为“主持人的节目”，而且从电视谈话节目诞生之日起，主持人便往往是节目的核心。在美国，大卫·莱特曼、奥普拉·温弗瑞都是家喻户晓的明星，这一方面是电视台“明星”策略的结果，另一方面更是主持人自身能力使然；在中国，崔永元、窦文涛同样是电视谈话节目的代名词。一位出色的电视谈话节目主持人是一个谈话节目成功的重要保证，他们应具备以下一些素质：

第一，丰富的社会经验和生活阅历。

谈话节目的“即兴”发挥是节目的看点，主持人作为谈话节目的核心，需要及时引导和掌控谈话进程，要能够在与嘉宾的言语之间“兵来将挡、水来土堰”。而要做到这一点，完全靠平时对生活深入的观察和深厚的积淀。可以说一个刚毕业的大学生即使经过专业的主持人课程训练，也难以胜任和应对能构成“节目”的各种话题。同时，主持人应该是个“有心人”，还需对生活中的各种现象进行深入挖掘，主动积累创作素材，丰富谈话角度，找到尽可能确切的解释或结论。

就一个节目的创作来说，作为谈话节目的主持人，应该参与前期的策划，做到无论是对选题、嘉宾选择和采访还是对现场谈话的逻辑、构架，都有深度把握，否则便难以在谈话现场做到流畅、从容不迫和得心应手。

第二，有亲和力而又不失个性。

谈话节目的成功需要依赖主持人、嘉宾、观众之间的倾情交流，因此主持人应千方百计地打开嘉宾和观众的话匣子，让他们敞开心扉，说出自己的真情实感。在陌生的环境里，嘉宾和观众一般都会比较拘谨。如何让他们消除紧张的情绪并尽快营造一个自如的谈话氛围，主持人的亲和力是沟通的法宝，而亲和力建立在真诚、自信和良好的沟通方式的基础上。作为节目的制作核心的主持人还要彰显个性，这样才能使自己的节目从众多谈话节目中突出重围，独树一帜。如果一味地模仿他人，不仅会丧失自我，还会使节目走向平庸。

第三，机智幽默。

作为谈话节目的主持人，拥有幽默感不仅可以让自己显得平易近人，赢得嘉宾和场内外观众的好感，而且在主持节目的时候更能举重若轻，轻松掌控现场。另外，他们还要能在现场出现意外时做出及时、准确、精彩的应对。

有人认为主持人的“秀”来源于现场的头脑反应快，其实这仅仅是一个方面；而机智幽默必须建立在具有一定知识和人生经验的基础上，建立在自信、正直、豁达、积极的人生观的基础上；同时，还需要主持人有极强的表达能力来制造节目的灵动氛围，最终才能和嘉宾沟通。

从工作机制上讲，在现实操作中，并不是所有的主持人都参与了前期策划。在这样的运行机制中，前期策划一定要给主持人一个节目的大致进行脉络，包括主持人的开场语、话题逻辑(有前后关系的一系列问题)、结束语等。开场白的幽默风趣将会使观众产生收视热情，层层递进的话题会让节目脉络分明、进程流畅，片尾的画龙点睛则会给观众以回味。

鉴于主持人对于电视谈话节目的重要性，目前不少谈话节目都安排主持人参加前期策划并给他们绝对的发言权，如崔永元曾是《实话实说》的主持人兼制片人，李静是《超级访问》的主持人兼制片人，窦文涛对话题、嘉宾的选择有决断权，而且同时开设了好几个谈话节目。尽管这种状况是因人而异的，但毋庸置疑的是，只有在前期策划中做足文章，主持人才能在节目中游刃有余地发挥。

不过策划人要认清这样的现实：任何一个崭新的谈话节目都很难找到完全令人满意的主持人，主持人往往也是在节目成长的过程中逐渐成熟起来的，节目与主持人之间、主持人与观众之间都有一个“磨合”的过程。因此策划人在策划节目内容形式时，也要认真策划主持人。

（2）嘉宾

嘉宾往往是谈话节目的戏剧性所在——在主持人的引导下，节目的话题展开、观念交锋经常通过嘉宾来表现。一个优秀的谈话节目还应该有优秀的嘉宾，他们应该对受众具有一定感召力：或名流、或权威、或明星……而且他们应该思路清晰，并有较强的交流欲望和理解能力，表达能力强，有个性。

话题是选择嘉宾最直接的因素。当一个话题确定下来，我们可能选择的嘉宾包括：事件的亲历者——如《实话实说》的中国入世那一期，龙永图作为中国入世的直接参与者和谈判代表团团长，自然最具发言权，是直接表现节目的感性因素；相关的学者——他们对与话题相关的内容有较为深入的研究，有助于开拓谈话的新角度、新层面，增加节目深度，可表现出理性思考；旁观者——作为局外人，他们对话题也有自己的思考，他们的看法可能带来全新的视角，也更能代表电视机前观众的想法。

当然，如果一个嘉宾具有以上多个角度的特质，那更是节目的幸事。所以在某些节目中，也许没有好的话题，也没有好的主持人，但有好的嘉宾，节目也一样吸引观众。在这样的节目策划中，话题可以因嘉宾而设，并紧紧围绕嘉宾展开。

在选择嘉宾的时候，有几种类型的人值得警惕：一是面对镜头就语无伦次的人，俗称“晕镜头”；二是喜欢高谈阔论的人，海阔天空、不着边际；三是刻板迟钝的人，说出的话十分程式化或口号化，缺乏真情实感……这些人如果出现在节目中，会使谈话节目丧失其“谈”的意义。

一期谈话节目往往会请来多位嘉宾，为了让节目更具吸引力，嘉宾的搭配也很重要。一方面嘉宾的观点在节目中应该形成一定的交锋；另一方面要注意持不同观点的嘉宾在学识、资历方面的平衡，避免出现“一边倒”的情况，以确保节目在平等、可交流的氛围中进行。

当然，嘉宾的参与不一定就在演播现场。例如中央电视台的《时空连线》就以演播室主持人的调度为轴心，利用网络传播的优势，以多视窗的形式实现主持人对嘉宾的访问，同时嘉宾之间也可以互相沟通，从而完成对新闻事件的透视分析。这种传播方式减少了演播室中面对面的尴尬，使得嘉宾在节目中可以大胆表述自己的观点。这样做同时也减少了交流过程中的快速、及时的言语往来，使交谈更具有分别表述的意味，更保证了嘉宾观点的独立性。

(3) 观众

电视谈话节目现场观众的主要功能是参与谈话和营造现场气氛。在谈话节目的策划中，现场观众的作用不可忽视，他们是主持人与电视机前观众进行互动的载体，也是重要的创作元素。对观众的合理运用，一方面可以避免可能出现的“冷场”（节目组可以事先安排一些观众对现场状况及时作出反应）；另一方面，有些问题也许从电视台的立场不便向嘉宾提问，这时候观众可以代言。而且观众本来就应该是参与谈话的一方，有的节目就是以观众的观点构成节目观点的，如《实话实说》就经常用现场观众的评判表达节目的立场。

到现场参加谈话的观众必须是经过认真挑选的，策划人要事先了解观众，告知他们本期节目的主题，以确保对话题熟悉并真正有兴趣的观众来到现场。以中央电视台的《艺术人生》为例，每一期节目都会请到嘉宾忠实的影迷或歌迷，他们对嘉宾的演艺生涯常常是倒背如流，甚至收藏了嘉宾参与表演的所有作品。只要有他们在场，现场的气氛就有了保证。北京电视台的《社会广角》则邀请了年纪偏大的观众，以便给诸多在生活和情感方面出现问题和困惑的当事人提供人生经验；在该台的另一档节目《北京热线》中，策划往往会设计观众的大致表现，以保证节目作为宣传政府立场和举措的窗口的性质。

有些谈话节目出于节约成本等方面的考虑不安排现场观众，但在后期剪辑中根据节目的需要加入了一些现场声（笑声或掌声），这样可以在一定程度上弥补现场气氛不浓的缺憾，但要注意防止过于虚假，而且这样的做法一般是在娱乐谈话节目中才采用。

3. 资料收集

话题确定的过程中，相关资料的收集非常重要，这些资料包括文字资料、影像资料和实物资料。前期了解的资料越丰富，主持人在现场所能发挥的空间就越大，就越有利于对话题进行全方位的开拓。

文字资料包括与话题相关的背景、数据、史实，甚至一些传说、小道消息。影像资料在节目中可以用来引出相关话题，对谈话内容进行辅助性的介绍，同时，一些影像资料的出现或者作为有力的证据，也会使嘉宾无法回避一些敏感话题，只能在主持人的“循循善诱”下“坦白交代”。合理的影像资料的运用还将极大地丰富节目的信息量，提高节目的可看性。实物资料在节目中往往以道具的形式出现，一个对嘉宾有着重要意义的道具往往能触动人物的心灵深处，从而让他敞开心扉、以情动人。在《艺术人生》中，我们就经常会看到一些别具匠心的小道具，有了这些小道具，话题便有了收放自如的载体，嘉宾触景生情，整场节目也就有了灵性。在《艺术人生·陈凯歌》这期节目中，结尾时出现了节目组从陕西延安专程找来的一捧黄土，意在激励陈凯歌能够保持当年拍摄《黄土地》时的激情，创作出更多更好的作品，可谓寓意深长。

4. 谈话节目文案

谈话节目的策划也要形成节目文案，但这样的文案与其他类节目的文案相比有着独特之处。它可能不是完全按着拍摄进程来写的，可能只是节目的问题框架。文案的主要内容包括：嘉宾的背景资料及沟通情况；话题是什么以及该话题的出彩之处；节目的大致脉络，涉及的话题如何展开、节目层次等；开场白、结束语及部分关键性的串联词；现场观众的大致交流方向……这样的文案在录制中并不是一成不变的，在具体操作中经常会根据现场情况进行必要的调整和充实，有时甚至仅是一种参考。

以上我们结合几大要素阐述了谈话节目的策划，不过需要指出的是，由于谈话节目涉及的内容极其广泛，节目形式也是各具特色，因此在具体的节目策划过程中，不必完全平等地兼顾各个元素，在这几个元素中任何一个元素出彩都足以撑起一个节目。因此，策划人在实际策划过程中应结合节目的实际，集中精力突出最关键元素的策划，比如新闻谈话就应该着力于话题的挖掘；人物访谈节目应突出嘉宾的策划；像《越策越开心》、《东方夜谭》这样的“脱口秀”节目，则主持人和内容的策划都很重要……在接下来的篇幅中，我们将结合不同风格的谈话节目来论述它们的策划要点。

三、不同类型电视谈话节目的策划要点

1. 新闻谈话

在新闻性谈话节目中，主持人、嘉宾或观众共同对某一新闻事件进行讨论，是为了帮助观众深入了解新闻事件以及公共舆论对这一事件的看法。新闻谈话是电视新闻评论的主要表现形式。新闻谈话中，嘉宾多为政府官员、专家学者、媒体工作者和新闻当事人，他们往往能够发布第一手的、准确的信息和富于导向性的见解，满足观众对信息的正确需求。

新闻谈话的策划要注重以下几点：

（1）话题的深挖

新闻谈话的话题往往是公众关注的新闻事件，这些新闻事件为观众所欲知，但是已有的报道又未能深入分析和详尽展示。如果新闻谈话只是停留在表面，对话题泛泛而谈，那显然不能满足观众的收视需求，同时也违背了谈话节目沟通、交流的本质。因此，对于新闻谈话来说，一个优秀话题的选取只是成功的开始，更重要的是对话题的深入挖掘，通过对新闻事件的起因、过程、结果、影响等方面的观照，最终达到对事件背后寓意的揭示。

《央视论坛》在其节目定位中说："各种时事类栏目的卖点是新闻本身，是新闻事实的独到与精彩，而《央视论坛》的特色则是借新闻说话，说的是藏于新闻背后、超乎新闻之外的背景和观点。"《央视论坛》曾经播出的一期节目《媚捧洋星》，以世界知名的维也纳爱乐乐团在中国演出时门票昂贵这一新闻事件为由头，通过主持人的引导，最终实现了对中西文化交流的探讨。《央视论坛》的许多节目都体现出了对话题的深度挖掘，如：《歧视比病毒更可怕》——社会的宽容；《"女体盛"盛的什么东西》——迷失的美食文化；《牛振华"醉"后演悲剧》——请遵守交通法规……

国内社会、政治、经济、文化等各个层面的热点都可以囊括在新闻谈话的选题范围之内，但在节目策划过程中，更应着眼于这类事实在大时代背景下的社会性含义，因此这样的节目也被比喻为"小记者大编辑"。这意味着需要从事件中去寻找观点，策划的意义非常重大，而且必须落实到对社会的警示和正面引导上。

（2）观点的多角度

随着信息的日益社会化和受众认识手段与能力的发展变化，人们将日趋注重整体性的思维方式，即从多侧面、多角度、多变量出发，把事物看成是一个有结构、有层次的整体系统，注重对事物进行多项因果分析，而不满足于过去那种偏重对事物做单项因果分析的“一次性报道”。作为对新闻事件进行分析的新闻谈话节目，更要体现出对事件是非曲直的理性判断，给当事各方以平等的发言权。节目的所谓深入展开，正是多个观众层面代表的多角度观点的阐述。例如凤凰卫视的《实事辩论会》，每期节目请来五位以上不同职业、性别的专家，以展现对同一个问题的多种观点的碰撞、对话。此时，策划人必须为观众预设各种不同的观点，对嘉宾的表述提出质疑，当事各方可以各抒己见，从而使谈话过程在主持人的组织下赋予辩论色彩，使谈话过程充满张力，最终实现对新闻事件本质的揭示。尤其是在抗日战争胜利60周年之际，凤凰卫视与日本朝日电视台于2005年8月9日20:00举办了《中日大辩论》直播，就目前两国关注的热点话题进行交锋。朝日电视派出了该台著名时事节目主持人田原总一郎和曾任首相助理的著名外交家冈本行夫，而凤凰卫视则派出了国际问题专家何亮亮与中日关系史学会副会长冯昭奎。由于双方代表着各自的利益，交锋成为必然。在这类节目中，主持人是辩论进程的操控者，辩论是否激烈、深入，诸多方面的策划都落实在主持人的表现上。

（3）结论的趋同

尽管强调话题的深入挖掘和观点的多角度，但每一个新闻谈话的实质是要获得思想的同一性，并最终让真理战胜邪说、正义战胜邪恶。所以在诸多种谈话中，新闻谈话的策划过程是最为理性的——可能诸多元素的选择、设计都是为了充分衬托、辅助一个或趋同的结论，要得出大是大非的结果。凤凰卫视《实事辩论会》的口号就是“真理越辨越明”。

所以需要特别指出的是，节目中的诸多观点并不是一盘散沙，更不能混淆扰乱观众的思路，主持人应当不断总结进程，以提醒观众的关注，并在当事人、嘉宾、观众的交流中再形成提问的思路，促使各方观点得以整合，最终达成共识。

2. 娱乐谈话

娱乐谈话节目以谈话为载体，充分展现话语的幽默和情景的滑稽，极力营造轻松愉悦的收视氛围以取悦观众。比起新闻谈话节目来，其目标、氛围、过程要轻松得多。如果说新闻谈话要辨明大是大非，那么娱乐谈话可能恰恰是要“混淆是非”，从而实现娱乐目的。

娱乐谈话节目还可以细分为两类：一是谈话内容属于娱乐范围，如《超级访问》、《娱乐串串秀》、《艺术人生》等，这类节目多以娱乐人物为嘉宾，或就娱乐圈的热点事件进行讨论；二是谈话采用娱乐的角度、表达方式和形态，比如《东方夜谭》、《锵锵三人行》等，这类节目的目的就是要使观众感受愉快。

(1) 明星访谈

尽管所有的谈话节目都应该尽力运用名人效应，但明星访谈是这一效应最极致的体现。这不仅是因为明星可以给节目带来话题，使节目具备娱乐性和可看性，还因为受众中包含了不少“追星”者，他们可以为这类节目制造收视热情，从而形成一个相对稳定的收视率。因此，各类明星是节目生存的重要保证，选取什么样的明星便成了永恒的策划主题，中央电视台的《艺术人生》、东方欢腾的《超级访问》、星空卫视的《星空不夜城》的生存基础就在于此。相对于其他明星访谈节目，《超级访问》在这方面做得十分突出。对一家民营制作公司来说，要和《艺术人生》一样每期都请来知名度很高的明星是不现实的，于是《超级访问》以话题的宽松、角度的丰富对嘉宾潜质进行全方位的挖掘，机智的主持人及时调动、鼓励明星在节目中自我表现，从而使节目能够在明快的节奏中全方位地展示明星的风采。

另一方面，由于话题的灵活，明星的时效性也很重要。在这方面，《艺术人生》的编导颇费心机。在2002年《金粉世家》热播期间，《艺术人生》适时推出了陈坤的专辑，为观众展示了片中七少爷金燕西的扮演者陈坤在现实生活中的人生经历，播出后热评如潮。2004年是《西游记》拍摄20周年，《艺术人生》将20年前参与拍摄的导演、演员邀请到现场，共叙往日的酸甜苦辣；后来还有《红楼梦》剧组的大聚首。在《无间道》播出期间，《艺术人生》将片中巨星级的几大主演全都请到了现场……这些都是制造收视热点的成功策划。

（2）娱乐化表达的谈话

自谈话节目成为一种独立的节目样式以来，娱乐性一直是一种普遍的追求，但在新闻性谈话节目中，这种追求则表现得很含蓄，往往体现在对话题和人物的选择上。而在娱乐化表达的谈话节目中，则不仅要从内容上，还要从形式和表述上直接体现娱乐化。早在上个世纪五六十年代，美国谈话节目主持人戴夫·加罗威（《今天》）就别出心裁地将一只黑猩猩引入节目中，以制造喜剧元素。另一位主持人强尼·卡森（《今夜》）则会在节目开头讲一些笑话，同时在节目进行过程中安排娱乐表演。这些娱乐元素的加入使得谈话得以在轻松愉快的氛围中顺利进行。再来看看今天的《莱特曼今夜秀》，它有以下几个主要板块："前十名排行榜"、"愚蠢宠物花招"、"了解时事"、"哥伦比亚邮包"。在这几个板块中，明星、美女、乐队等娱乐元素都被巧妙地加在节目中。和美国大多数"脱口秀"一样，它的主要目标也是娱乐观众，让他们在睡前用一些笑声来放松自己。目前我国湖南经济电视台的《越策越开心》也在节目中加入了笑话、情景喜剧、卡通主持人等娱乐元素，取得了不错的效果。

另一方面，节目的娱乐化处理还体现在语言的表达方式上，或夸张，或误导，或打岔……例如在《锵锵三人行》中，窦文涛说得绘声绘色、有板有眼，经常拿自己的经历做素材，并毫不掩饰自己所谓的“低级趣味”，还曾以他在河北的父母因他在节目中的表现引来邻里的议论为笑谈。湖南经济电视台的《越策越开心》为更好地体现语言的幽默，两个主持人将湖南方言导入了节目中，让人耳目一新。在这类节目中，主持人的幽默与否对节目起着决定性的作用。

3. 日常生活侃谈

日常话题侃谈节目涉及普通百姓的家长里短、方方面面的问题：既有社会人际交往方面的困惑，也有家庭内部成员之间的调适；既有不同生活状态的展示，也有新旧道德伦理观念的碰撞。这类节目的选题不一定具有新闻性，也不刻意采用娱乐的方式，往往是内容本身具有娱乐性，并贴近生活，贴近百姓，参与性强。同时，随着生活节奏的加快，心理的健康越发成为人们关注的话题，以婚姻、家庭、爱情、友情、亲情为主题的心理谈话逐渐成为日常话题侃谈节目的主流。它通过专家与观众的互动交流，化解情感困惑，沟通不同年龄、性别、个性、阶层的人与人之间的理解，起到解除内心烦恼、激发生活激情、追求心灵健康的作用。代表节目有中央电视台的《实话实说》、上海电视台的《心灵花园》、湖南卫视的《真情》、北京电视台的《生活广角》等。这类节目在策划时特别要考虑以下几点：

（1）贴近性

《实话实说》总策划杨东平说：“我们认为《实话实说》的基本价值在两个方面，一是真实性，真实性是它的美学基础，是谈话节目的生命；二是平民性，这是栏目的价值追求和审美追求。”贴进性的落实就是真实性和平民性，即在选题上贴近百姓、贴近生活，采用平民视角。在参与者的选择上，注重其平民身份或其问题在生活中的广泛代表性。在主持人方面，从美国的奥普拉·温弗瑞到国内的崔永元，在日常话题侃谈节目中从没有一本正经地教训别人，而是如同朋友那样用心倾听，随兴交谈，亲切自然，坦诚朴实，促使参与者都敞开自己的心扉，用真实的体会和事例感染、打动电视机前的观众并使之产生共鸣。

（2）参与性

日常生活话题之所以能够上电视成为一档节目，一般不会是原生态生活谈话的再现。首先要选择具有广泛代表性的话题，以获得最广泛的关注；在谈话者的选择上，除了事件的亲历者，一定要选择代表了不同观念和生活方式的嘉宾；节目应该为观众设计较为深入的参与。当然，生活本身的多样性使我们对参与者不同性别、职业、阶层、观念的选择成为可能，而他们之间的差异也更能使电视机前的不同观众获得认同感。从策划目标的角度看，如果新闻谈话要最终体现结果的"唯一性"和过程的理性，那么日常生活谈话恰恰要展现生活的不一样和过程的感性，以一定篇幅展现不同的交锋、对比、差异，从而为电视机前的观众提供更多的选择。

因此，我们要合理设计所谓的"托儿"，并巧妙地安排其参与交流的时机。在这类节目中，由于主持人处于"朋友"的身份，对节目进程的掌控不宜过于明显，谈话逻辑要显得流畅和自然。所以，对一些重要的、容易遗漏的观点和问题可以事先安排嘉宾或观众准备，并让他们在合适的时机提出。导演对节目整体的掌控也可以采用这个手法来完成。

当然，作为一档在大众传媒中加以展现的节目，热烈气氛的终极目标是促进社会的和谐与安定——"和为贵"，使上下级之间、夫妻之间、邻里之间、朋友甚至敌我之间达到理解、缓和或化敌为友的境地，这才是为参与者和观众真正解决了问题。

（3）人文关怀

正在转型期的我国社会，各项事业飞速发展，在物质生活条件极大改善的同时，也给人们施加了更多的生活压力，人际关系在人与人之间的竞争中也日渐淡漠，不安、无助、孤独和忧虑的感觉随之而来。因此，日常生活侃谈或心理访谈将获得较大的发展空间，这类内容在未来将更适宜于社区电视台。

我们在追求“节目”尽力高于生活的同时，一定要把握好分寸。参与者的打开心扉、倾诉情感，一旦把握不好便会成为暴露隐私或出丑。另一方面，如果过度策划节目，则可能造成“矫情”甚至伤害参与者，因此在策划中应该多为参与者在真实环境中的生活着想，维护参与者的切身利益，体现对求助者的最真挚的关爱。所以，这类节目也要求创作人员懂得一些心理学知识，以便在节目中更好地解决受众和参与者的困惑。

本章小结

一般的生活服务节目要考虑其实用性、亲切感、时效性、权威性、地域性、电视化表现以及服务与商业之间的合理结合。

电视广告的声音和画面、情感的感染力、诉求点的选择等都是在策划过程中需要考虑的。电视谈话节目形式多样，涉及的内容也相当广泛，本章不仅讨论了话题、谈话者、资料收集、节目文案等谈话节目策划时普遍需要注意的因素，还就新闻谈话、娱乐谈话、日常生活侃谈分别进行了策划要点分析。

思考题

1. 生活服务类节目的策划有哪些要点？
2. 策划综合服务类节目和策划专题服务类节目有哪些异同？
3. 谈谈如何让观众接受电视广告。
4. 结合你看到的谈话节目，谈谈其策划的成功与失败之处。

后　记

作者在多年电视策划教学及实践中，深感电视媒体策划确实是一项系统而繁复的工作，而目前此类图书却往往流于空泛，普遍难以满足实践第一线的需求。在多年教学讲义的基础上，《电视策划教程》一书经过一年多的写作和反复修改，终于出版，笔者也终于有机会将诸多心得与体悟与广大读者分享，甚感欣然。

书中，作者结合多年教学心得，联系丰富的策划经验及广播电视行业的最新动态，从理论梳理和实践总结这两个角度入手结构全篇，分媒体、栏目及具体节目形态几个层面对电视策划进行了全面细致的剖析，其中不乏新观念、新提法、新例证。尤其本书第一次对各类电视节目进行了系统全面的策划分析，具有较强的理论开拓价值和实践指导意义。希望本书有助于广大同学了解和掌握电视媒体的策划规律、策划技巧，也希望能对广大电视策划的理论研究者和实践者有所启发。

诚然，由于撰写仓促，也因本人水平有

限，对书中的失误或错误，敬请广大读者不吝赐教。

本书的出版要感谢中国传媒大学出版社的大力支持。

本人所带的中国传媒大学广播电视艺术学专业的研究生参与了本书的部分写作，按年级和写作章节前后排序，参与者是03级的朱红梅、张亚莉、梁伟、李蕾、李源、李晔、王一峰、张明巍，04级的曹箫音、杨妍；另外新闻学方向的黄维同学也参加了本书的写作，王一峰同学还为本书做了很多编辑工作，在此一并表示感谢！

游　洁

2007年8月

图书在版编目(CIP)数据

电视策划教程/游洁著.--北京:中国传媒大学出版社,2007.6 (2024.7 重印)
ISBN 978-7-81085-766-6

Ⅰ. 电… Ⅱ. 游… Ⅲ. G647.41

中国版本图书馆 CIP 数据核字(2006)第 036658 号

电视策划教程

DIANSHI CEHUA JIAOCHENG

著　　者	游　洁		
策　　划	程　平		
责任编辑	程　平		
装帧设计	牛毅品牌装帧设计机构		
责任印制	李志鹏		
出版发行	中国传媒大学出版社		
社　　址	北京市朝阳区定福庄东街 1 号	**邮　　编**	100024
电　　话	86-10-65450528 或 65450532	**传　　真**	65779405
网　　址	http://cucp.cuc.edu.cn		
经　　销	全国新华书店		
印　　刷	唐山玺诚印务有限公司		
开　　本	880mm×1230mm　1/32		
印　　张	11.375		
字　　数	267 千字		
版　　次	2007 年 11 月第 1 版		
印　　次	2024 年 7 月第 11 次印刷		
书　　号	ISBN 978-7-81085-766-6/K·766	**定　　价**	24.00 元

本社法律顾问：北京嘉润律师事务所　郭建平